Schriften zum Öffentlichen Recht

Band 176

STEFAN E. PELNY

Die legislative Finanzkontrolle in der Bundesrepublik Deutschland und in den Vereinigten Staaten von Amerika

Die legislative Finanzkontrolle in der Bundesrepublik Deutschland und in den Vereinigten Staaten von Amerika

Von

Dr. Stefan E. Pelny, LL. M.

DUNCKER & HUMBLOT / BERLIN

Gedruckt 1972 bei Alb. Sayffaerth, Berlin 61
Printed in Germany

ISBN 3 428 02605 5

Vorwort

Diese Arbeit hat im Wintersemester 1969/70 der Rechts- und Staatswissenschaftlichen Fakultät der Universität Freiburg im Breisgau als Dissertation vorgelegen.

Die Vorarbeiten habe ich im akademischen Jahr 1967/68 während eines Studienaufenthaltes an der Yale Law School in New Haven, Connecticut, begonnen und mit Quellenstudien im General Accounting Office in Washington, D. C., fortgesetzt. Die Yale Law School und der Deutsche Akademische Austauschdienst haben diese Studienaufenthalte finanziell ermöglicht. Ihnen sowie der Friedrich-Ebert-Stiftung und dem Bundesrechnungshof, die die Ausarbeitung und Drucklegung der Arbeit finanziell gefördert haben, danke ich sehr.

Von meinen Lehrern in New Haven und Freiburg bin ich Herrn Professor James W. Fesler, der mich in den amerikanischen Regierungs- und Verwaltungsprozeß eingeführt hat, und Herrn Bundesminister Professor Dr. Horst Ehmke, der diese Arbeit angeregt und gefördert hat, zu besonderem Dank verpflichtet.

Herrn Dr. Hans-Peter Schneider, Herrn Dr. Ekkehard Wienholtz und meiner Frau habe ich für anregende und kritische Gespräche sehr zu danken.

Bad Honnef, im Oktober 1971 — Stefan E. Pelny

Inhaltsverzeichnis

Erster Abschnitt

Die Fragwürdigkeit der Finanzkontrolle durch Bundestag und Bundesrat

Zweiter Abschnitt

Die Finanzkontrolle durch Repräsentantenhaus und Senat in den Vereinigten Staaten

Dritter Abschnitt

Die Reformvorschläge für die Finanzkontrolle durch Bundestag und Bundesrat

Erster Abschnitt

Die Fragwürdigkeit der Finanzkontrolle durch Bundestag und Bundesrat

I. Die legislative Finanzkontrolle im Rahmen der Regierungs- und Verwaltungskontrolle durch Bundestag und Bundesrat

1. Die legislative Finanzkontrolle im Rahmen der Regierungs- und Verwaltungskontrolle durch den Bundestag

Ein Blick auf das Kräftefeld Bundestag, Bundesregierung und Verwaltung bestätigt die Worte von *John Stuart Mill* „the proper office of a representative assembly is to ... control the government"[1].

Regierung und Verwaltung bedienen sich eines weit gefächerten rechtlichen Instrumentariums, mit dem sie die ihnen eigene Aufgabe des „unmittelbaren staatlichen Tätigwerdens" (*Hesse*) zu erfüllen suchen. Es reicht von der Richtlinienkompetenz des Bundeskanzlers[2] über die Organisationsgewalt der Bundesregierung[3], die Figur der Rechtsverordnung[4] bis zur verwaltungsgerichtlich nicht nachprüfbaren Handlungsfreiheit der Verwaltung[5]. Daneben verfügen Regierung und Verwaltung über verschiedene rechtliche Plattformen, von denen aus sie das Parlament beeinflussen können. Diese reichen vom Initiativrecht der Bundesregierung über die parlamentarische Anhörungspflicht nach Art. 43 Abs. 2 GG, ein „de facto fast uneingeschränktes Vetorecht"[6] nach

---

[1] *J. S. Mill*, Considerations on Representative Government (1862), S. 115.

[2] Vgl. *W. Hennis*, Richtlinienkompetenz und Regierungstechnik, in: Politik als praktische Wissenschaft (1968), S. 161 ff., insbes. S. 163—65, 170—78; *E. U. Junker*, Die Richtlinienkompetenz des Bundeskanzlers (1965), insbes. S. 59—60, 105—16. Bei den im folgenden benutzten Abkürzungen bin ich *H. Kirchner*, Abkürzungsverzeichnis der Rechtssprache (2. Aufl. 1968) gefolgt.

[3] Vgl. *E. W. Böckenförde*, Die Organisationsgewalt im Bereich der Regierung (1964), insbes. S. 139—66; *A. Köttgen*, Die Organisationsgewalt, VVDStRL, Heft 16 (1958), S. 154.

[4] Siehe dazu unten Anm. 10.

[5] Vgl. *H. Ehmke*, „Ermessen" und „unbestimmter Rechtsbegriff" im Verwaltungsrecht (Recht und Staat, Heft 230/231, 1960), insbes. S. 45—48.

[6] *E. Fraenkel*, Das amerikanische Regierungssystem (2. Aufl. 1962), S. 321. Hervorhebung weggelassen.

Art. 113 GG, die Wählbarkeit von Beamten[7] bis zur Vereinbarkeit von Regierungszugehörigkeit und Abgeordnetenstatus[8].

Regierung und Verwaltung mußten diese rechtlichen Plattformen um so mehr nutzen, als die rasch fortschreitende Entwicklung des Industrie- und Sozialstaats „die Exekutive ... immer mehr in den Vordergrund der staatlichen Tätigkeit gerückt (hat)"[9]: Regierung und Verwaltung haben ihren Aufgabenbereich beständig erweitert; sie verfügen über einen sich stetig vergrößernden Apparat und über wachsende Haushaltsmittel. Regierung und Verwaltung dominieren die Gesetzesinitiative; überwiegend bestimmen sie die politischen Ziele und Prioritäten.

In welchem Maß Regierung und Verwaltung ihren Aufgabenbereich ausdehnen, indiziert bereits die beständig wachsende Zahl der Rechtsverordnungen, die von der Ministerialbürokratie ausgearbeitet, von der Bundesregierung oder deren Mitgliedern erlassen und von den nachgeordneten Verwaltungsbehörden angewandt werden: Die Zahl der Rechtsverordnungen, die in der fünften Legislaturperiode erlassen wurden, ist im Vergleich zu der der ersten Wahlperiode um mehr als zwei Drittel gestiegen[10], während die Zahl der Gesetze, die im Verlauf

---

[7] Abgeordnete, die dem öffentlichen Dienst angehören, nehmen etwa 28 % der Bundestagssitze ein. *J. Agnoli*, Die Transformation der Demokratie, in: *J. Agnoli* und *P. Brückner*, Die Transformation der Demokratie (1968), S. 60 bis 61. Vgl. dazu und zu den übrigen Möglichkeiten der Beeinflussung des Parlaments seitens Regierung und Verwaltung *R. Herzog*, Gesetzgeber und Verwaltung, VVDStRL, Heft 24 (1966), S. 197—98. In diesem Zusammhang ist auch die „nationale Rechtssetzung" durch die Organe der drei europäischen Gemeinschaften zu nennen, hinsichtlich der von der „supranationalen Überrundung des parlamentarischen Gesetzgebers durch die Verwaltung" gesprochen worden ist. *R. Herzog*, a.a.O., S. 198. Vgl. dazu auch *H. Apel*, Der deutsche Parlamentarismus (1968), S. 221—22.

[8] Vgl. *H. Apel*, a.a.O., S. 210; siehe auch *K. Hesse*, Grundzüge des Verfassungsrechts der Bundesrepublik Deutschland (3. Aufl. 1969), S. 183. Zum Inkompatibilitätsgebot der amerikanischen Verfassung vgl. *E. Fraenkel*, a.a.O., S. 284 ff.

[9] *R. Bäumlin*, Die Kontrolle des Parlaments über Regierung und Verwaltung, Zs.f.Schweiz.Recht, N.F. Bd. 85 II (1966), S. 165 ff. (171). Vgl. dazu auch *J. K. Galbraith*, The New Industrial State (1967), S. 296 ff.

[10] In der ersten Wahlperiode wurden 877, in der zweiten 998, in der dritten 1 093, in der vierten 1 368 und in der fünften 1 537 derartige Rechtsverordnungen erlassen. Statistisches Bundesamt/Wiesbaden (Hrsg.), Statistisches Jahrbuch für die Bundesrepublik Deutschland 1965, S. 149 und 1970, S. 116. Der wachsende Umfang, die zunehmende Spezialisierung und Kompliziertheit der Gesetzgebung wird in immer stärkerem Maß die Delegation rechtsetzender Befugnisse auf die Exekutive mit sich bringen. Siehe *H. Ehmke*, Empfiehlt es sich, Funktion, Struktur und Verfahren der parlamentarischen Untersuchungsausschüsse grundlegend zu ändern? In: Verhandlungen des 45. DJT, Bd. II/E (1965), S. E 21, im folgenden: *H. Ehmke*, Untersuchungsausschüsse. Zur verfassungsrechtlichen Zulässigkeit einer solchen Delegation und zur parlamentarischen Kontrolle über deren Ausübung vgl. *H. Ehmke*, Wirtschaft und Verfassung (1961), S. 75—78; *E. Friesenhahn* und *K. J. Partsch*,

dieses Zeitraums verabschiedet wurden, um mehr als ein Sechstel zurückgegangen ist[11]. In zunehmendem Maß also fällt es Regierung und Verwaltung zu, in den von der Gesetzgebung gezogenen Grenzen insbesondere auf den Gebieten des Finanzwesens, des Wirtschaftsrechts, des Post- und Fernmeldewesens und des Verkehrswesens gestaltend, ordnend, korrigierend und lenkend einzugreifen[12]. Der stetig wachsende Aufgabenbereich von Regierung und Verwaltung spiegelt sich weiterhin darin wider, daß sich die obersten Bundesbehörden (z. B. Bundespräsidialamt, Bundeskanzleramt, Bundesministerien) zwischen 1950 und 1969 um fünf, die ihr unmittelbar nachgeordneten Bundesbehörden und Bundesanstalten (z. B. Bundesamt für Verfassungsschutz, Presse- und Informationsamt der Bundesregierung, Bundeszentrale für politische Bildung) im gleichen Zeitraum und fünfundzwanzig vermehrt haben[13], daß im Verlauf dieser Zeit neben einen Bundesbeamten ein weiterer getreten ist[14] und daß die Haushaltsmittel im Laufe dieser neunzehn Jahre um über das Fünffache zugenommen haben[15].

Parlament und Regierung im modernen Staat, VVDStRL, Heft 16 (1958), S. 39—40, 91—93 und die dort zit. Lit.; *M. Lichtenhahn*, Besondere parlamentarische Kontrollen bei Rechtsverordnungen der Bundesregierung, Jur. Diss. Freiburg i. Br. 1967.

11 In der ersten Legislaturperiode wurden 545, in der zweiten 507, in der dritten 424, in der vierten 427 und in der fünften 453 Gesetze verabschiedet. Statistisches Bundesamt/Wiesbaden, a.a.O. Vgl. dazu aber *Th. Ellwein*, Entmachtung des Parlaments — Verantwortung des Parlaments, Die Mitarbeit 1966, S. 193 ff. (198), im folgenden: *Th. Ellwein*, Entmachtung: „Bedingt durch den ständigen Zuwachs an öffentlichen Aufgaben werden immer mehr Gesetze beschlossen."

12 *H. Hasskarl*, 16 Jahre Bundesrechtsetzung und ihre Schwerpunkte im Spiegel der Zahlen, DÖV 1968, S. 558 ff. (563).

13 1950 bestanden 16, 1969 21 Oberste Bundesbehörden. Die entsprechenden Zahlen für die Bundesoberbehörden sind 51 und 76. Die Behörden sind nach den jeweiligen Gesamtplänen der Bundeshaushaltspläne von 1950 und 1969 ausgezählt worden. Zu den verschiedenen Arten der Bundesbehörden siehe *Hans J. Wolff*, Verwaltungsrecht II (2. Aufl. 1967), S. 143 ff.

14 Der Personalstand der Bundesbediensteten war am 2. 9. 1950 60 229 und am 2. 10. 1968 111 834 (hierbei ist der Verteidigungsbereich, der das Verhältnis verzerren würde, nicht berücksichtigt worden). Statistisches Bundesamt/ Wiesbaden (Hrsg.), Statistisches Jahrbuch für die Bundesrepublik Deutschland 1952, S. 373 und 1970, S. 385. Zahlenmäßige Angaben, die die Vergrößerung des personellen Regierungs- und Verwaltungsapparates auf Bundesebene verdeutlichen sollen, müßten zwar auch die entsprechende Erweiterung des personellen Bereichs des Verwaltungsapparates auf Landesebene insoweit berücksichtigen, als die Verwaltungen der Länder Bundesgesetze ausführen. Soweit ersichtlich, fehlen hier jedoch die entsprechenden Statistiken. Vgl. dazu auch *H. Apel*, a.a.O. (s. Anm. 7), S. 187, wonach bei einer jährlichen Zuwachsrate von 3 % der absoluten Zahl der öffentlich Beschäftigten heute mehr als 10 % der Arbeitnehmer in der Bundesrepublik im öffentlichen Dienst stehen.

15 Der Bundeshaushaltsplan für das Rechnungsjahr 1950 schließt mit 16 270 625 760 DM ab. Gesetz über die Feststellung des Bundeshaushaltsplans für das Rechnungsjahr 1950 vom 29. 6. 1951 (BGBl. II, S. 125). Der Bundes-

Die zunehmende Zahl der Rechtsverordnungen deutet bereits an, daß die Anforderungen an Regierung und Verwaltung nicht nur im Bereich des bloßen Vollzugs legislativer Willensentschlüsse, sondern auch auf dem Feld politischer Initiative und eigenständiger Entscheidungen gestiegen sind, wenn auch nur in den von der Gesetzgebung gezogenen Grenzen. Allerdings hat die sekundäre Normsetzung gegenüber der Gesetzgebung nur auf wenigen Rechtsgebieten einen bemerkenswert höheren Anteil[16]. Deutlicher erkennbar wird der Umfang der politischen Initiative und eigenständigen Entscheidungen durch die Exekutive bei einem Blick auf das Ausmaß, in dem Regierung und Ministerialbürokratie die Gesetzesinitiative dominieren: Die Zahl der in den fünf Legislaturperioden zustande gekommenen Gesetze, die auf der Grundlage der ministeriellen Entwürfe von der Bundesregierung eingebracht wurden, übersteigt um mehr als das Dreifache die Zahl derer, die während dieser Zeit von Bundestag und Bundesrat vorgelegt wurden[17]. In einem erheblichen Ausmaß also beeinflussen Regierung und Ministerialverwaltung die endgültige gesetzgeberische Lösung. Die für das jeweilige Gesetzesvorhaben zuständigen Ressorts suchen in gegenseitiger Absprache[18] und in Verständigung mit den interessierten Länderministerien[19], den betroffenen Verbänden[20] und (was in einem

haushaltsplan für das Rechnungsjahr 1969 schließt mit 83 346 017 700 DM ab. Gesetz über die Feststellung des Bundeshaushaltsplans für das Rechnungsjahr 1969 (Haushaltsgesetz 1969) vom 18. 4. 1969 (BGBl. II, S. 793).

16 *H. Hasskarl*, a.a.O. (s. Anm. 12).

17 In der ersten Wahlperiode wurden von 545 Gesetzen, die verabschiedet wurden, 392 von der Bundesregierung, 141 vom Bundestag und 12 vom Bundesrat eingebracht. Für die zweite Legislaturperiode sind die entsprechenden Zahlen 507 bzw. 368, 132 und 7; für die dritte 424 bzw. 348, 74 und 2; für die vierte 427 bzw. 329, 96 und 2; für die fünfte 453 bzw. 368, 76 und 9. Statistisches Bundesamt/Wiesbaden (Hrsg.), a.a.O. (s. Anm. 10). Vgl. dazu auch *J. Agnoli*, a.a.O. (s. Anm. 7), S. 59—60; *K. D. Bracher*, Gegenwart und Zukunft der Parlamentsdemokratie in Europa, in: K. Kluxen (Hrsg.), Parlamentarismus (1967), S. 78—79. — Bei diesen Zahlenverhältnissen ist zu berücksichtigen, daß auch Gesetzesentwürfe, die von den Regierungsfraktionen eingebracht werden, von der Regierung stammen können und nur deswegen im Bundestag eingebracht werden, um sie nicht zuerst dem Bundesrat vorlegen zu müssen. *K. J. Partsch*, a.a.O (s. Anm. 10), S. 103. Daß in einem parlamentarischen Regierungssystem die Gesetzesinitiative vorwiegend bei der Regierung liegt, ist nur systemgerecht. *H. Ehmke*, Untersuchungsausschüsse, a.a.O. (s. Anm. 10), S. E 20. Andererseits ist auch im präsidentiellen Regierungssystem der Vereinigten Staaten dieselbe Erscheinung wie hier zu beobachten. Auch da nämlich entstehen 80 % der Gesetzesentwürfe, die Gesetzeskraft erlangen, im Bereich der Exekutive. Die Erscheinung wird dort mit dem Anwachsen von Umfang und Komplexität der Gesetzgebung begründet. *G. B. Galloway*, The Legislative Process in Congress (1953), S. 8—10; *S. P. Huntington*, Congressional Responses to the Twentieth Century, in: D. B. Truman (Hrsg.), The Congress and America's Future (1965), S. 23—24.

18 *H. J. Blank* und *J. Hirsch*, Zum Verhältnis von Parlament und Verwaltung im Gesetzgebungsprozess, in: G. Schäfer und C. Nedelmann (Hrsg.), Der CDU-Staat (1967), S. 91.

19 *H. J. Blank* und *J. Hirsch*, ebd.

20 *H. Apel*, a.a.O. (s. Anm. 7), S. 193—94; *H. J. Blank* und *J. Hirsch*, a.a.O.,

parlamentarischen Regierungssystem nur systemgerecht ist[21]) der Regierungsmehrheit[22] widerstreitende Interessen zu integrieren und dem Parlament einen Gesetzentwurf vorzulegen, der bereits einen Kompromiß darstellen soll[23]. Mit der Dominanz der Regierung und Ministerialbürokratie in der Gesetzesinitiative geht deren Bestimmung der politischen Ziele und Prioritäten Hand in Hand. Hier wird sich mit fortschreitendem Ausbau der langfristigen Planung das Gewicht zugunsten von Regierung und Ministerialverwaltung weiter verschieben[24].

Im Kräftefeld Bundestag, Bundesregierung und Verwaltung haben sich also eine Regierung und Verwaltung herausgebildet, die einen Aufgabenbereich zu bewältigen haben, der ständig umfangreicher wird, die politische Initiative zu entfalten haben, die stetig größer wird, und die eigenständige Entscheidungen zu treffen haben, die fortwährend zahlreicher werden, deren Tätigkeit also für das Parlament zunehmend schwerer überschaubar wird.

Vor dem Hintergrund dieses Bildes sind die Analysen jener zu verstehen, die die „Krise"[25], die „Entmachtung"[26] und den „Funktionsverlust"[27] des Parlaments diagnostizieren. Es ist hier nicht der Ort, jenen Analysen im einzelnen nachzugehen. Es genügt festzustellen, daß sie sich jedenfalls dann als Fehldiagnosen erweisen müßten, wenn in ihnen nicht deutlich würde, daß „die Auffassung ... endgültig verabschiedet werden" muß, die „die Regierung" — und die Verwaltung[28] — als „bloße Dienerin(nen) des Parlaments und Vollstreckerin(nen) von dessen Willen" ansieht[29]. Denn bereits die wachsende Aktivität von Regie-

S. 92; vgl. auch *W. Hennis*, Verfassungsordnung und Verbandseinfluß, in: Politik als praktische Wissenschaft (1968), S. 188 ff. (189—92), wonach die Verbände den Schwerpunkt ihrer Einflußnahme auf Regierung und Verwaltung verlagern.

21 Vgl. *H. Ehmke*, Untersuchungsausschüsse, a.a.O. (s. Anm. 10), S. E 20.

22 *J. Raschke*, Der Bundestag im parlamentarischen Regierungssystem (Zur Politik und Zeitgeschichte, Heft 28/29, 1968), S. 48—49.

23 *H. J. Blank* und *J. Hirsch*, a.a.O. (s. Anm. 18), S. 92; *Th. Ellwein*, Das Regierungssystem der Bundesrepublik Deutschland (2. Aufl. 1965), S. 235—36, im folgenden: *Th. Ellwein*, Regierungssystem.

24 Vgl. *U. Scheuner*, Verantwortung und Kontrolle in der Demokratischen Verfassungsordnung, in: T. Ritterspach und W. Geiger (Hrsg.), Festschr. f. Gebhard Müller (1970), S. 379 ff. (384, 399).

25 *K. D. Bracher*, a.a.O. (s. Anm. 17), S. 70; *Th. Ellwein*, Entmachtung, a.a.O. (s. Anm. 11), S. 193.

26 *Th. Ellwein* und *A. Görlitz*, Parlament und Verwaltung, Gesetzgebung und politische Kontrolle (Politik, Regierung, Verwaltung, Bd. 2, 1. Teil, 1967), S. 21 ff.

27 *H. J. Blank* und *J. Hirsch*, a.a.O. (s. Anm. 18), S. 90; *Th. Ellwein*, Regierungssystem, a.a.O. (s. Anm. 23), S. 235.

28 *R. Bäumlin*, a.a.O. (s. Anm. 9), S. 173.

29 *Ders.*, ebd. Vgl. auch *W. Hennis*, Zur Rechtfertigung und Kritik der Bundestagsarbeit, in: H. Ehmke, C. Schmid, H. Scharoun (Hrsg.), Festschr. f.

rung und Verwaltung bei dem Erlaß von Rechtsverordnungen und ihr Übergewicht in der Gesetzesinitiative zeigen, daß „auch die *Bestimmung* der Staatstätigkeit zunehmend auf ... der Exekutive (lastet)"[30].

Jedoch: „Das Gegenstück zu einer realistischen Neubestimmung der Regierungs- und Verwaltungsfunktion ... muß eine Neubesinnung auf die Funktion der parlamentarischen Kontrolle bilden[31]." Falls diese Neubesinnung unterbleiben sollte, wäre tatsächlich zu befürchten, daß sich jene Diagnosen der „Krise", der „Entmachtung" und des „Funktionsverlusts" des Parlaments als zutreffender Befund herausstellten und sich zugleich der demokratische Regierungsprozeß als gestört erweisen könnte:

Denn einmal: ein demokratischer Regierungsprozeß, eingebettet in eine rechtsstaatliche Ordnung, ist „government by discussion" und „responsible government" (*Bäumlin*). Das bedeutet, daß die im Rahmen des demokratischen Regierungsprozesses getroffenen Entscheidungen am Ende und als Ergebnis von Auseinandersetzungen gefällt werden, die in dem aufgegebenen Bemühen um Ausgleich und Einigung der in Widerstreit stehenden Interessen und Ansichten geführt werden. Das bedeutet weiterhin, daß denen, die am Regierungsprozeß in besonderer Funktion beteiligt sind, fest begrenzte Kompetenzen zugewiesen werden, die sie „verantwortlich" wahrzunehmen haben; das heißt, daß sie ihre Handlungen zu begründen und daher nachprüfbar zu gestalten, sie (grundsätzlich) in der Öffentlichkeit zu vollziehen und vor dem Hintergrund von Verfahren vorzunehmen haben, in denen sie zur

---

Adolf Arndt (1969), S. 147 ff., insbes. S. 149. In der Tat können sich einige der genannten Autoren (s. Anm. 25—27) nicht von einer solchen Auffassung trennen. So bemerkt *Th. Ellwein* (Entmachtung, a.a.O. [s. Anm. 17], S. 193): „Infolgedessen stellte sich die Aufgabe, nach Wegen Ausschau zu halten, auf denen eine sinnvolle politische Führung möglich bleibt oder wird und auf denen auch die Vollzugsapparaturen wieder unter das Gebot dieser Führung gebracht werden können ... Ein Instrument politischer Führung ist das Parlament." Vgl. jedoch *Th. Ellwein*, Regierungssystem, a.a.O. (s. Anm. 23), S. 236. Diese Auffassung wird auch dann besonders deutlich, wenn jene Autoren im Bereich der Gesetzgebung „am Bilde eines Parlaments festhalten, das ‚Gesetzgeber' schlechthin sei und dem es ‚eigentlich' obliegen würde, freischöpferisch von einer *tabula rasa* aus ... Gesetze zu erlassen". (*R. Bäumlin*, a.a.O., S. 264). So bemerkt *K. D. Bracher* (a.a.O. [s. Anm. 17], S. 79): „So werden die Rollen dann oft geradezu *vertauscht:* Die Gesetzgebung geht auf den Regierungsapparat über, das Parlament verliert an Autorität gegenüber der Quasidiktatur der Exekutive." Hervorhebung von mir. Vgl. hierzu auch *E. Fraenkel*, Strukturdefekte der Demokratie und deren Überwindung, Politik und Zeitgeschichte 1964, Heft 9, S. 8: „Das kritikbedürftige Moment des Bonner Parlamentarismus scheint mir die landläufige Kritik zu sein, die an ihm geübt wird. Sie ist reaktionär und schizophren. Sie sehnt sich heimlich nach einer starken Regierung und bekennt sich öffentlich zu der Herrschaft eines allmächtigen Parlaments."

[30] *R. Bäumlin*, a.a.O., S. 173. Hervorhebung von mir.

[31] *Ders.*, a.a.O., S. 174—75.

Verantwortung gezogen werden können, so daß ihre Verantwortlichkeit realisiert werden kann[32].

Zum zweiten: Ein derartiger Regierungsprozeß hat als ein wesentliches Strukturelement die parlamentarische Kontrolle einzubeziehen. Sie ist unabdingbare Voraussetzung für die Lebensfähigkeit des „responsible government"; denn sie ist es, die in verschiedenen Formen Verfahren anbietet, in denen politische Verantwortung gefordert und politische Verantwortlichkeit verwirklicht werden können. Die parlamentarische Kontrolle gibt aber auch wesentliche Impulse für die Lebendigkeit des „government by discussion"; denn die in ihr gewonnenen Einsichten führen zur erneuten Diskussion über die durch diese Erkenntnisse möglicherweise korrigierten, jedenfalls beeinflußten widerstreitenden Interessen und Ansichten[33].

Zum dritten: Hauptsächlich die parlamentarische Kontrolle im Sinne einer politischen Kontrolle[34] vermag dem Parlament eine eigenständige Position gegenüber der Exekutive zu sichern[35]. Fallen der Exekutive nämlich nicht nur stetig zahlreicher werdende Aufgaben des „abhän-

---

[32] *Ders.*, a.a.O., S. 221—25. Siehe auch S. 238—40; *K. Hesse*, a.a.O. (s. Anm. 8), S. 52—56, 61—62, 75—77. Zur Notwendigkeit, den Regierungsprozeß „transparent" zu machen, um der Versuchung des Bürgers entgegenzuwirken, „in der Bürokratie eine dunkle, fast mythische Kraft zu sehen, der wir hilflos ausgeliefert seien" (*R. Bäumlin*, a.a.O., S. 174); vgl. auch *H. Apel*, a.a.O. (s. Anm. 7), S. 188—89.

[33] Hier wird die Abhängigkeit zwischen Kontrolle, Überprüfung, erneuter Planung und revidierter Entscheidung sichtbar. Vgl. dazu *R. Young*, The American Congress (1958), S. 164.

[34] Vgl. *J. Agnoli*, a.a.O. (s. Anm. 7), S. 57; *H. Apel*, a.a.O. (s. Anm. 7), S. 212—13. Zu der überragenden Bedeutung der politischen Kontrolle durch den amerikanischen Kongress siehe *D. M. Berman*, In Congress Assembled (1964), S. 167: "For Congress in the twentieth century, the function of passing new laws has become distinctly subordinate to the function of overseeing the manner in which existing laws are being executed." — Unter parlamentarischer Kontrolle über Regierung und Verwaltung ist grundsätzlich politische Kontrolle zu verstehen, da die Gesetzmäßigkeitskontrolle durch den Ausbau der Verwaltungs- und Verfassungsgerichtsbarkeit im wesentlichen hinfällig geworden ist. Siehe *H. Ehmke*, Untersuchungsausschüsse, a.a.O. (s. Anm. 10), S. E 30—E 32. Im Ergebnis ebenso *R. Bäumlin*, a.a.O., S. 243—44. Im Bereich des Petitionsrechts jedoch kontrolliert das Parlament angesichts der „prinzipielle(n) Doppelspurigkeit von ‚Gerichtsweg' einerseits und ‚Petitionsweg' andererseits" (*Maunz-Dürig*, Grundgesetz Kommentar (1968), Art. 17 Nr. 18; vgl. auch Nr. 19 f., 66, 70 ff.) auch die Gesetzmäßigkeit der Verwaltung.

[35] Diese Aufgabe fällt in einem parlamentarischen Regierungssystem in der Hauptsache der Parlamentsopposition zu. *N. Gehrig*, Parlament — Regierung — Opposition (1969), passim; *W. Hennis*, Parlamentarische Opposition und Industriegesellschaft, in: Politik als praktische Wissenschaft (1968), S. 105 ff., insbes. S. 106—07; *W. Kewenig*, Staatsrechtliche Probleme parlamentarischer Mitregierung am Beispiel der Arbeit der Bundestagsausschüsse (1970), S. 27; *S. Landshut*, Formen und Funktionen der parlamentarischen Opposition, in: K. Kluxen (Hrsg.), Parlamentarismus (1967), S. 401 ff. (404); *H. Rausch* und *H. Oberreuter*, Reform in der Dunkelkammer?, Z.Parl. 1969/70, S. 56 ff. (60); *U. Scheuner*, a.a.O. (s. Anm. 24), S. 397.

gigen Vollzugs" (*Hesse*) bereits bestimmter Staatstätigkeit zu, sondern „lastet auch die Bestimmung der Staatstätigkeit (selbst) zunehmend auf den Schultern der Exekutive"[36], so ist das Parlament im Gesamtbereich des demokratischen Regierungsprozesses im wesentlichen auf die Aufgabe der politischen Kontrolle über Regierung und Verwaltung verwiesen. Erfüllte also das Parlament die ihm zufallende Rolle des Regierungs- und Verwaltungskontrolleurs nicht oder nur nachlässig, dann setzte es seine eigengewichtige Stellung gegenüber der Exekutive aufs Spiel; damit würde aus dem Modell des „responsible government by discussion" ein unentbehrlicher Baustein herausgenommen, was den demokratischen Regierungsprozeß empfindlich störte.

Diese politische Kontrolle über Regierung und Verwaltung ist nicht etwa nur auf die Form der nachträglichen Überprüfung beschränkt, sondern schließt die begleitende Überwachung ein. Das Parlament kann also mit der ihm obliegenden politischen Kontrolle zu einem Zeitpunkt einsetzen, in dem der konkrete von ihm kontrollierte Vorgang noch nicht der Vergangenheit angehört[37].

Der Bundestag verfügt über vielfältige Möglichkeiten der politischen Kontrolle über Regierung und Verwaltung: Angesichts des Umstandes, daß die vorbereitende gesetzgeberische Tätigkeit weitgehend in den Händen der Exekutive ruht, übt der Bundestag bereits durch seine Funktion im legislativen Prozeß vorwiegend eine politische Kontrolle über Regierung und Verwaltung aus[38]. Neben dieser „gesetzgeberischen" politischen Kontrolle verfügt der Bundestag in dem Fragerecht nach Art. 43 Abs. 1 GG[39], in der Großen und Kleinen Anfrage, in der Fragestunde (§§ 105 ff. Gescho BT) sowie in der Aktuellen Stunde[40], in den Untersuchungsausschüssen (Art. 44 GG)[41] und in dem Amt des Wehrbeauftragten (Art. 45 b GG)[42] über verschiedene weitere politische Kontrollmöglichkeiten[43].

---

[36] *R. Bäumlin,* a.a.O., S. 173.

[37] Vgl. *W. Kewenig,* a.a.O., insbes. S. 30—31; *U. Scheuner,* a.a.O., S. 401—02.

[38] Vgl. *R. Bäumlin,* a.a.O., S. 259 ff.; *Th. Ellwein,* Regierungssystem, a.a.O. (s. Anm. 23), S. 236; *G. Leibholz,* Die Kontrollfunktion des Parlaments, in: Macht und Ohnmacht der Parlamente (Schriftenreihe der Friedrich Naumann-Stiftung zur Politik und Zeitgeschichte, Nr. 9, 1965), S. 57.

[39] Vgl. *Th. Ellwein,* Regierungssystem, a.a.O., S. 222, wonach der Bundestag und seine Ausschüsse von diesem Recht kaum Gebrauch machen.

[40] Beschluß des BT v. 27. 1. 1965, abgedruckt bei *H. Trossmann,* Parlamentsrecht und Praxis des Deutschen Bundestages (1967), S. 369.

[41] Vgl. dazu *H. Ehmke,* Untersuchungsausschüsse, a.a.O. (s. Anm. 10) und *K. J. Partsch,* Empfiehlt es sich, Funktion, Struktur und Verfahren der parlamentarischen Untersuchungsausschüsse grundlegend zu ändern? In: Verhandlungen des 45. DJT, Bd. I, Teil 3 (1964), m. w. Nachw.

[42] Vgl. dazu *H. Maurer,* Wehrbeauftragter und Parlament (Recht und Staat, Heft 317/318, 1965), insbes. S. 8—21 m. w. Nachw. Siehe auch Anm. 43.

[43] Da hier nur der Bereich der politischen Kontrolle des Parlaments

Unter diesen politischen Kontrollmöglichkeiten wiederum ist die legislative Finanzkontrolle (Art. 114 GG) zusammen mit der Haushaltskontrolle (Art. 110 GG) als das „wichtigste Kontrollinstrument“ des Parlaments bezeichnet worden[44]. Unter der legislativen Finanzkontrolle ist die Kontrolle der gesamten Haushalts-, Wirtschafts- und Verwaltungsführung des Bundes durch Bundestag und Bundesrat zu verstehen[45].

Sie nimmt in der Tat eine bedeutsame Stellung unter den Kontrollmöglichkeiten des Parlaments ein. Denn sie kann zunächst einmal, von dem Umfang ihres Kontrollobjekts her gesehen (im einzelnen wird darauf noch näher einzugehen sein), ein umfassendes Bild über die Regierungs- und Verwaltungstätigkeit geben. Dadurch aber vermag

skizziert wird, war die Gesetzmäßigkeitskontrolle durch den Petitionsausschuß des Bundestages auszuklammern. Vgl. *H. Ehmke,* Untersuchungsausschüsse, a.a.O., S. E 30, E 32. Auch die Arbeit des Wehrbeauftragten gehört insoweit nicht hierher, als sie dem Schutz der Grundrechte im militärischen Bereich dient. Da jedoch Bundestag und Verteidigungsausschuß dem Wehrbeauftragten Prüfungsaufträge erteilen können (§ 2 Abs. 1 des Gesetzes über den Wehrbeauftragten des Bundestags vom 26. 6. 1957 [BGBl. I, S. 652]), wird er als Hilfsorgan des Parlaments auch im Bereich der politischen Kontrolle tätig. Vgl. *H. Ehmke,* Untersuchungsausschüsse, a.a.O., S. E 31, E 38.

44 *W. Hennis,* Der Deutsche Bundestag 1949—1965, Der Monat, Heft 215 (1966), S. 26 ff. (31).

45 Im Text wird fortan der Begriff der Verwaltungsführung abgekürzt für Haushalts-, Wirtschafts- und Verwaltungsführung gebraucht werden. — Neben dem hier und im folgenden gebrauchten Begriff der Finanzkontrolle werden vor allem auch der der Rechnungsprüfung oder (synonym) der der Haushalts-, Staatshaushalts- oder Budgetkontrolle benutzt. Der erste Begriff ist zu eng, der zweite einerseits zu weit, andererseits zu eng: Rechnungsprüfung ist lediglich Prüfung der verschiedenen Rechnungen in haushaltsrechtlicher Hinsicht. Überwachung der Haushalts-, Wirtschafts- und Verwaltungsführung ist aber auch Rechtmäßigkeitsprüfung (Prüfung der Haushalts-, Wirtschafts- und Verwaltungsführung auf ihre allgemeine — nicht nur haushaltsrechtliche — Rechtmäßigkeit hin) und Wirtschaftlichkeitsprüfung (Prüfung der Haushalts-, Wirtschafts- und Verwaltungsführung auf die gebotene Wirtschaftlichkeit hin). Der Begriff der Haushalts-, Staatshaushalts- oder Budgetkontrolle ist insofern zu weit, als er sowohl die parlamentarische Prüfung des Haushaltsentwurfs als auch die der mit dem Haushaltsplan — das Haushalts-Soll — korrelierenden Haushaltsrechnung — das Haushalts-Ist — umfaßt und daher keine Abgrenzung beider Prüfungsvorgänge zuläßt. Er ist aber auch zu eng. Denn er bezieht sich auf die Haushalts-, Wirtschafts- und Verwaltungsführung des Bundes nur insoweit, als sich dessen Betätigung im Haushaltsplan und der Haushaltsrechnung ausdrückt. Das trifft jedoch auf eine Reihe von Betätigungen des Bundes nicht zu, wie beispielsweise die Verwaltung von Anstalten, Stiftungen und anderen Vermögen durch den Bund oder durch einen von ihm bestellten Beamten, die Beteiligung des Bundes an privatrechtlichen Unternehmen, die Beteiligung des Bundes an Unternehmensgewinnen und den Abschluß von Bürgschafts-, Gewähr- und ähnlichen Verträgen. Vgl. *F. W. Beckensträter,* Die Stellung der Rechnungshöfe im System der Dreiteilung der Staatsgewalt, jur. Diss. Frankfurt a. M. 1961, S. 81—103, und unten S. 29 ff. — Der Begriff der legislativen Finanzkontrolle schließlich bietet sich als Gegensatz zu der in der Privatwirtschaft und der Verwaltung geübten Finanzkontrolle an.

sie zugleich die Anwendung weiterer Kontrollmöglichkeiten zu initiieren, mit deren Hilfe die politische Verantwortlichkeit für einzelne, durch die Finanzkontrolle als besonders gravierend erkannte Mängel erzwungen werden kann. Hierfür bietet sich in erster Linie die Haushaltskontrolle durch den Bundestag an, unter der die Prüfung des Haushaltsentwurfs der Bundesregierung zu verstehen ist. Denn hier wird über die Mittel für die *künftige* Verwaltungsführung des Bundes entschieden, und es liegt nahe, auch hier die politische Verantwortlichkeit für die *zurückliegende* Verwaltungsführung zu erzwingen, um auf diese Weise für die Zukunft Fehlleistungen in diesem Bereich vorzubeugen. Aber auch die „gesetzgeberische" politische Kontrolle ebenso wie die übrigen politischen Kontrollmöglichkeiten lassen sich als Handhabe denken, die politische Verantwortlichkeit für einzelne, durch die Finanzkontrolle als besonders schwerwiegend erkannte Mängel zu erzwingen. So ist es vorstellbar, daß Feststellungen der Finanzkontrolle das Parament veranlaßten, ihnen über die verschiedenen Interpellationsmittel, in Untersuchungsausschüssen oder durch den Wehrbeauftragten nachzugehen oder bestimmte Korrekturen an den Gesetzesentwürfen der Bundesregierung anzubringen.

Sichert danach hauptsächlich die kontinuierliche Durchführung der Regierungs- und Verwaltungskontrolle dem Parlament eine eigenständige Position gegenüber der Exekutive, ist sie zugleich ein unentbehrliches Bauelement eines funktionierenden „responsible government by discussion" und nimmt weiterhin unter den verschiedenen Kontrollinstrumenten die legislative Finanzkontrolle eine bedeutsame Stellung ein, dann ist die Art und Weise der Handhabung dieses Kontrollinstruments durch den Bundestag zumindest eine Indiz dafür, ob das Parlament sich bemüht, seine eigengewichtige Stellung gegenüber der Exekutive zu wahren und das Seine zu tun, um den demokratischen Regierungsprozeß funktionsfähig zu erhalten.

2. Die legislative Finanzkontrolle im Rahmen der Regierungs- und Verwaltungskontrolle durch den Bundesrat

Ist der Bundestag das Organ, das in dem Kräftefeld Bundestag, Bundesregierung und Verwaltung die demokratische und rechtsstaatliche Ordnung im Verfassungsgefüge wesentlich dadurch in Wirkung setzt, daß es Regierung und Verwaltung seiner politischen Kontrolle unterwirft, so ist der Bundesrat „dasjenige Organ, in dem die bundesstaatliche Ordnung heute einen wesentlichen Teil ihrer Wirksamkeit entfaltet"[46]. Die bundesstaatliche Ordnung wiederum ergänzt die rechtsstaatliche Ordnung durch die dem bundesstaatlichen Aufbau eigenen

[46] *K. Hesse,* a.a.O. (s. Anm. 8), S. 224.

gewaltenteilenden Wirkungen, die zu einer Balancierung der Gewalten zwischen Bundestag, Bundesregierung und Bundesverwaltung auf der einen und dem Bundesrat auf der anderen Seite führen[47].

Hinsichtlich der Bedeutung der Regierungs- und Verwaltungskontrolle durch den Bundesrat also ist ein Kräftefeld zu betrachten, das nicht wie das von Bundestag, Bundesregierung und Verwaltung dadurch gekennzeichnet wird, daß Parlament und Exekutive sich gegenseitig zu beeinflussen suchen, sondern dadurch, daß Länder und Bund aufeinander einzuwirken suchen, wobei der Bund sowohl durch das Parlament als auch durch die Exekutive repräsentiert wird. Daß die „Frontlinie" innerhalb *dieses* Kräftefeldes in der politischen Wirklichkeit in der Tat zwischen Ländern und Bund verläuft, gleichgültig, ob dieser durch Parlament oder Exekutive repräsentiert wird, macht folgendes deutlich: Was das Verhältnis des Bundesrates zur Bundesregierung anlangt, so vermag die Bundesregierung im legislativen Prozeß auch die der Regierungspartei angehörenden Mitglieder des Bundesrates weit weniger leicht zu lenken als die Regierungsfraktionen im Bundestag. Das wiederum ist damit zu erklären, daß der eigenständige Einfluß der Länderbürokratie im Bundesrat der personellen und parteilichen Verzahnung zwischen Bundesregierung und Bundestag gegenübersteht. Was das Verhältnis des Bundesrates zum Bundestag betrifft, so ist es danach nicht erstaunlich, daß sich der Bundestag in den Beratungen der Regierungsvorlagen zwar gewöhnlich den technischen und „sachlich" begründeten Einzeländerungen des Bundesrates anschließt, daß er aber bei wichtigen „politischen" Grundentscheidungen meistens der Auffassung der Bundesregierung folgt[48].

Die Aufgaben des Bundesrates liegen von vornherein „weniger in selbständiger Bestimmung und Leitung als in kontrollierender und korrigierender Mitwirkung und Einflußnahme"[49]. Daraus nun, daß sich Bundesrat einerseits und Bundesregierung und Bundestag andererseits als Medien der Länder und des Bundes gegenüberstehen, kann nicht geschlossen werden, daß der Bundesrat bei dieser ihm als seine wesentliche Aufgabe zufallenden Kontrolle über Bundesregierung und Bundesverwaltung (neben der über das Bundesparlament) allein als Ländervertretung, nicht auch als Bundesorgan tätig wird. Vielmehr ist besonders die Mitwirkung des Bundesrates an der gesamten Bundesgesetzgebung (Art. 76 Abs. 1—2, 77 Abs. 2—4, 78, 79 Abs. 2 GG)[50] von

---

47 *Ders.*, a.a.O., S. 91.

48 *K. Neunreither*, Der Bundesrat zwischen Politik und Verwaltung (1959), S. 60—61, 93, 99.

49 *K. Hesse*, a.a.O., S. 225.

50 *Ders.*, a.a.O., S. 228: Hierher gehören auch Art. 115 a Abs. 1, 2, 5 i. V. m. 53 a, 115 c Abs. 1, 3; 115 k Abs. 3; 115 l Abs. 1, 2 GG, und weitere Kompe-

vornherein so konzipiert worden, daß sie nicht notwendig allein den Länderinteressen dient. Weiterhin ist das Zustimmungserfordernis nach Art. 84 Abs. 1 GG (Zustimmung des Bundesrates zu Bundesgesetzen, die Einrichtung und Verwaltungsverfahren von Länderbehörden regeln) vom Bundesrat so ausgebaut worden, daß es keineswegs nur die Länderrechte wahrt. Schließlich werden dadurch, daß die Bundestagsopposition im Bundesrat eine Operationsbasis hat, von der aus sie Bundesexekutive und Bundesparlament kontrollieren kann, nicht nur Länderinteressen gefördert[51]. Gerade diese Mehrung des Gewichts des Bundesrates in seiner Rolle als Bundesorgan aber war es, die „nicht einen Abbau, sondern eine Verstärkung der bundesstaatlichen Ordnung bewirkt (hat)"[52], durch deren gewaltenteilende Wirkungen wiederum zugleich eine Stärkung der rechtsstaatlichen Ordnung herbeigeführt wurde.

Gleichwohl darf das den Blick nicht dafür verstellen, daß bei einer Vielzahl der Kompetenzen, deren sich der Bundesrat bei seiner Kontrolle über Bundesregierung und Bundesverwaltung (neben der über das Bundesparlament) bedient, der Akzent auf der ihm hierbei zustehenden Wahrung der Rechte der Länder liegt. Der Katalog der verfassungsrechtlichen Vorschriften über die Zustimmungsbedürftigkeit bestimmter Gesetze (Art. 29 Abs. 7; 84 Abs. 1; 84 Abs. 5; 85 Abs. 1; 87 Abs. 3 Satz 2; 87 b Abs. 1, 2; 87 c; 87 d Abs. 2; 120 a; 105 Abs. 3; 106 Abs. 4, 5; 107 Abs. 1; 134 Abs. 4 GG), Rechtsverordnungen (Art. 80 Abs. 2 GG), Verwaltungsvorschriften (Art. 84 Abs. 2; 85 Abs. 2 GG) und Aufsichts-, Zwangs- und Ausnahmemaßnahmen (Art. 84 Abs. 3, 4; 91 Abs. 2; 87 a Abs. 4 GG) unterstreicht diese Akzentsetzung in deutlicher Weise[53]. Denn alle jene Bestimmungen sollen die Länder vor unkontrollierter Änderung ihres Gebietsstandes, Einwirkung auf ihre Verwaltungen oder Schmälerung ihrer finanziellen Grundlage schützen[54]. Das Wort, der Bundesrat sei „ein echtes Bundesorgan, *nicht* etwa ‚Ländervertretung'"[55], kann also dahin modifiziert werden, daß der Bundesrat auch Ländervertretung, nicht etwa nur Bundesorgan ist, wobei der Akzent der ursprünglichen Konzipierung auf seiner Rolle als Ländervertretung lag[56]. In den Mantel eines Bundesorgans ist er erst allmäh-

---

tenzen von geringerer Bedeutung: das Recht zur Präsidentenanklage (Art. 61 Abs. 1 GG); das der Wahl der Hälfte der Bundesverfassungsrichter (Art. 94 Abs. 1 Satz 2 GG) und die Rolle des Bundesrates beim Gesetzgebungsnotstand (Art. 81 GG). *Ders.*, a.a.O., S. 229.

51 Vgl. K. *Neunreither*, a.a.O. (s. Anm. 48), S. 67 ff., 128, 132.

52 K. *Hesse*, Der Unitarische Bundesstaat (1962), S. 22.

53 Vgl. die Zusammenstellung bei K. *Neunreither*, a.a.O., S. 65—66, 88 ff.

54 K. *Neunreither*, a.a.O., S. 126 ff., S. 67.

55 K. *Hesse*, a.a.O. (s. Anm. 8), S. 228. Hervorhebung von mir.

56 Vgl. K. *Neunreither*, a.a.O., S. 67, 126, 129.

lich, insbesondere durch seinen erheblichen Einfluß im Vermittlungsausschuß und durch seine rigorse Ausweitung des Art. 84 Abs. 1 GG hineingewachsen[57].

Von daher gesehen ist es zu verstehen, daß der Bundesrat bei seiner Kontrolle über Bundesregierung und Bundesverwaltung (neben der über das Bundesparlament) zwar über ein weit gefächertes Instrumentarium der „gesetzgeberischen" Kontrolle verfügt. Denn er bedarf dieses Instrumentariums, um die Interessen der Länder zu wahren. Von daher gesehen leuchtet es aber auch ein, warum er über die meisten der übrigen Kontrollmöglichkeiten des Bundestages nicht verfügt, wie die verschiedenen Interpellationsmittel des Bundestages, sein Recht, einen Untersuchungsausschuß einzusetzen, sowie das, den Wehrbeauftragten mit Prüfungsaufgaben zu betrauen: Von den Belangen der Länder her gesehen, bedarf er dieser Kontrollmöglichkeiten nicht.

In der Tat verfügt der Bundesrat nur über zwei Kontrollinstrumente, die jenen Kontrollmöglichkeiten des Bundestages entsprechen. Das erste ergibt sich aus Art. 53 Satz 3 GG[58], der die Bundesregierung verpflichtet, den Bundesrat über die Führung der Geschäfte auf dem Laufenden zu halten. *Karlheinz Neunreither*[59] stellt zur politischen Wirksamkeit dieser Regelung fest, daß „die Bundesregierung bisher wenig Neigung zeigte, der ... Verfassungsbestimmung mit vollem Herzen nachzukommen" und daß „sich der Bundesrat keinen großen Hoffnungen hingibt, auf diesem Gebiet bedeutende Vorteile zu erringen". Dies dürfte so zu verstehen sein, daß der Bundesrat sich keinen großen Hoffnungen hingibt, Art. 53 Satz 3 GG als ein (neben Art. 84 Abs. 1 GG) zweites „Einfallstor" (*Hans Schneider*) für seine Rolle als Bundesorgan benutzen zu können. Was seine Rolle als Ländervertretung angeht, so besteht zu einer Resignation auf seiten des Bundesrates kein Anlaß, da er die Länderbelange früh genug im Rahmen der ihm zugewiesenen Zustimmungskompetenzen geltend machen kann, auch ohne über die Führung der Geschäfte durch die Bundesregierung auf dem Laufenden zu sein.

Das zweite Kontrollmittel ergibt sich aus Art. 114 GG, der dem Bundesrat wie dem Bundestag das Recht zur Finanzkontrolle gewährt.

Übt der Bundesrat seine Kontrolle über Bundesregierung und Bundesverwaltung nicht nur als Bundesorgan, sondern auch als Länder-

---

57 Vgl. *ders.*, a.a.O., S. 67 ff., 78 ff., 132—33.

58 In diesen Zusammenhang gehört auch das Recht des Bundesrates und seiner Ausschüsse, die Anwesenheit jedes Mitglieds der Bundesregierung verlangen zu können (Art. 53 Abs. 1 GG). Von diesem Recht macht indessen schon der Bundestag kaum Gebrauch. Siehe oben Anm. 39.

59 a.a.O., S. 98. Vgl. auch *H. Laufer*, Der Bundesrat als Instrument der Opposition?, Z.Parl. 1969/70, S. 318 ff. (332).

vertretung aus, dann ist die Art und Weise der Handhabung der Finanzkontrolle durch den Bundesrat zunächst unter dem Gesichtspunkt zu betrachten, ob der Bundesrat mit Hilfe dieses Kontrollinstruments überhaupt Länderinteressen zu realisieren vermag. Übt der Bundesrat auf der anderen Seite seine Kontrolle über Bundesregierung und Bundesverwaltung nicht nur als Ländervertretung, sondern auch als Bundesorgan aus und hat er gerade durch eine Mehrung seines Gewichts in dieser Rolle die bundesstaatliche ebenso wie die rechtsstaatliche Ordnung gestärkt, dann ist die Art und Weise der Handhabung der Finanzkontrolle durch den Bundesrat auch unter dem Blickwinkel zu betrachten, ob der Bundesrat auch in diesem Kontrollbereich seine Rolle als Bundesorgan unterstreicht und dadurch in einem weiteren Detail die bundesstaatliche und damit die rechtsstaatliche Ordnung stärkt.

II. Die Bedeutung des Bundesrechnungshofes für die Finanzkontrolle durch Bundestag und Bundesrat

1. Die Behandlung des Bundesrechnungshofes in der Literatur

Nach Art. 114 GG üben Bundestag und Bundesrat ihre Finanzkontrolle im Rahmen der Entlastung der Bundesregierung aus, worunter das politische Urteil über die Haushalts-, Wirtschafts- und Verwaltungsführung des Bundes zu verstehen ist[60]. Wie Art. 114 GG weiter zu entnehmen ist, stützen sich die legislativen Organe hierbei auf die Prüfungsergebnisse einer besonderen Finanzkontrollbehörde, des Bundesrechnungshofes[61], die als Nachfolger der 1713 von Friedrich Wilhelm I. gegründeten preußischen General-Rechen-Kammer[62] eine der

[60] *F. Schäfer*, Der Bundestag (1967), S. 260.

[61] § 1 Abs. 1 des in Ausführung von Art. 114 Abs. 2 GG ergangenen Gesetzes über Errichtung und Aufgaben des Bundesrechnungshofes vom 27. 11. 1950 (BGBl. S. 765), im folgenden: BRHG.

[62] Aus der 1713 von Friedrich Wilhelm I. gegründeten General-Rechen-Kammer ist die preußische Oberrechnungskammer hervorgegangen. Vgl. *F. v. Pfuhlstein*, Der Weg von der preußischen Generalrechenkammer zum Bundesrechnungshof, in: Bundesrechnungshof (Hrsg.), 250 Jahre Rechnungsprüfung (1964), S. 14 ff. Das Jahr der Gründung der General-Rechen-Kammer ist allerdings umstritten. Vgl. hierzu insbes. *H. Haase*, Die Errichtung und die erste Instruktion der Preußischen Ober-Rechnungskammer, FinArch., Bd. 39 (1922), S. 1 ff. (3 ff.), einerseits (1713) und *Th. v. Ditfurth*, Zur Geschichte der königlich preußischen Ober-Rechnungskammer (1909), S. 8 ff. sowie *Hertel*, Die Preußische Ober-Rechnungskammer (Rechnungshof des Deutschen Reichs), ihre Geschichte, Einrichtung und Befugnisse (1884), S. 9 f., insbes. ebd. Anm. 3 und 4 andererseits (1714). — Der Preußischen Oberrechnungskammer wurde unter der Bezeichnung Rechnungshof des Norddeutschen Bundes bzw. Rechnungshof des Deutschen Reichs seit 1867 zunächst jährlich, dann für längere Zeiträume durch besonderes Gesetz die Finanzkontrolle im

traditionsreichsten Behörden der Bundesrepublik ist[63]. Die legislativen Körperschaften sind also bei der Ausübung ihrer Finanzkontrolle auf die Kontrollergebnisse des Bundesrechnungshofes angewiesen; daher müssen Aufgabenbereich, Arbeitsweise und leitende Positionen des Bundesrechnungshofes so strukturiert sein, daß die Finanzkontrollbehörde Bundestag und Bundesrat eine möglichst wirksame Unterstützung gewähren kann.

Die Gestaltung des Aufgabenbereichs, der Arbeitsweise und der leitenden Positionen des Bundesrechnungshofes ist aus dem Gesichtswinkel seines Verhältnisses zu den legislativen Organen über die bloße Beschreibung der gesetzlich postulierten Kontakte hinaus in der Literatur noch nicht analysiert worden. Das mag daran liegen, daß sich die literarischen Auseinandersetzungen mit dem Bundesrechnungshof immer wieder in dessen „Ortung" bei einer der drei Gewalten versuchen. Hierbei wird jeder denkbare Standpunkt vertreten:

H. G. Dahlgrün[64], *Maunz-Dürig*[65] und *Franz Klein*[66] sehen in dem Bundesrechnungshof mit den Worten von *Maunz-Dürig*[67] „nur ein

---

Norddeutschen Bund bzw. im Deutschen Reich übertragen, bis durch die Reichshaushaltsordnung (RHO) vom 31. 12. 1922 (RGBl. 1923 II, S. 17) i. d. F. der Bekanntmachung vom 14. 4. 1930 (RGBl. II, S. 693) und der Änderung vom 13. 12. 1933 (RGBl. II, S. 1007) die Finanzkontrolle im Deutschen Reich dem Rechnungshof des Deutschen Reichs übertragen wurde. Vgl. dazu *F. Saemisch*, Die Kontrolle der staatlichen Finanzwirtschaft, in: Finanzrechtliche Zeitfragen, Bd. 9 (1931), S. 22 ff. —

Aus der Außenabteilung Hamburg des Rechnungshofs des Deutschen Reichs ist laut Verordnung der britischen Militärregierung Nr. 62 vom 1. 12. 1946 (ABlMR [BrZ], No. 15, S. 356) der Rechnungshof für die britische Zone hervorgegangen. Nachdem der Wirtschaftsrat des Vereinigten Wirtschaftsgebietes durch Gesetz über die vorläufige Regelung der Rechnungsprüfung für den Bereich der Organe des Wirtschaftsrates des Vereinigten Wirtschaftsgebietes, seiner Verwaltungen und Sonderverwaltungen (Vorläufiges Rechnungsprüfungsgesetz) vom 21. 11. 1947 (WiGBl. 1948, S. 2) zunächst diesem Rechnungshof die Rechnungsprüfung im Vereinigten Wirtschaftsgebiet übertragen hatte, ersetzte er ihn durch Gesetz über die Errichtung eines Rechnungshofes für das Vereinigte Wirtschaftsgebiet vom 3. 11. 1948 (WiGBl. S. 115) durch den Rechnungshof im Vereinigten Wirtschaftsgebiet. Nachdem zunächst dieser Rechnungshof durch Gesetz über die Aufstellung und Ausführung des Bundeshaushaltsplans für das Rechnungsjahr 1949 sowie über die Haushaltsführung und über die vorläufige Rechnungsprüfung im Bereich der Bundesverwaltung (Haushaltsgesetz 1949 und Vorläufige Haushaltsordnung vom 7. 6. 1950 [BGBl. S. 199]) mit der Wahrnehmung der Aufgaben des Bundesrechnungshofes beauftragt worden war, folgte ihm aufgrund des Gesetzes über Errichtung und Aufgaben des Bundesrechnungshofes vom 27. 11. 1950 (BGBl. S. 765) der Bundesrechnungshof nach. Vgl. dazu *F. v. Pfuhlstein*, a.a.O., S. 91 ff.

63 *J. Hirsch*, Parlament und Verwaltung, Haushaltsplanung und Haushaltskontrolle in der Bundesrepublik Deutschland. (Politik, Regierung, Verwaltung, Bd. 2, 2. Teil, 1968), S. 145.

64 Die staatliche Finanzkontrolle, in: Hochschule für Verwaltungswissenschaften Speyer (Hrsg.), Staats- und Verwaltungswissenschaftliche Beiträge (1957), S. 231.

selbständiges Hilfsorgan des für die Rechnungslegung verantwortlichen Bundesministers der Finanzen". Zur Begründung wird insbesondere auf die frühere Verpflichtung des Bundesrechnungshofes verwiesen, seine Berichte den legislativen Körperschaften über den Bundesfinanzminister zuzuleiten. *H. Härtig*[68], *H. Manzig*[69] und *H. Weichmann*[70] hingegen erblicken in den Rechnungshöfen mit der Formulierung *H. Weichmanns*[71] „funktionelle Organe der Legislative". Die von ihnen ausgeübte Finanzkontrolle sei „nur der Ausfluß des Kontrollrechts der souveränen Volksvertretung auf dem ihr vorbehaltenen Gebiet der Finanzkontrolle". *F. W. Beckensträter*[72] und *H. Conrad*[73] wiederum sehen die Rechnungshöfe mit den Worten *F. W. Beckensträters*[74] „als Träger rechtsprechender Gewalt" an. Seiner Auffassung nach weisen die Rechnungshöfe mit den Gerichten wesentliche Gemeinsamkeiten auf. Sie kontrollierten staatliche Tätigkeit, soweit sie den einzelnen unmittelbar oder mittelbar (hier als Steuerzahler) angehe. Sie träfen auch endgültige Entscheidungen, da diese von der Exekutive nicht mehr abgeändert werden dürften. *B. Bank*[75], *W. Blatter*[76], *A. Fuchs*[77],

---

[65] a.a.O. (s. Anm. 34), Art. 114 Nr. 23.

[66] Grundgesetz und Haushaltskontrolle, DÖV 1961, S. 805 ff. (808).

[67] a.a.O.

[68] Zur Stellung der Rechnungshöfe, DVBl. 1955, S. 173 ff. (174). Anders noch *ders.*, Entwicklung und Grundfragen der Haushaltskontrolle, DVBl. 1951, S. 393 ff. (394) (Bundesrechnungshof ist Einrichtung eigener Art).

[69] Die staatsrechtliche Stellung des Bundesrechnungshofes, jur. Diss. Köln 1954, S. 75—79.

[70] Die Stellung der Rechnungshöfe im organisatorischen Aufbau der Staatsgewalt, DVBl. 1953, S. 745 ff. und DÖH 1954, S. 22 ff. Anders später *ders.*, Die Tätigkeit der Rechnungshöfe im modernen Staat, DÖH 1958/59, S. 223 ff. (229) (Bundesrechnungshof ist Einrichtung eigener Art). Zum Bundesrechnungshof als Organ der Legislative siehe auch *H. P. Ipsen*, Empfiehlt es sich, die vollständige Selbstverwaltung aller Gerichte im Rahmen des Grundgesetzes gesetzlich einzuführen? In: Verhandlungen des 40. DJT, Teil C (1954), S. C 23.

[71] Die Stellung der Rechnungshöfe im organisatorischen Aufbau der Staatsgewalt, a.a.O., S. 746 bzw. S. 24.

[72] a.a.O. (s. Anm. 45), S. 189—91.

[73] Rechtsstellung und Befugnisse des Bayer. Obersten Rechnungshofs, jur. Diss. München 1957, S. 283—93. Ähnlich auch *H. K. J. Ridder*, Empfiehlt es sich, die vollständige Selbstverwaltung aller Gerichte im Rahmen des Grundgesetzes gesetzlich einzuführen? In: Verhandlungen des 40. DJT, Bd. I (1953), S. 127.

[74] a.a.O., S. 189.

[75] Die Stellung und Aufgabe der Rechnungshöfe im neuen deutschen Staatswesen, ZStWiss. Bd. 111 (1955), S. 512 ff. (514); *ders.*, Über Umfang und Grenzen der Finanzkontrolle der Rechnungshöfe, AöR Bd. 80 (1955/56), S. 261 ff. (261); *ders.*, Über die Eigenständigkeit des Rechnungshofes zwischen Parlament und Regierung, DÖV 1962, S. 526 ff. (528).

[76] Die Entwicklung des staatlichen Rechnungsprüfungswesens und der verfassungsrechtlichen Stellung der Rechnungshöfe in Deutschland und Frankreich, jur. Diss. Mainz 1952, S. 74.

[77] Wesen und Wirken der Kontrolle (1966), S. 42—43.

F. Haaser[78], *H. Korte*[79], *G. Pfennig*[80], *H. Peucker*[81] und *J. Ruhfus*[82] schließlich erblicken in dem Bundesrechnungshof eine Einrichtung eigener Art, die nach der Wendung von *H. Peucker*[83] „in sich Elemente der gesetzgebenden, vollziehenden und rechtsprechenden Gewalt vereinigt, aber in völliger Unabhängigkeit von diesen drei Gewalten die ihr gesetzlich zugewiesene Kontrollfunktion ausübt".

Jenen Versuchen, den Bundesrechnungshof bei einer oder keiner der drei Gewalten einzuordnen, sind zwei Mängel gemeinsam.

Einmal ist ihr Wert als Bestandsaufnahme der Strukturelemente des Bundesrechnungshofes gering. Denn ihnen liegt — wie im einzelnen später zu zeigen sein wird — dessen Aufgaben- und Organisationsstruktur nur in jeweils einem Ausschnitt zugrunde. Jene, die die Behörde bei der Exekutive einordnen, scheinen übergangen zu haben, daß die Ergebnisse der Finanzkontrolle durch den Bundesrechnungshof als Arbeitsgrundlage für die politische Kontrolle der legislativen Körperschaften bestimmt sind. Diejenigen, die die Behörde der Legislative zurechnen, scheinen umgekehrt nicht in Betracht gezogen zu haben, daß die Ergebnisse der Prüfungen des Bundesrechnungshofes auch als Grundlage für die Verwaltungskontrolle seitens der Regierung gedacht sind. Die, denen zufolge die Behörde der rechtsprechenden Gewalt angehört, scheinen übersehen zu haben, daß die „Urteile" des Bundesrechnungshofes über unrechtmäßiges oder unwirtschaftliches Finanzgebaren nicht „vollstreckt" werden, wenn Regierung oder Legislative nicht willens oder fähig sind, verwaltungsinterne bzw. politische Verantwortlichkeit geltend zu machen. Jene schließlich, die davon ausgehen, daß der Bundesrechnungshof keiner der drei Gewalten angehöre und „in völliger Unabhängigkeit" agiere, scheinen davon abzusehen, daß die Regierung die Finanzkontrolle durch den Bundesrechnungshof über die Ernennung seiner leitenden Beamten wenigstens in den Grundzügen zu beeinflussen vermag.

Zum anderen sind jene Einordnungsversuche für die Frage der funktionsgerechten Gestaltung des Bundesrechnungshofes wertlos.

---

78 Die Rechnungshöfe und ihre Beziehungen zu Exekutive und Legislative, DHÖ 1954, S. 115 ff. (117).

79 Zur Stellung der Rechnungshöfe, JZ 1956, S. 684 ff. (686).

80 Die Beziehungen zwischen Parlament und Rechnungshof, DVBl. 1968, S. 197 ff. (198).

81 Grundfragen neuzeitlicher Finanzkontrolle (1952), S. 32, im folgenden: Grundfragen; *ders.*, Die staatsrechtliche Struktur einer obersten Prüfungsbehörde, DÖV 1950, S. 424 ff. (426).

82 Die staatsrechtliche Stellung des Rechnungshofs von Belgien und des Bundesrechnungshofs, jur. Diss. Münster 1965, S. 96. Ähnlich *F. K. Vialon*, Streitfragen der öffentlichen Finanzkontrolle, FinArch, N.F., Bd. 22 (1962 bis 63), S. 1 ff. (11).

83 *H. Peucker*, Grundfragen, a.a.O., S. 32.

Denn sie analysieren dessen *gegebene* Aufgaben- und Organisationsstruktur lediglich in Hinblick darauf, ob diese in die ins Auge gefaßte eine, andere oder keine Gewalt eingeordnet werden kann oder nicht. Mit der Antwort auf diese Frage ist man jedoch bereits am Ende einer Sackgasse angelangt, denn sie könnte nur lauten: nach gegebenem Aufgabenbereich und gegebener Organisation ist der Bundesrechnungshof dieser, jener oder keiner Gewalt zuzurechnen. Diese Antwort vermittelt indessen noch nicht einmal den Ansatz zur Lösung der Frage, ob der Bundesrechnungshof in Hinblick auf die von ihm *erwartete* Leistung — der Unterstützung der gesetzgebenden Körperschaften bei deren Finanzkontrolle — aufgaben- und organisationsmäßig funktionsgerecht strukturiert ist.

Jenen aus einem verengten Gesichtswinkel vorgenommenen und im übrigen fruchtlosen Versuchen, den Bundesrechnungshof einer oder keiner der drei Gewalten zuzuordnen, liegt eine Vorstellung zugrunde, die in der Gewaltenteilung lediglich „ein Mittel der Mäßigung einer ursprünglich vorhandenen einheitlichen Staatsgewalt" durch deren Aufteilung, Trennung, Hemmung und Kontrolle erblickt[84]. Unter dem Einfluß dieser Vorstellung wird großes Gewicht „auf die streng klassifikatorische Trennung der Funktionen Gesetzgebung, Ausführung und Justiz"[85] oder aber auch auf die Feststellung einer „Ausnahme" von der Gewaltenteilung gelegt[86]. Dem Bemühen um klassifikatorische Einordnung in das Gewaltenteilungsschema aber haftet die Gefahr an, die einer reinlichen Lösung entgegenstehenden Elemente in der Aufgaben- und Organisationsstruktur einer staatlichen Institution zu vernachlässigen und Spannungen in deren Struktur allenfalls insoweit zu analysieren, als dies für die jeweilige Einordnung in das Gewaltenteilungsschema notwendig ist.

Löst man sich hingegen von der überkommenen Vorstellung, wonach die Gewaltenteilung lediglich „ein Mittel der Mäßigung einer ursprünglich vorhandenen einheitlichen Staatsgewalt" ist, zugunsten einer Auffassung, für die Gewaltenteilung die Aufgabe einer stets neu zu schaffenden Ordnung staatlicher Gewalt ist, dann stellt sich nicht mehr die Frage nach deren Aufteilung und Trennung, nicht nur die ihrer Hemmung und Kontrolle, sondern „auch und vor allem ... (die) sachgemäßer Bestimmung und Zuordnung der staatlichen Funktionen, der Organe, denen die Wahrnehmung dieser Funktionen anvertraut wird"[87].

---

[84] *K. Hesse*, a.a.O. (s. Anm. 8), S. 180.

[85] *R. Bäumlin*, a.a.O. (s. Anm. 9), S. 227 im Anschluß an *W. Kägi*, Von der klassischen Dreiteilung zur umfassenden Gewaltenteilung, in: Verfassungsrecht und Verfassungswirklichkeit, Festschr. f. Hans Huber (1961), S. 151 ff.

[86] *R. Bäumlin*, a.a.O., S. 229.

[87] *K. Hesse*, a.a.O., S. 180—81.

Eine solche Auffassung macht den Weg dafür frei, den Bestand der Strukturelemente des Bundesrechnungshofes vollständig aufzunehmen und seine aufgaben- und organisationsmäßige Gestaltung im Hinblick auf die von ihm erwartete Leistung — die Unterstützung der gesetzgebenden Körperschaften bei deren Finanzkontrolle — unvoreingenommen daraufhin zu überprüfen, ob sie funktionsgerecht sei.

2. Der Aufgabenbereich und die Arbeitsweise des Bundesrechnungshofes

Dem Bundesrechnungshof obliegt es, grundsätzlich die gesamte[88] Haushalts-, Wirtschafts- und Verwaltungsführung des Bundes zu überwachen[89]. Er kontrolliert daher: die Organe und Verwaltungen des Bundes einschließlich der Sondervermögen des Bundes (z. B. die Deutsche Bundespost); weiterhin die Stellen außerhalb der Verwaltungen des Bundes, die Teile des Bundeshaushaltsplanes ausführen (wie die Länderverwaltungen) oder die für bestimmte Zwecke Bundesmittel erhalten haben (beispielsweise die Studienstiftung des Deutschen Volkes); weiterhin öffentlich-rechtliche und privat-rechtliche Unternehmen, an denen der Bund beteiligt ist (beispielsweise die Deutsche Pfandbriefanstalt und die Salzgitter Aktiengesellschaft); weiterhin die Sozialversicherungsträger, die Zuschüsse aus Bundesmitteln erhalten (wie die Landesversicherungsanstalten); schließlich die Träger der Arbeitslosenversicherung und Arbeitslosenfürsorge (Bundesanstalt für Arbeit)[90].

Der Bundesrechnungshof kontrolliert diese und weitere[91] Bereiche der „finanzwirtschaftlichen Betätigung des Bundes“[92] in drei Rich-

---

[88] Die Mittel zur Verfügung des Bundeskanzlers für allgemeine Zwecke (Kap. 0401 Tit. 52904) unterliegen nur der Prüfung durch den Präsidenten des Bundesrechnungshofes. Dieselbe Regelung gilt für die Mittel des Auswärtigen Amtes für geheime Ausgaben (Kap. 0502 Tit. 52902). In anderen Fällen erfolgt die Prüfung nach § 3 a BRHG (Mittel zur Verfügung des Bundesministers der Verteidigung für Zwecke des militärischen Abschirmdienstes — Kap. 1401 Tit. 53571) unter Beteiligung eines Unterausschusses des Haushaltsausschusses (Mittel zur Verfügung des Bundeskanzlers für Förderung des Informationswesens — Kap. 0403 Tit. 53101; Zuschuß an den Bundesnachrichtendienst — Kap. 0404 Tit. 54101; Zuschuß an das Bundesamt für Verfassungsschutz — Kap. 0609 Tit. 54101). Siehe Bundeshaushaltsplan für das Haushaltsjahr 1970.

[89] Vgl. § 88 Abs. 1 Bundeshaushaltsordnung (BHO) vom 19. 8. 1969 (BGBl. I S. 1284).

[90] Siehe dazu *K. Dreßler*, Stellung und Aufgabe des Bundesrechnungshofes, in: Bundesrechnungshof (Hrsg.), 250 Jahre Rechnungsprüfung (1964), S. 165—66.

[91] Vgl. dazu die umfassende Aufzählung bei *F. W. Beckensträter*, a.a.O. (s. Anm. 45), S. 58—61, m. ges. Nachw.

[92] Vorwort zum Einzelplan 20 (Bundesrechnungshof) des Bundeshaushaltsplanes für das Haushaltsjahr 1970.

tungen: in haushaltsrechtlicher Hinsicht (Rechnungsprüfung), auf die allgemeine (nicht nur haushaltsrechtliche) Rechtmäßigkeit hin (Rechtmäßigkeitsprüfung) und auf die gebotene Wirtschaftlichkeit hin (Wirtschaftlichkeitsprüfung)[93]. Je ein Beispiel soll jene drei Kriterien verdeutlichen, an denen der Bundesrechnungshof das Finanzgebaren des Bundes mißt: Der Bundesminister für Verkehr ließ von 1965 bis 1967 mehrfach Stellenausschreibungen aus Mitteln vornehmen, die bei den „einmaligen Ausgaben" für die verschiedensten Vorarbeiten oder Neubauten veranschlagt waren, anstatt aus Mitteln, die hierfür bei den „fortdauernden Ausgaben" vorgesehen waren. Der Bundesrechnungshof stellte einen Verstoß gegen § 30 Abs. 1 RHO fest, wonach bewilligte Beträge nur zu dem im Haushaltsplan bezeichneten Zweck verwendet werden dürfen[94]. Eine Wasser- und Schiffahrtsdirektion gewährte von 1964 bis 1966 Weihnachtsgelder von zwei Dritteln einer bestimmten Summe anstatt, wie in dem einschlägigen Tarifvertrag vorgesehen, von einem Drittel dieser Summe. Der Bundesrechnungshof stellte eine Verletzung des Tarifvertrages fest[95]. Die Kommandantur eines Truppenübungsplatzes ließ den Platz durch eigene Arbeitskräfte bewachen und beschäftigte hierzu einunddreißig Wächter, für die sie — einschließlich Dienstbekleidung und Ausrüstung — etwa 347 500 DM aufwendete. Der Bundesrechnungshof behauptete, daß die Bewachung durch ein gewerbliches Unternehmen wesentlich billiger gewesen wäre und daß allein im Jahre 1965 114 500 DM hätten eingespart werden können[96].

Auf Grund dieses mehrschichtigen Kontrollverfahrens, das der Bundesrechnungshof anwendet, ebenso wie auf Grund des nahezu unbegrenzten Kontrollbereichs, der der Finanzkontrollbehörde untersteht, sind jedenfalls die Voraussetzungen für eine umfassende Unterstützung der Finanzkontrolle der beiden Häuser durch den Bundesrechnungshof gegeben. Es fragt sich nur, wie weit die Finanzkontrollbehörde verpflichtet ist, Bundestag und Bundesrat diese mögliche Unterstützung auch zu gewähren.

In der Bestallungsurkunde des ersten Präsidenten der preußischen General-Rechen-Kammer, Ehrenreich Bogislav von Creutz, hieß es[97]:

---

93 Siehe dazu *K. Dreßler*, a.a.O., S. 167. Zur eingeschränkten Kontrolle des Bundesrechnungshofes bei privatrechtlichen Unternehmen, an denen der Bund beteiligt ist, vgl. *ders.*, a.a.O., S. 169—70.

94 BT Drucks. V/2695 (Bemerkungen des Bundesrechnungshofes), S. 13, Nr. 18.

95 a.a.O., S. 10, Nr. 14.

96 a.a.O., S. 13—14, Nr. 19.

97 Diese Bestallung wird zugleich als Stiftungsurkunde für die General-Rechen-Kammer angesehen. Vgl. dazu Anm. 62 und die dort zit. Lit.

„Wobei Wir ihm (erg. von Creutz) die Aufsicht über Unsere sowohl Militair- als Civilkassen mit aufgetragen haben wollen, dergestalt, daß ... *Wir* ... *im geringsten nicht gefährdet oder verkürzet,* sondern ... *alles zu Unserem Vorteil und Interesse eingerichtet* ... werden möge ...[98]."

Züge dieses auf die Kontrollbedürfnisse des Königs zugeschnittenen Aufgabenbereichs der preußischen Finanzkontrollbehörde finden sich auch heute noch beim Bundesrechnungshof wieder: zu einem wesentlichen Teil ist der Aufgabenbereich des Bundesrechnungshofes auf die Kontrollbedürfnisse der Regierung gegenüber der Verwaltung zugeschnitten. Der Bundesrechnungshof legt der Bundesregierung seine Prüfungsergebnisse vor[99]; gestützt auf seine Prüfungserfahrungen kann er die Bundesregierung und einzelne Bundesminister beraten[100]; der Präsident des Bundesrechnungshofes erstattet in seiner Eigenschaft als Bundesbeauftragter für die Wirtschaftlichkeit in der Verwaltung auf Verlangen der Bundesregierung oder einzelner Bundesminister Gutachten zu Fragen der Haushalts-, Wirtschafts- und Verwaltungsführung[101]; darüber hinaus nimmt er in dieser Eigenschaft auch an den Haushaltsberatungen der Bundesministerien teil[102].

Andererseits hat die verfassungsgeschichtliche Entwicklung den ursprünglichen Aufgabenbereich der preußischen Finanzkontrollbehörde entschieden umgeprägt: er ist nicht mehr auf die Kontrollbedürfnisse der Exekutive allein zugeschnitten. Vielmehr sind jene Prüfungsergebnisse, Beratungen, Gutachten und sonstige Hilfen des Bundesrechnungshofes oder seines Präsidenten entweder von vornherein für Bundestag und Bundesrat bestimmt[103], oder sie können auch ihnen zuteil werden[104]. Als ein Relikt des Konstitutionalismus wurde in diesem Zusammenhang stets angegriffen, daß Bundestag und Bundesrat bisher die Prüfungsergebnisse nicht unmittelbar vom Bundesrechnungshof, sondern auf dem Umweg über den Bundesfinanzminister erhielten[105], anders als dies zwischen einigen Landesrechnungshöfen

98 Abgedruckt bei *H. Haase,* a.a.O. (s. Anm. 62), Anl. 3, S. 53—54. Hervorhebungen von mir.

99 § 97 Abs. 1 BHO.

100 § 88 Abs. 2 BHO.

101 Nr. 1 der Richtlinien über die Tätigkeit des Bundesbeauftragten für Wirtschaftlichkeit in der Verwaltung vom 10. 3. 1965 (BAnz. Nr. 72 vom 14. 4. 1965, S. 1). Zum Amt des Bundesbeauftragten siehe *F. K. Vialon,* a.a.O. (s. Anm. 82), S. 17—21 m. w. Nachw.

102 Nr. 2 der in Anm. 101 genannten Richtlinien, vgl. auch § 27 Abs. 2 BHO.

103 § 97 Abs. 1 BHO.

104 § 88 Abs. 2 BHO; Nr. 1 der in Anm. 101 genannten Richtlinien, Nr. 4 der ebd. genannten Richtlinien.

105 Vgl. etwa *B. Bank,* Die Zusammenarbeit von Parlament und Rechnungshof, FinArch., N.F. Bd. 15 (1954—55), S. 523 ff. (526—27); *K. Dreßler,* a.a.O. (s. Anm. 90), S. 175; *J. Hirsch,* a.a.O. (s. Anm. 63), S. 151; *G. Pfennig,* a.a.O. (s. Anm. 80), S. 199; *H. Peucker,* Grundfragen, a.a.O. (s. Anm. 81), S. 67.

und den entsprechenden legislativen Körperschaften und neuerdings auch zwischen dem Bundesrechnungshof und den legislativen Organen geregelt ist[106]. Diese Angriffe erfolgten zwar insofern zu Recht, als jene Regelung in einer parlamentarischen Demokratie tatsächlich schon lange überwunden gewesen sein sollte. Andererseits hatten sie sich insofern ein besonders unwichtiges Detail ausersehen, als der Bundesfinanzminister die Prüfungsergebnisse weder kommentierte noch deren Übermittlung nennenswert verzögerte[107].

Im übrigen aber verstellen Angriffe auf Details wie dieses den Blick für die wesentliche Besonderheit in der Gestaltung des dem Bundesrechnungshof zugewiesenen Aufgabenbereichs: nämlich für die Doppelfunktion selbst, mit der der Bundesrechnungshof dadurch belastet ist, daß er das Finanzgebaren des Bundes sowohl im Dienst der Exekutive als auch in dem der gesetzgebenden Körperschaften kontrolliert. Auf diese Doppelfunktion wies der Abgeordnete Windthorst schon bei der Beratung des Oberrechnungskammergesetzes von 1872 hin, das unter anderem die Beziehungen zwischen der preußischen Oberrechnungskammer und dem Landtag regelte (wie es in dem Bericht der zur Beratung des Oberrechnungskammergesetzes eingesetzten XI. Kommission wiedergegeben wird):

„... Auch die Verwaltung empfinde das Bedürfnis nach einem Organe für gleichartige Zwecke (erg. der Finanzkontrolle), aber es sei schwer ..., die Zwecke der Verwaltung und des Landtages derselben Behörde zu überweisen. *Dieses Zusammenfassen nicht kongruenter Ziele mache Konflikte unvermeidlich.* Die preußische Ober-Rechnungskammer möge bisher den Zwecken der Verwaltung die vorzüglichsten Dienste geleistet haben, *eine gleichzeitige Befriedigung der Verwaltung und des Landtages werde sie nicht leisten können* ...[108]."

Tatsächlich dient der Bundesrechnungshof mit seiner Finanzkontrolle „nicht kongruenten Zielen", die überdies mitunter von ihm auch nicht

---

Der Bundesrechnungshof trug diesen Bedenken Rechnung, indem er seit 1965 (BT Drucks. IV/3052 [Berichte des Bundesrechnungshofes]) seine Berichte mit der Formel einleitet „Der Bundesrechnungshof legt hiermit dem Bundestag und dem Bundesrat seine Bemerkungen zur Haushaltsrechnung ... vor."

[106] Art. 1 Abs. 5 des Zwanzigsten Gesetzes zur Änderung des Grundgesetzes vom 12. 5. 1969 (BGBl. I, S. 357). — Verschiedene Landesrechnungshöfe haben das Entlastungsmaterial entweder nur der Legislative (Berlin, § 10 des Gesetzes über den Rechnungshof in Berlin vom 25. 10. 1951, GVBl. S. 983; Niedersachsen, § 2 Abs. 1 Ziff. 2 des Gesetzes über die Errichtung eines Rechnungshofes und die Rechnungsprüfung für das Land Niedersachsen vom 25. 6. 1948, GVBl. S. 65 i. d. F. des Gesetzes vom 18. 2. 1952, GVBl. S. 17) oder gleichzeitig der Legislative und Exekutive zu übermitteln (Bayern, § 2 des Gesetzes über die staatliche Rechnungs-, Verwaltungs- und Wirtschaftsprüfung vom 6. 10. 1951, GVBl. S. 189). Vgl. dazu *K. Dreßler*, a.a.O., S. 175—76.

[107] Siehe dazu etwa BT Drucks. V/2695 (Bemerkungen des Bundesrechnungshofes) sowie die Zusammenstellung unten Anm. 150.

[108] Abgedruckt bei *Hertel*, a.a.O. (s. Anm. 62), S. 240 ff. (251). Hervorhebungen von mir.

zur Deckung gebracht werden: der Regierung und ihren Mitgliedern wird daran gelegen sein, auf Grund der Kontrollergebnisse gegenüber den betroffenen Beamten verwaltungsinterne Verantwortlichkeit geltend zu machen; dem Bundestag und Bundesrat hingegen sollen die Prüfungsergebnisse dazu dienen, die Regierungsmitglieder zur politischen Verantwortung zu ziehen. Wenn beispielsweise der Bundesrechnungshof schildert, daß eine Oberfinanzdirektion von 1950 bis 1966 mangelhafte Baukonstruktionen hat ausführen lassen, obwohl der Bundesschatzminister bei Genehmigung der Bauentwurfszeichnungen Bedenken erhoben und bestimmte Verbesserungen empfohlen hatte, dann wird der Minister erfahren wollen, warum die Oberfinanzdirektion seinen Vorschlägen nicht gefolgt ist. Das berichtete auch der Bundesrechnungshof. Die legislativen Körperschaften hingegen werden sich dafür interessieren, warum der Minister nicht vermocht hat, sich Gehör zu verschaffen. Darüber aber findet sich in dem Bericht nichts[109].

Angesichts dessen aber regen sich Zweifel, ob Bundestag und Bundesrat von einer Finanzkontrollbehörde, die nicht nur ihnen, sondern auch der Regierung dient, eine so wirksame Unterstützung erlangen können, wie von einer Finanzkontrollbehörde, die nur ihnen allein diente. Darauf wird noch einzugehen sein[110].

Hiervon abgesehen aber bleibt festzuhalten, daß sich die gesetzgebenden Körperschaften bei ihrer Finanzkontrolle auf dieselben Prüfungsergebnisse des Bundesrechnungshofes stützen können wie die Regierung bei ihrer Verwaltungskontrolle. Inwieweit sich die beiden Häuser diese Unterstützung aber zunutze machen können, hängt wesentlich von der Gestaltung der Prüfungsergebnisse ab:

Der Bundesrechnungshof hat die Prüfungsergebnisse, die Grundlage des Entlastungsverfahrens sind, in den „Bemerkungen" zur Bundeshaushaltsrechnung zusammenzufassen[111]. Sie halten Verstöße der Verwaltung gegen allgemeine gesetzliche, insbesondere aber haushaltsrechtliche Vorschriften fest. Da zu diesen aber auch der Grundsatz der sparsamen und wirtschaftlichen Verwaltungsführung gehört[112], beziehen die Bemerkungen auch die unter wirtschaftlichen Gesichtspunkten getroffenen Feststellungen ein. Zwar geben sie somit den gesamten Bereich der Prüfungstätigkeit des Bundesrechnungshofes wieder. Ihnen haftet indessen ein schwerwiegender Nachteil zeitlicher Natur an: Die Bemerkungen beziehen sich auf Verwaltungsvorgänge eines jeweils

109 BT Drucks. V/2695 (Bemerkungen des Bundesrechnungshofes), S. 8—9, Nr. 12.

110 Siehe unten S. 137 ff.

111 § 97 Abs. 1 BHO. Zum Begriff der Haushaltsrechnung siehe oben Anm. 45.

112 § 34 Abs. 2 BHO.

zwei bis drei Jahre zurückliegenden Rechnungsjahres[113]. Angesichts ihrer geringen Aktualität aber ist es zweifelhaft, ob die Bemerkungen des Bundesrechnungshofes in Bundestag und Bundesrat noch von großem Informationswert sind und deren Finanzkontrolle wirksam unterstützen können. Auch darauf wird noch einzugehen sein[114].

Den Bemerkungen zur Bundeshaushaltsrechnung sind jedoch zwei aktuellere Berichte angeschlossen, die daher von größerem Informations- und Kontrollwert sind: ein „Bericht des Bundesrechnungshofes über die Prüfung von Unternehmen mit eigener Rechtspersönlichkeit", der über die wirtschaftliche Betätigung des Bundes Aufschluß gibt[115], sowie eine „Denkschrift des Präsidenten des Bundesrechnungshofes", die über die hauptsächlichsten Prüfungsergebnisse des Bundesrechnungshofes berichtet[116]. Beide Berichte sind nicht an ein bestimmtes Rechnungsjahr gebunden und enthalten deshalb auch „Prüfungsergebnisse aus jüngster Zeit"[117].

---

[113] Der umfangreiche Kontrollbereich und das mehrschichtige Kontrollverfahren machen es dem Bundesrechnungshof unmöglich, das Finanzgebaren des Bundes lückenlos zu prüfen. Er darf und muß sich also seinem eigenen Ermessen entsprechend auf Teilprüfungen beschränken, auf die Vorprüfungen durch die Verwaltung stützen und ihr in weniger bedeutsamen Bereichen die Prüfung ganz überlassen. §§ 89 Abs. 2, 100 BHO. Siehe dazu *K. Dreßler*, a.a.O. (s. Anm. 90), S. 170. Zur Verfassungsmäßigkeit dieser Regelungen vgl. *A. Fuchs*, a.a.O. (s. Anm. 77), S. 61. Dennoch liegen regelmäßig etwa zwei bis drei Jahre zwischen dem Ende eines Rechnungsjahres und der Vorlage der Bemerkungen für jenes Rechnungsjahr. *J. Hirsch*, a.a.O. (s. Anm. 63), S. 151 sowie die Zusammenstellung unten Anm. 150. Die späte Vorlage der Prüfungsergebnisse durch den Bundesrechnungshof ist auf folgendes zurückzuführen: Der Bundesrechnungshof ist zwar mit seiner Kontrolle nicht an abgeschlossene (Kassen-, Ober-, Zentral-, Haupt- und schließlich Bundeshaushalts-) Rechnungen gebunden, sondern er darf hiermit bereits zu dem Zeitpunkt beginnen, an dem die Verwaltungsvorgänge abgeschlossen sind und die Rechnungs*unterlagen* bereit liegen. Dennoch geht der Bundesrechnungshof bei seiner Kontrolle regelmäßig von jenen Rechnungen aus, auf deren Abschluß er Jahre und Halbjahre warten muß. *K. Dreßler*, a.a.O., S. 166—67; *Friedrich Klein*, Zulässigkeit und Grenzen „gegenwartsnaher Prüfung" durch den Bundesrechnungshof, FinArch., N.F., Bd. 23 (1963—64), S. 105 ff. (118—23); *F. K. Vialon*, a.a.O. (s. Anm. 82), S. 12—15. Für ausschließlich nachträgliche Kontrolle *H. G. Dahlgrün*, a.a.O. (s. Anm. 64), S. 233—34; *Franz Klein*, a.a.O. (s. Anm. 66), S. 808—809; *Maunz-Dürig*, a.a.O. (s. Anm. 34), Art. 114, Nr. 13, 14.

[114] Siehe unten S. 152 f.

[115] Siehe etwa BT Drucks. V/2695 (Berichte des Bundesrechnungshofes über die Prüfung von Unternehmen mit eigener Rechtspersönlichkeit), S. 23 bis 32.

[116] Siehe etwa BT Drucks. V/2695 (Denkschrift des Präsidenten des Bundesrechnungshofes, fortan: Denkschrift des Bundesrechnungshofes), S. 33—58. Auch die Denkschrift ist jedoch das Ergebnis der Finanzkontrolle durch den *Bundesrechnungshof*. Nicht nur, daß auch hier die Prüfungsergebnisse auf seiner Tätigkeit beruhen; auch in deren Schilderung ist er dadurch eingeschaltet, daß sein Großer Senat der Darstellung der Prüfungs- und Untersuchungsergebnisse und deren rechtlicher Würdigung zustimmt. *A. Fuchs*, a.a.O. (s. Anm. 77), S. 73, 120.

[117] Siehe Bericht und Denkschrift, a.a.O. (Anm. 115, 116), S. 25, Nr. 1.

3. Der Präsident und Vizepräsident des Bundesrechnungshofes

Ob der Bundesrechnungshof den legislativen Körperschaften eine möglichst wirksame Unterstützung gewähren kann, hängt jedoch auch davon ab, wie insbesondere die leitenden Positionen des Bundesrechnungshofes im Verhältnis zu Bundestag und Bundesrat besetzt sind.

In einer an von Creutz gerichteten Verordnung über die preußische Finanzkontrollbehörde heißt es, daß sie

„... ein besonderes Collegium seyn, und von Niemandem anders, als Unserer höchsten Person allein dependiren (solle)“[118].

Züge dieser kollegial organisierten preußischen Finanzkontrollbehörde, die von der übrigen Verwaltung unabhängig war und unmittelbar dem Monarchen unterstand, sind heute noch beim Bundesrechnungshof unverkennbar.

Allerdings ist der Bundesrechnungshof nicht nur eine der Verwaltung gegenüber unabhängige, sondern eine auch „der Bundesregierung gegenüber selbständige, nur dem Gesetz unterworfene Oberste Bundesbehörde“[119]: Sämtliche Mitglieder des Bundesrechnungshofes genießen richterliche Unabhängigkeit, sie sind daher unabsetzbar, unversetzbar und in disziplinarrechtlicher Hinsicht den Richtern gleich[120]; kein Beamter des Bundesrechnungshofes darf der Bundesregierung angehören[121]; die Rechnung des Bundesrechnungshofes wird unmittelbar den legislativen Körperschaften zur Prüfung und Entlastung vorgelegt[122]; der Bundesrechnungshof allein entscheidet über den Umfang seiner Kontrolle sowie darüber, welche Prüfungsergebnisse in seine Berichte aufgenommen werden[123]; ersucht ihn also die Bundesregierung, eine bestimmte Verwaltungsmaßnahme zu untersuchen und hierüber zu berichten, so wird darin allenfalls eine unverbindliche Anregung der Regierung erblickt[124].

Andererseits aber werden Präsident und Vizepräsident des Bundesrechnungshofes vom Bundespräsidenten auf den Vorschlag der Bundesregierung hin ernannt[125]. „Sie hat damit mittelbar eine gewisse Chance, auf die große Linie der Finanzkontrolle einzuwirken“[126], zumal allein

---

118 Abgedruckt bei *Hertel*, a.a.O. (s. Anm. 62), Anl. I, S. 19.

119 § 1 Abs. 2 BRHG.

120 Art. 114 Abs. 2 GG, § 11 Abs. 1, 3 BRHG. Vgl. dazu *K. Dreßler*, a.a.O. (s. Anm. 90), S. 160—61. Das Antragsrecht für Disziplinarsachen des Präsidenten des Bundesrechnungshofes wird vom Bundestagspräsidenten ausgeübt, § 11 a Abs. 1 BRHG.

121 § 12 BRHG.

122 § 101 BHO.

123 Vgl. dazu *K. Dreßler*, a.a.O., S. 159—60.

124 *Ders.*, ebd.

125 § 119 Abs. 3 RHO. Vgl. dazu *J. Hirsch*, a.a.O. (s. Anm. 63), S. 147.

126 *K. Dreßler*, a.a.O., S. 161.

der Präsident des Bundesrechnungshofes für die Ernennung und Beförderung der übrigen Mitglieder des Bundesrechnungshofes vorschlagsberechtigt ist[127]. Diesen gegenüber stehen ihm außerdem umfassende Weisungs- und Aufsichtsbefugnisse zu, die die Wirksamkeit der kollegialen Organisation des Bundesrechnungshofes zumindest potentiell gefährdet erscheinen lassen[128]: der Präsident kann bestimmte Mitglieder verpflichten, neben ihrer Prüfungsarbeit zugleich in der (insbesondere gutachtlich tätigen) Präsidialabteilung zu arbeiten[129], ihm allein obliegt die Verteilung der Geschäfte innerhalb des Bundesrechnungshofes[130], und er kann schließlich den Vorsitz in jedem Senat des Bundesrechnungshofes führen[131]. Hinzu kommt, daß die Affinität der Präsidenten zur Exekutive, aus der sie bisher stets gekommen sind, den Gedanken ihrer, wenn auch vielleicht begrenzten, Solidarität mit der Regierung nicht ohne weiteres von der Hand weisen läßt[132].

Die verfassungsgeschichtliche Entwicklung der ursprünglichen Organisationsstruktur der preußischen Finanzkontrollbehörde ist nicht so

---

127 § 119 Abs. 4 RHO. Vgl. *K. Dreßler*, ebd.

128 *Ders.*, a.a.O., S. 161—62.

129 § 125 Abs. 3 RHO. Vgl. dazu *F. W. Beckensträter*, a.a.O. (s. Anm. 45), S. 157—58.

130 § 124 Abs. 1 RHO.

131 § 126 b Abs. 3 Satz 3 RHO. Der Präsident kann sich allerdings durch den Vizepräsidenten vertreten lassen. § 124 Abs. 2 RHO. Als verfassungswidrig werden die Weisungs-, Entscheidungs- und Beanstandungsbefugnisse des Präsidenten nach §§ 126 b Abs. 1 Satz 2, 126 c Abs. 3 und 126 e RHO angesehen. Vgl. *A. Fuchs*, a.a.O. (s. Anm. 77), S. 102. Vgl. auch hierzu und zu dem Voraufgegangenen *F. W. Beckensträter*, a.a.O., S. 153—75, der sämtliche oben geschilderten Befugnisse des Präsidenten des Bundesrechnungshofes für mit dem Grundsatz der richterlichen Unabhängigkeit seiner Mitglieder unvereinbar und damit für verfassungswidrig hält.

132 Josef Mayer, der erste Präsident des Bundesrechnungshofes, arbeitete von 1920 bis 1948 im Reichsministerium des Innern, im Reichsministerium für die besetzten rheinischen Gebiete, im Reichsfinanzministerium, in der Deutschen Zentralfinanzverwaltung für die sowjetische Besatzungszone und im Zentralhaushaltsamt für die Britische Zone, bis er 1948 Vizepräsident des Rechnungshofes für das Vereinigte Wirtschaftsgebiet wurde. Heinz Maria Oeftering, der zweite Präsident der Behörde, war von 1935 bis 1945 im Reichsfinanzministerium tätig, bis er 1946 Präsident des Rechnungshofes von Rheinland-Pfalz wurde. Von 1950 bis 1957 arbeitete er jedoch wieder im Bundesfinanzministerium. 1957 wurde er Präsident des Bundesrechnungshofes. Guido Hertel, sein Nachfolger, arbeitete vor seiner Ernennung sieben Jahre im Bundesfinanzministerium. Volkmar Hopf, der vierte Präsident des Bundesrechnungshofes, war seit 1951 im Bundesministerium des Innern und im Bundesministerium für Verteidigung tätig, bis er 1964 in dieses Amt berufen wurde. Hans Schäfer, der derzeitige Präsident des Bundesrechnungshofes, arbeitete vor seiner Ernennung etwa vierzig Jahre im Reichsjustizministerium, im Oberregierungspräsidium Hessen-Pfalz, im Justizministerium Rheinland-Pfalz sowie im Bundesministerium des Innern. Siehe dazu *F. v. Pfuhlstein*, a.a.O. (s. Anm. 62), S. 114—15; Presse- und Informationsamt der Bundesregierung (Hrsg.), Bulletin Nr. 84 vom 3. 6. 1971. Vgl. dazu auch *J. Hirsch*, a.a.O. (s. Anm. 63), S. 147.

weit fortgeschritten, daß Bundestag und Bundesrat heute an der Ernennung des Präsidenten und Vizepräsidenten des Bundesrechnungshofes beteiligt wären[133]. Sie haben daher nicht wie die Regierung die Möglichkeit, wenn vielleicht auch nur entfernt, auf die Finanzkontrolle des Bundesrechnungshofes einzuwirken. Während außerdem die sonst gewahrte Unabhängigkeit des Bundesrechnungshofes gegenüber der Bundesregierung angesichts der von der Regierung ausgehenden Ernennung der Behördenspitze zumindest zweifelhaft erscheint, ist die Unabhängigkeit des Bundesrechnungshofes gegenüber den legislativen Körperschaften in jeder Hinsicht gewahrt: kein Beamter des Bundesrechnungshofes darf dem Bundestag oder Bundesrat angehören[134]; der Bundesrechnungshof allein bestimmt das Ausmaß seiner Kontrolle und die Prüfungsergebnisse, die in seine Berichte aufgenommen werden sollen. Wenn also Bundestag und Bundesrat den Bundesrechnungshof ersuchen, einen bestimmten Verwaltungsvorgang zu untersuchen und hierüber zu berichten, so wird darin nur eine unverbindliche Anregung der legislativen Organe erblickt[135, 136].

---

133 So wie dies heute in sechs Bundesländern die jeweiligen Landesparlamente sind. Es bedürfen in Niedersachsen das Landesministerium, in Nordrhein-Westfalen die Landesregierung und in Schleswig-Holstein der Ministerpräsident zur Ernennung jedes Rechnungshofmitgliedes der Zustimmung des Landtages. Art. 53 Abs. 3 der Vorläufigen Niedersächsischen Verfassung vom 13. 4. 1951 (GVBl. S. 103) i. d. F. des Gesetzes zur Ergänzung der Vorläufigen Niedersächsischen Verfassung vom 29. 2. 1956 (GVBl. S. 13), § 6 Abs. 1 des Gesetzes über die Errichtung eines Landesrechnungshofes und die Rechnungsprüfung im Lande Nordrhein-Westfalen vom 6. 4. 1948 (GVBl. S. 129) und § 5 Abs. 1 des Gesetzes über den Landesrechnungshof Schleswig-Holstein vom 9. 12. 1957 (GVBl. S. 168). In Berlin wird der Präsident des Rechnungshofes auf Vorschlag des Senats vom Abgeordnetenhaus gewählt und vom Senat ernannt (§ 13 Abs. 3 des Gesetzes über den Rechnungshof in Berlin vom 25. 10. 1951, GVBl. S. 983, i. d. F. des Art. IV des Gesetzes zur Änderung des Gesetzes über den Rechnungshof von Berlin vom 11. 7. 1957, GVBl. S. 742); in Bremen werden der Präsident des Rechnungshofes und sein Stellvertreter von der Bürgerschaft gewählt und vom Senat ernannt (§ 5 Abs. 2 des Gesetzes, betreffend den Rechnungshof der Freien Hansestadt Bremen vom 15. 11. 1949, GBl. S. 229). In Hamburg ernennt der Senat mit Zustimmung der Bürgerschaft die Mitglieder des Rechnungshofes, § 5 Abs. 1 des Gesetzes über die Errichtung eines Rechnungshofs der Hansestadt Hamburg vom 16. 12. 1948 (GVBl. S. 147).

134 § 12 BRHG.

135 *K. Dreßler*, a.a.O. (s. Anm. 90), S. 159—60.

136 Dies ist in Bayern anders geregelt, wo der Oberste Rechnungshof von bestimmten Landtags- und Senatsausschüssen mit Untersuchungen betraut werden kann. § 22 des Gesetzes über die staatliche Rechnungs-, Verwaltungs- und Wirtschaftsprüfung vom 6. 10. 1951 (GVBl. S. 189). Abs. 1 dieser Vorschrift lautet:

„(1) Der Oberste Rechnungshof kann von den Untersuchungsausschüssen des Landtags nach Art. 25 der Verfassung des Freistaates Bayern und den besonderen Ausschüssen des Senats nach § 27 des Gesetzes über den Senat über den Rahmen der Rechnungsprüfung hinaus mit der Durchführung von Untersuchungen und mit der Erhebung von Beweisen betraut werden. Die Befugnisse des Obersten Rechnungshofes bestimmen sich nach den für die Ausschüsse maßgebenden Vorschriften."

Während also der Aufgabenbereich des Bundesrechnungshofes so strukturiert worden ist, daß er in dem Spannungsfeld zwischen Regierung und Legislative zu beiden eine gleich weite Entfernung einzuhalten vermag, sind die führenden Stellen in dieser Behörde so konstruiert worden, daß die Behörde eher eine Position in der Nähe der Regierung einnimmt. Betrachtet man also Aufgabenbereich und leitende Positionen des Bundesrechnungshofes im Zusammenhang, dann ist der Ausschluß der gesetzgebenden Körperschaften von jeglichem Einfluß auf die Ernennung der Behördenspitze verglichen mit ihrer im Verhältnis zur Regierung gleichgewichtigen Beteiligung an den Arbeitsergebnissen der Behörde noch nicht einmal im Rahmen des bestehenden Systems der Finanzkontrolle durch den Bundesrechnungshof systemgerecht.

Selbst wenn jedoch jene gleichgewichtige Position des Bundesrechnungshofes dadurch hergestellt würde, daß die gesetzgebenden Körperschaften an der Ernennung der Präsidenten des Bundesrechnungshofes beteiligt würden[137], so müßte auch nach einer solchen Änderung der Blick für eine wesentliche Besonderheit in der Gestaltung der Behördenspitze des Bundesrechnungshofes offen bleiben: nämlich die *doppelte Abhängigkeit,* in der sich dann der Bundesrechnungshof hinsichtlich der Ernennung seiner Präsidenten gegenüber Regierung und Legislative befände.

Diese Besonderheit läßt zweifeln, ob legislative Körperschaften von einer Finanzkontrollbehörde, deren Behördenspitze nicht von ihnen gewählt wird, eine so wirksame Unterstützung erlangen können, wie von einer Finanzkontrollbehörde, bei der dies der Fall wäre. Darauf wird noch einzugehen sein[138].

III. Die Finanzkontrolle durch Bundestag und Bundesrat

1. Die Finanzkontrolle durch die zuständigen Bundestagsausschüsse

Die Ergebnisse der Finanzkontrolle durch den Bundesrechnungshof, so wie sie sich in den Berichten dieser Behörde niederschlagen, werden im Plenum des Bundestages, wenn überhaupt, dann nur oberflächlich[139],

---

[137] Vgl. *G. v. Koppenfels,* Finanz- und Wirtschaftlichkeitskontrolle in der Bundesrepublik Deutschland und die Stellung des Bundesrechnungshofs zu Exekutive und Legislative, jur. Diss. Freiburg i. Br. 1969, S. 93.

[138] Siehe unten S. 146 ff.

[139] StenBer. der Verhandlungen des BT 2. W. P., 40. Sitzg., S. 1900 D; 119. Sitzg., S. 6342 C; 183. Sitzg., S. 10168 A; 3. W. P., 98. Sitzg., S. 5366 D; 138. und 139. Sitzg., S. 7895 C und S. 7904 D; 4. W. P., 141. Sitzg., S. 7061 A; 5. W. P., 164. Sitzg., S. 8568 D. In den folgenden Fällen verzichtete der Berichterstatter darauf, seinen mündlichen Bericht zu erstatten, so daß es zu überhaupt

in dem des Bundesrates fast nie diskutiert[140]. Diese Tatsache ist jedoch kein Gradmesser für die Intensität der Finanzkontrolle durch die legislativen Körperschaften. Denn die Hauptarbeit im Bundestag und erst recht im Bundesrat vollzieht sich nicht im Plenum, sondern in den Ausschüssen[141].

Die Finanzkontrolle durch Bundestag und Bundesrat ist also daran zu messen, wie der hierfür zuständige Haushaltsausschuß und Rechnungsprüfungsausschuß im Bundestag[142] bzw. der hierfür zuständige Finanzausschuß im Bundesrat[143] die Ergebnisse der Finanzkontrolle durch den Bundesrechnungshof auswerten.

Der Rechnungsprüfungsausschuß im Bundestag ist ein Unterausschuß des Haushaltsausschusses. Die siebzehn Mitglieder[144] des Rechnungsprüfungsausschusses gehören zugleich zu den siebenunddreißig Mitgliedern[145] des Haushaltsausschusses. Diese siebenunddreißig Abgeordneten, die bis auf zwei Ausnahmen neben dem Haushaltsausschuß keinem weiteren Fachausschuß angehören[146], werden von drei Ausschußassistenten[147] unterstützt. Ihnen fällt die Aufgabe zu, neben der Beratung eines neunzig Milliarden Haushalts, neben der Beratung von

---

keiner Aussprache über die Bundesrechnungshofberichte kam: 2. W. P., 227. Sitzg., S. 13528 B; 3. W. P., 64. Sitzg., S. 3467 B; 165. Sitzg., S. 9629 A; 4. W. P., 194. Sitzg., S. 9905 B; 194. Sitzg., S. 9905 C; 5. W. P., 246. Sitzg., S. 13696 D.

140 Im Bundesrat kam es nur in einem Fall, veranlaßt durch den mündlichen Bericht des Berichterstatters, zu einer kurzen Aussprache über den Bundesrechnungshofbericht: Sten.Ber. der Verhandlungen des BR 1954, 128. Sitzg., S. 243 C. In drei Fällen wurde zwar ein kurzer mündlicher Bericht erstattet, über den es jedoch zu keiner Aussprache kam: 1955, 136. Sitzg., S. 31 D; 1957, 171. Sitzg., S. 520 D; 1958, 188. Sitzg., S. 23 A. In den übrigen Fällen kam es weder zu dem einen noch zu dem anderen: 1956, 153. Sitzg., S. 35 D; 1958, 198. Sitzg., S. 244 A; 1960, 214. Sitzg., S. 297 B; 1961, 234. Sitzg., S. 161 B; 1963, 253. Sitzg., S. 16 A; 1964, 265. Sitzg., S. 13 A; 1965, 281. Sitzg., S. 96 D; 1966, 294. Sitzg., S. 89 B; 1967, 309. Sitzg., S. 91 C; 1968, 323. Sitzg., S. 111 C; 1969, 340. Sitzg., S. 168 C.

141 *B. Dechamps*, Macht und Arbeit der Ausschüsse (1954), S. 76, 98 ff.; *K. Neunreither*, a.a.O. (s. Anm. 48), S. 27 ff.

142 Vgl. etwa BT Drucks. V/1590 (Mündlicher Bericht des Haushaltsausschusses), S. 3, Vorbemerkung.

143 Vgl. etwa BR Drucks. 179/67 (Beschluß des Bundesrates).

144 Deutscher Bundestag (Hrsg.), Zusammensetzung der Ausschüsse des Deutschen Bundestages.

145 Ebd.

146 Der Abgeordnete Simon (SPD) gehört zugleich dem Finanzausschuß, der Abgeordnete Seidel (SPD) zugleich dem Ausschuß für innerdeutsche Beziehungen an. Ebd.

147 Laut Auskunft von *J. Glückert*, Assistent der SPD Bundestagsfraktion. Dem Haushaltsausschuß gehören zwei Assistenten an. Hinzu kommen drei Sachbearbeiter, ein Hilfssachbearbeiter und vier Hilfssachbearbeiterinnen, die zugleich als Sekretärinnen tätig sind. Für den Rechnungsprüfungsausschuß arbeitet ein Assistent. Hinzu kommt eine Sachbearbeiterin, die zugleich als Sekretärin tätig ist.

Gesetzentwürfen mit haushaltsmäßigen Auswirkungen, neben der Mitwirkung bei der Veräußerung von Bundeseigentum, neben der in anderen Fällen durch Haushaltsplan oder -gesetz vorgeschriebenen Mitwirkung (beispielsweise bei der Anordnung von Umschichtungen im Verteidigungshaushalt oder der Schaffung neuer Planstellen während des Haushaltsjahres) und schließlich neben der Kontrolle von überplanmäßigen und von außerplanmäßigen Haushaltsausgaben die Ergebnisse der Finanzkontrolle durch den Bundesrechnungshof auszuwerten[148]. Allein schon diese Häufung der Aufgaben des Haushalts- und des Rechnungsprüfungsausschusses läßt bei der Zahl ihrer Mitglieder und Hilfskräfte zweifeln, ob diese Ausschüsse den Informationswert der Bundesrechnungshofberichte vollständig auszuschöpfen vermögen.

Die Auswertung der Berichte der Finanzkontrollbehörde geht im Bundestag im einzelnen so vor sich, daß zunächst der Rechnungsprüfungsausschuß die Berichte des Bundesrechnungshofes berät und hierüber seinerseits einen Bericht erstattet. Diesen legt er dem Haushaltsausschuß vor, der den Bericht berät, gegebenenfalls ergänzt und dann dem Plenum als Bundestagsdrucksache zusammen mit dem Antrag auf Entlastung der Bundesregierung vorlegt[149]. Ein Analyse dieser Berichte müßte also einigen Aufschluß darüber geben, wie die zuständigen Bundestagsausschüsse die Kontrollergebnisse des Bundesrechnungshofes auswerten.

Auffallend ist zunächst der große Zeitraum, während dessen sich die Berichte des Bundesrechnungshofes im Bundestag und bei seinen zuständigen Ausschüssen befinden, bis der Haushaltsausschuß über diese Berichte und deren Beratung nun seinerseits berichtet: in fünf von zwölf Haushaltsjahren liegt zwischen dem Zeitpunkt, zu dem der Bundesfinanzminister dem Bundestag die Berichte des Bundesrechnungshofes vorgelegt hat, und dem, zu dem der Haushaltsausschuß dem Plenum über jene Berichte seinerseits Bericht erstattet hat, ein Jahr oder sogar mehr als ein Jahr; durchschnittlich liegen zwischen jenen beiden Zeitpunkten zehn Monate[150].

---

[148] *F. Schäfer*, a.a.O. (s. Anm. 60), S. 258—59, 268—71.

[149] *Ders.*, a.a.O., S. 271—72.

[150] Im folgenden werden neben dem jeweiligen Rechnungsjahr drei Daten genannt. Sie beziehen sich auf den Tag, an dem der Bundesrechnungshof seine Berichte vorgelegt hat, auf den, an dem der Bundesfinanzminister sie dem Bundestag weitergereicht hat, und schließlich auf den, an dem der Haushaltsausschuß seinen Bericht erstattet hat: *1949/50:* 8. 1. 1954, 11. 2. 1954, 8. 7. 1954; *1951:* 21. 12. 1954, 18. 1. 1955, 17. 11. 1955; *1952:* 31. 10. 1955, 22. 11. 1955, 15. 11. 1956; *1953:* 8. 11. 1956, 5. 12. 1956, 2. 7. 1957; *1954:* 4. 7. 1957, 10. 12. 1957, 21. 1. 1959; *1955:* 19. 8. 1958, 29. 9. 1958, 19. 1. 1960; *1956:* 24. 10. 1959, 10. 12. 1959, 28. 10. 1960; *1957/58:* 5. 4. 1961, 15. 5. 1961, 21. 6. 1961; *1959:* 30. 10. 1962, 18. 12. 1962. 26. 6. 1964; *1960:* 22. 10. 1963, 17. 12. 1963, 19. 5. 1965; *1961:* 22. 12. 1964,

Vergleicht man sodann die Berichte des Haushaltsausschusses mit denen des Bundesrechnungshofes, so stellt man fest: Die Berichte des Haushaltsausschusses geben die Feststellungen des Bundesrechnungshofes erheblich gekürzt wieder und verweisen daher in ihren einzelnen Textziffern auf die entsprechenden Textziffern der Bundesrechnungshofberichte[151]; soweit jedoch die Feststellungen des Bundesrechungshofes wiedergegeben werden, werden sie in weiten Partien wörtlich in die Ausschußberichte übernommen[152]; oft aber findet man dort dessen Analysen bestimmter Verwaltungsprogramme oder -berichte oder dessen Feststellungen grober Verwaltungsmängel nicht wieder.

In seiner Denkschrift für das Rechnungsjahr 1954 z. B. befaßte sich der Bundesrechnungshof mit der damaligen Lage der Bundeswehr. Er stellte unter anderem den Mangel fest, der an jüngeren Offizieren und Unteroffizieren sowie an Unterkünften herrsche; er wies auf die beträchtlichen Einsparungen an Personal- und Beschaffungskosten hin, die möglich gewesen wären, wenn der Aufbau der deutschen Streitkräfte nicht rascher geplant worden wäre, als er sich später habe durchführen lassen; er wies darauf hin, daß die künftigen Mehrausgaben für wirkungsvollere Waffen und besseres Gerät einen mehrjährigen Finanzierungsplan unerläßlich machten; er berührte die Faktoren, die bei der Organisation der Streitkräfte und ihrer Verwaltungseinrichtungen zu beachten seien; er nahm sich der Schwierigkeiten und Unzulänglichkeiten an, die sich bei der Zahlung der Dienstbezüge ergeben hätten; und er wendete sich schließlich der Organisation des Verteidigungsministeriums zu, soweit es sich mit der Deckung des Verteidigungsbedarfs befaßt[153]. Aus dieser breit angelegten Analyse griff der

8. 2. 1965, 24. 6. 1965; *1962/63:* 22. 12. 1965, 17. 3. 1966, 16. 3. 1967; *1964:* 22. 12. 1966, 21. 3. 1967, 26. 1. 1968; *1965:* 20. 12. 1967, 8. 3. 1968, 25. 6. 1969.

[151] Siehe z. B. BT Drucks. V/1590 (Bericht des Haushaltsausschusses) im Vergleich zu BT Drucks. V/458 (Berichte des Bundesrechnungshofes).

[152] Hierzu die jeweils ersten Berichte aus jeder Wahlperiode als Beispiel: BT Drucks. II/689 (Bericht des Haushaltsausschusses) beschränkt sich bis auf wenige verbindende Kommentare auf die wörtliche Wiedergabe weiter Partien aus BT Drucks. II/396 (Berichte des Bundesrechnungshofes). In BT Drucks. III/815 (Bericht des Haushaltsausschusses) stimmen 22 der 36 Abschnitte des Berichts bis auf jeweils wenige Sätze mit den entsprechenden Abschnitten in BT Drucks. III/84 (Berichte des Bundesrechnungshofes) wörtlich überein. In BT Drucks. IV/2475 (Bericht des Haushaltsausssschusses) stimmen die Abschnitte Nr. 4, 5, 7—11, 13—15, 17, 19, 26, 27, 29—32, 40, 41 des Berichts weitgehend mit den entsprechenden Abschnitten in BT Drucks. IV/854 (Berichte des Bundesrechnungshofes) wörtlich überein. In BT Drucks. V/1590 (Bericht des Haushaltsausschusses) schließlich stimmen die Abschnitte Nr. 4, 14, 20, 28, 23, 38 des Berichts in weiten Partien mit den entsprechenden Abschnitten in BT Drucks. V/458 (Berichte des Bundesrechnungshofes) wörtlich überein.

[153] Die Feststellungen sind zwar in der Denkschrift für das Rechnungsjahr 1954 enthalten, beziehen sich aber auf die Rechnungsjahre 1955 und 1956; vgl. dazu oben S. 33 f., BT Drucks. III/84, S. 75—81, Nr. 35—65 (Denkschrift des Bundesrechnungshofes).

Haushaltsausschuß jedoch nur ein einziges, vergleichsweise unwichtiges Detail heraus, das der Bundesrechnungshof als eine der Unzulänglichkeiten bei der Zahlung der Dienstbezüge behandelt hatte: Bei bestimmten Soldaten, die an der Truppenverpflegung teilnahmen, würden von ihren Dienstbezügen täglich 2,50 DM einbehalten. Damit sollten die Ausgaben für ihre Verpflegung voll gedeckt werden, was jedoch nach den Feststellungen des Bundesrechnungshofes nicht zutreffe. Außerdem werde zum Teil versäumt, den Abzug einzubehalten, die Verpflegungsabrechnung genau zu führen und nicht mehr auszugeben, als nach der Zahl der Verpflegungsteilnehmer angemessen sei[154].

Dieses Beispiel dafür, daß sich eine Analyse eines Verwaltungsprogrammes oder -bereiches durch den Bundesrechnungshof in dem Bericht des Haushaltsausschusses nicht wiederfindet, steht nicht allein[155]. Darüber hinaus fehlen in den Ausschußberichten oft Feststellungen des Bundesrechnungshofes, die auf grobe Verwaltungsmängel in einzelnen Bereichen der Verwaltung hindeuten: so etwa die Feststellung, daß mangelhafte Planungen beim Bau von Bundesfernstraßen fast regelmäßig zu Nachträgen und Änderungen der Bauverträge geführt hätten, die in Einzelfällen Kostensteigerungen von 50 bis 100 v. H. der ursprünglich vereinbarten Vertragssumme verursacht hätten[156]; oder, daß der Bundesfinanzminister an das Land Schleswig-Holstein Darlehen und Zuschüsse von insgesamt 50 Millionen DM ausgezahlt habe, ohne auf die jeweiligen Anforderungen hin geprüft zu haben, ob das Land die Mittel schon benötige (was nicht der Fall war)[157]; oder, daß die nahezu ausschließlich aus Haushaltsmitteln des Bundesministers für Wirtschaft unterhaltene Gesellschaft zur Förderung des Deutsch-Amerikanischen Handels mbH über Bundeszuschüsse in Höhe von rund 526 000 DM nicht ordnungsgemäß abgerechnet habe[158]; oder, daß der Bundesminister für Wohnungsbau bei bestimmten großen Bauvorhaben Bundesdarlehen ausgezahlt habe, bevor zu diesen Fällen ausreichende Bauunterlagen

---

[154] BT Drucks. III/815, S. 9, Nr. 28 (Bericht des Haushaltsausschusses).

[155] BT Drucks. IV/854, S. 42—44, Nr. 28—40 (Denkschrift des Bundesrechnungshofes) behandelt grundlegende Mängel bei der Bauüberwachung und Abrechnung. Vgl. mit BT Drucks. IV/2475 (Bericht des Haushaltsausschusses); BT Drucks. V/458, S. 76—78, Nr. 32—40 (Denkschrift des Bundesrechnungshofes) behandelt Förderung von entwicklungsfähigen Ländern. Vgl. mit BT Drucks. V/1590 (Bericht des Haushaltsausschusses). BT Drucks. V/458, S. 82—84, Nr. 60—70 (Denkschrift des Bundesrechnungshofes) behandelt Notstandsmaßnahmen auf dem Gebiete der Ernährung, Landwirtschaft und Forsten. Vgl. mit BT Drucks. V/1590 (Bericht des Haushaltsausschusses).

[156] BT Drucks. III/84, S. 73, Nr. 26 (Denkschrift des Bundesrechnungshofes). Vgl. mit BT Drucks. III/815 (Bericht des Haushaltsausschusses).

[157] BT Drucks. III/554, S. 22, Nr. 24 (Bemerkungen des Bundesrechnungshofes). Vgl. mit BT Drucks. III/1550 (Bericht des Haushaltsausschusses).

[158] BT Drucks. III/554, S. 53, Nr. 26 (Denkschrift des Bundesrechnungshofes). Vgl. mit BT Drucks. III/1550 (Bericht des Haushaltsausschusses).

vorgelegen hätten und dingliche Sicherungen vereinbart worden seien[159]; oder, daß die Bundeszentrale für Heimatdienst und der Bundesminister für gesamtdeutsche Fragen die Herstellung eines (später erfolglosen) Spielfilms „sozialkritischer Tendenz" mit rd. 300 000 DM unterstützt hätten, ohne sich vorher über das künstlerische und geschäftliche Risiko des Projekts sachkundig beraten zu lassen und später dessen Durchführung zu beobachten[160]; oder schließlich, daß der Bundesminister für Familien- und Jugendfragen ihm von dem Bundesminister für das Post- und Fernmeldewesen übermittelte Erlöse aus dem Vertrieb der sog. Jugendbriefmarken zunächst auf eigens dafür eingerichtete Bankkonten bei einer Landeszentralbank und einer Privatbank eingezahlt habe, anstatt sie an die Bundeshauptkasse abzuführen[161, 162].

Wendet man sich schließlich den Berichten des Haushaltsausschusses zu, soweit sie die Ausschußberatungen der Bundesrechnungshofberichte wiedergeben, so fällt die formelhafte Kürze und inhaltliche Gleichförmigkeit dieser Teile der Berichte auf, wie beispielsweise beim Bericht des Haushaltsausschusses für die Rechnungsjahre 1962 und 1963: Der Haushalts- und der Rechnungsprüfungsausschuß schließen sich

159 BT Drucks. III/554, S. 81, Nr. 115 (Denkschrift des Bundesrechnungshofes). Vgl. mit BT Drucks. III/1550 (Bericht des Haushaltsausschusses).

160 BT Drucks. IV/3052, S. 39, Nr. 40 (Denkschrift des Bundesrechnungshofes). Vgl. mit BT Drucks. IV/3667 (Bericht des Haushaltsausschusses).

161 BT Drucks. V/458, S. 33, Nr. 17 (Bemerkungen des Bundesrechnungshofes). Vgl. mit BT Drucks. V/1590 (Bericht des Haushaltsausschusses).

162 Diese Fälle stehen nicht allein: BT Drucks. III/84, S. 15—16, Nr. 19 (Bemerkungen des Bundesrechnungshofes) behandelt Verwendung von insgesamt rd. 500 000 DM dem Haushaltsplan zuwider. Vgl. mit BT Drucks. III/815 (Bericht des Haushaltsausschusses); BT Drucks. III/84, S. 82, Nr. 67 (Denkschrift des Bundesrechnungshofes) behandelt Subventionen für Fachausschüsse der privaten Bauwirtschaft. Vgl. mit BT Drucks. III/815 (Bericht des Haushaltsausschusses). BT Drucks. III/84, S. 82—83, Nr. 70 (Denkschrift des Bundesrechnungshofes) behandelt grobe Unregelmäßigkeiten bei Wohnungsbauten, die mit Bundesdarlehen gefördert worden sind. Vgl. mit BT Drucks. III/815 (Bericht des Haushaltsausschusses). BT Drucks. III/554, S. 50, Nr. 17 (Denkschrift des Bundesrechnungshofes) behandelt Dienstwohnungen einiger Auslandsvertretungen, die mit besonders kostspieligem Tafelporzellan ausgestattet worden sind. Vgl. mit BT Drucks. III/1550 (Bericht des Haushaltsausschusses); BT Drucks. III/1518, S. 24, Nr. 23 (Bemerkungen des Bundesrechnungshofes) behandelt Zahlung einer mit 3 v. H. verzinsten „Mietvorauszahlung" von 400 000 DM. Vgl. mit BT Drucks. III/2169 (Bericht des Haushaltsausschusses); BT Drucks. III/2751, S. 11, Nr. 16 (Bemerkungen des Bundesrechnungshofes) behandelt Unterstützung der Olympia-Ausgrabungen aus Mitteln zur Förderung des Sports und der Leibesübungen. Vgl. mit BT Drucks. 2917 (Bericht des Haushaltsausschusses); BT Drucks. IV/854, S. 48, Nr. 51 (Denkschrift des Bundesrechnungshofes) behandelt aufwendige Tagungen des Presse- und Informationsamtes der Bundesregierung. Vgl. mit BT Drucks. IV/2475 (Bericht des Haushaltsausschusses); BT Drucks. IV/3052, S. 10, Nr. 18 (Bemerkungen des Bundesrechnungshofes) behandelt Auslanddienstbezüge, die an vorübergehend wieder im Inland tätige Beamte gezahlt worden sind. Vgl. mit BT Drucks. IV/3667 (Bericht des Haushaltsausschusses).

den Beanstandungen des Bundesrechnungshofes an[163], sie erwarten, daß bestimmte (dort gerügte) Vorkommnisse sich nicht wiederholen[164], sie erwarten, daß ein bestimmter (dort herausgearbeiteter) Grundsatz künftig beachtet wird[165], sie ersuchen (etwa den zuständigen Bundesminister), das Erforderliche zu veranlassen[166], und (das wiederholt sich ständig), sie ersuchen (etwa den zuständigen Bundesminister), dem Ausschuß zu berichten[167].

Das Beispiel dieses einen Berichts ist kennzeichnend für alle anderen. Denn seit dem Rechnungsjahr 1949/50 weichen die Berichte des Haushaltsausschusses nur selten in Berichterstattung und Ergebnis ihrer Beratungen von jener formelhaften Kürze und inhaltlichen Gleichförmigkeit ab: Soweit ersichtlich, gaben der Haushalts- und der Rechnungsprüfungsausschuß nur einmal den Gang ihrer Beratungen insbesondere vor dem Hintergrund der Einwände der Regierungsvertreter ausführlich wieder[168]. Nur hier und da spezifizieren sie ihre Erwartungen und Ersuchen bis ins einzelne[169]. Nur selten weichen sie von den im Bericht des Bundesrechnungshofes vorgetragenen Ansichten ausdrücklich ab[170]. Kaum verlangen sie in Fällen grober Mißwirtschaft nach massiven Sanktionen: In einem Fall ersuchten sie den zuständigen Bundesminister, Strafanzeige zu erstatten[171], in einem anderen, den verantwortlichen Beamten möglicherweise schadensersatzpflichtig zu machen[172], in zwei weiteren empfahlen sie je einem Bundesminister, aus einem Aufsichtsrat bzw. einem Verwaltungsrat wieder auszuscheiden[173]. In insgesamt nur zwei Fällen deuteten die zuständigen Ausschüsse Sanktionen bei der nächsten Bewilligung von Haushaltsmitteln an, wobei sie allerdings nicht weitergingen, als vorzuschlagen, bestimmte Haushaltsmittel zu sperren, bis gewisse Mängel in der betreffenden Verwaltung behoben worden seien[174].

---

[163] BT Drucks. V/1590, S. 7, Nr. 14. Ebenso S. 4, Nr. 4; S. 14, Nr. 29; S. 15, Nr. 33, 34; S. 16, Nr. 35, 36, 37.

[164] a.a.O., S. 8, Nr. 18. Ebenso S. 4, Nr. 4; S. 7, Nr. 14; S. 12, Nr. 27.

[165] a.a.O., S. 14, Nr. 29. Ebenso S. 13, Nr. 28; S. 14, Nr. 30.

[166] a.a.O., S. 8, Nr. 18. Ebenso S. 12, Nr. 27.

[167] a.a.O., S. 8, Nr. 15. Ebenso S. 9, Nr. 19; S. 15, Nr. 32; S. 18, Nr. 41; S. 19, Nr. 43; S. 20, Nr. 44.

[168] BT Drucks. IV/2475, durchgängig.

[169] Beispiel: BT Drucks. III/2169, S. 9—10, Nr. 14.

[170] Beispiel: BT Drucks. III/2917, S. 5, Nr. 6.

[171] BT Drucks. IV/3451, S. 15, Nr. 26.

[172] BT Drucks. III/2169, S. 15, Nr. 41.

[173] BT Drucks. III/1550, S. 9, Nr. 20, 21.

[174] BT Drucks. IV/2475, S. 9, Nr. 14 und S. 17, Nr. 32. In zwei weiteren Fällen sprechen die zuständigen Ausschüsse vage von „Maßnahmen", die der Haushaltsausschuß ergreifen sollte, oder von „Konsequenzen", die im Haushaltsausschuß gezogen werden sollten, falls den Beanstandungen des Bundesrechnungshofes nicht gefolgt würde. BT Drucks. IV/3667, S. 5, Nr. 6 und S. 6, Nr. 11.

2. Die Kritik

Die Auswertung der Bundesrechnungshofberichte durch die zuständigen Bundestagsausschüsse ist weit davon entfernt, der Bedeutung der Finanzkontrolle durch das Parlament gerecht zu werden.

Fragwürdig ist zunächst die Übung der verantwortlichen Ausschüsse im Bundestag, erst nach durchschnittlich zehn Monaten über die Prüfungsergebnisse des Bundesrechnungshofes zu berichten und damit zu Geschehnissen Stellung zu nehmen, die ohnehin zum Teil bereits zwei bis drei Jahre zurückliegen. Diese Praxis ist um so angreifbarer, als jene Ausschüsse offenbar imstande sind, ihren Bericht weit rascher fertigzustellen: jeweils zum drängenden Ende einer Legislaturperiode hin liegen zwischen der Vorlage der Berichte der Finanzkontrollbehörde und der Vorlage des Berichts des Haushaltsausschusses im Durchschnitt nur vier Monate[175].

Auf die lange Zeitspanne zwischen der Vorlage des Bundesrechnungshofberichtes und der des Berichts des Haushaltsausschusses hinzuweisen, wäre allerdings beckmesserisch, wenn der Ausschußbericht dem Parlament Informationen gäbe, die nicht schon in den als Bundestagsdrucksache vorliegenden Berichten des Bundesrechnungshofes enthalten wären, und sich von daher gesehen die auf die Ausschußberichte verwandte Zeit rechtfertigen ließe. Das ist jedoch nicht der Fall, mehr noch, die Ausschußberichte erscheinen überhaupt überflüssig. Denn zum einen verweisen sie einfach auf die Ausführungen des Bundesrechnungshofes, übernehmen diese wörtlich oder lassen sie ganz aus, selbst wenn es sich um bedeutsame Feststellungen handelt. Zum anderen berichten sie nur selten über die einzelnen Aspekte ihrer Beratungen, konkretisieren kaum ihre sich hieraus ergebenden Forderungen und entwickeln nur ausnahmsweise eigene, vom Bundesrechnungshof abweichende Vorstellungen. Der Haushaltsausschuß des Jahres 1957 war infolgedessen gut beraten, als er, offenbar wegen des nahen Endes der Legislaturperiode, darauf verzichtete, einen eigenen Bericht zu dem Bundesrechnungshofbericht für das Rechnungsjahr 1953 abzufassen, und nur die Entlastung der Bundesregierung empfahl und sich hierbei einfach auf den Bericht des Bundesrechnungshofes bezog[176].

Aber auch über die Entbehrlichkeit der Berichte des Haushaltsausschusses könnte man hinwegsehen, wenn die Prüfungsergebnisse des Bundesrechnungshofes die verantwortlichen Ausschüsse im Bundestag zu Maßnahmen gegenüber den Regierungsmitgliedern bestimmten, auf

---

175 Für die Rechnungsjahre 1953, 1957/58 und 1961 schloß der Haushaltsausschuß seine Beratungen der Berichte des Bundesrechnungshofes jeweils nach nur rund sechs, einem und vier Monaten ab. Siehe dazu die oben Anm. 150 genannten Daten.

176 BT Drucks. II/3716 und oben Anm. 150.

Grund deren die Ergebnisse der Finanzkontrolle durch den Bundesrechnungshof „politisch virulent gemacht werden können"[177]. Die — regelmäßig — formelhaft abgekürzten und inhaltlich gleichförmigen Erwartungen und Ersuchen der Ausschüsse gegenüber den und an die Regierungsmitglieder sind indessen bloße Leerformeln, die die politische Verantwortlichkeit der Regierungsmitglieder beschwören, ohne sie jedoch zu verwirklichen. Dies gilt insbesondere dann, wenn die Ausschüsse die zuständigen Bundesminister um Berichte über teilweise zwei bis drei Jahre zurückliegende Geschehnisse ersuchen, anstatt zu erwarten, daß die Regierungsvertreter sogleich in den Ausschußberatungen instande sind, zu den Feststellungen des Bundesrechnungshofes erschöpfend Stellung zu nehmen.

Besonders fragwürdig aber wird die Zurückhaltung der verantwortlichen Bundestagsausschüsse, den jeweils zuständigen Bundesminister auf Grund der Kontrollergebnisse des Bundesrechnungshofes zur Verantwortung zu ziehen, wenn man folgenden Gesichtspunkt in Betracht zieht: Die Finanzkontrolle führt nicht nur zu dem politischen Urteil über die Ausführung eines zurückliegenden Haushaltsplans; sie gibt zugleich Hinweise auf die Ausführung des nächsten Haushaltsplans. Aus diesen Hinweisen wiederum können die legislativen Organe Rückschlüsse für die gesetzliche Feststellung des nächsten Haushaltsplans ziehen und hierbei zugleich die Frage der politischen Verantwortlichkeit für die Ausführung des zurückliegenden Haushaltsplans „fühlbar" beantworten. Insofern also besteht eine enge Verzahnung zwischen Haushaltskontrolle und Finanzkontrolle. Vermochte zum Beispiel in dem oben geschilderten Fall[178] der zuständige Minister nicht festzustellen oder abzustellen, daß die nachgeordneten Verwaltungsbehörden seinen Empfehlungen über acht Jahre nicht nachkamen, dann sollte dies zu einer nicht zu hohen Einstufung der Erwartungen an den Verwaltungsstil dieses Ministers bei seiner Ausführung des nächsten Haushaltsplans führen, es sei denn, die gesetzgebenden Körperschaften könnten sich zu politischen Sanktionen durchringen, etwa dadurch, daß sie mit Mittelkürzungen drohten oder diese gar vornähmen. Wenn wiederum die Finanzkontrolle eine Informationsquelle für die Haushaltskontrolle ist und möglicherweise Konsequenzen für die gesetzliche Feststellung des Haushaltsplans haben kann, dann ist die Finanzkontrolle durch Bundestag und Bundesrat nicht nur deren undankbare vergangenheitsbezogene Pflichtaufgabe, darauf gerichtet, „die Budgetleiche wegzuräumen"[179], sondern zugleich deren politisch aktuelle Aufgabe, darauf gezielt, künftigen Verwaltungsstil zu bestimmen.

---

[177] *J. Hirsch*, a.a.O. (s. Anm. 63), S. 146.

[178] Siehe oben S. 33.

[179] *K. Heinig*, Das Budget (1949/51), Bd. 1, S. 11.

Um so bedenklicher aber ist es, wenn — den Protokollen der Haushaltsberatungen im Haushaltsausschuß aus den ersten vier Wahlperioden zufolge — den dort anwesenden Vertretern der Regierung nicht ein einziges Mal die vom Bundesrechnungshof vorgelegten Analysen bestimmter Verwaltungsprogramme oder -bereiche oder die von ihm getroffenen Feststellungen grober Verwaltungsmängel auch nur vorgehalten wurden, ganz zu schweigen von Mittelkürzungen, die der Ausschuß unter Bezug auf die Feststellungen des Bundesrechnungshofes in Aussicht gestellt oder gar vorgenommen hätte[180]. Auf diese Weise laufen Haushaltskontrolle und Finanzkontrolle isoliert nebeneinander her, wodurch der eigentliche Wert der Finanzkontrolle verloren geht, der sich nur in ihrer Verknüpfung mit der Haushaltskontrolle offenbaren kann: ihre Funktion, künftiges Verwaltungsgebaren festzulegen, bleibt ungenutzt. Dabei wurde diese Funktion der Finanzkontrolle bereits in dem ersten Bericht des Haushaltsausschusses zu den Berichten des Bundesrechnungshofes deutlich umrissen: „Die Aufgabe der parlamentarischen Rechnungsprüfung ist es, etwaige Mängel rechtzeitig festzustellen *und damit notwendige Unterlagen für die Haushaltsberatung zu schaffen*[181]." Genutzt wird vielmehr nur ihre vergleichsweise weniger wichtige Funktion, nämlich „die Budgetleiche wegzuräumen", und selbst dies unter unnötigem Arbeitsaufwand und mit bedenklicher Verzögerung. Wie weit die Isolation zwischen Haushaltskontrolle und Finanzkontrolle geht, kommt in dem Bericht des Haushaltsausschusses für das Rechnungsjahr 1962/63 besonders augenfällig zum Ausdruck: „Der Rechnungsprüfungsausschuß", heißt es dort, „hat das *Bundesministerium* für Arbeit und Sozialordnung ersucht, die Berichterstatter des Haushaltsausschusses für den Einzelplan 11 (des Bundeshaushaltsplans) auf die hier (anläßlich der Beratungen der Bundesrechnungshofberichte) aufgezeigte Frage (der Wahl zwischen zwei bestimmten Verwaltungsverfahren) aufmerksam zu machen"[182].

---

180 Anders, jedoch ohne Angabe von Beispielen, K. *Dreßler*, a.a.O. (s. Anm. 90), S. 174: „Die Ergebnisse der Rechnungsprüfung werden vom Parlament vielmehr zugleich für den gegenwärtigen Haushaltsvollzug wie die künftige Haushaltsgestaltung nutzbar gemacht." Ebenso *F. Schäfer*, a.a.O. (s. Anm. 60), S. 267: „Die Erkenntnisse, die das für das Entlastungsverfahren und das in den Ausschüssen des Bundestages erarbeitete Material vermitteln, werden bei der Vorbereitung und Beratung künftiger Haushaltspläne nutzbar gemacht."

181 BT Drucks. II/689, S. 3. Hervorhebung von mir.

182 BT Drucks. V/1590 (Bericht des Haushaltsausschusses), S. 18, Nr. 40. Hervorhebung von mir. Ähnlich die Bemerkung in BT Drucks. III/2169 (Bericht des Haushaltsausschusses), S. 13, Nr. 30, wo es heißt: „Der Rechnungsprüfungsausschuß hat den Berichterstatter für den Einzelplan 12 gebeten, während der Beratungen über den Bundeshaushalt 1961 im Haushaltsausschuß die von ihm im Rechnungsprüfungsausschuß aufgezeigten Probleme vorzutragen." Dieser Fall ist zwar insofern weniger gravierend als der oben geschilderte, als hier die Verbindung zwischen Finanz- und Haushaltskon-

Die Verdrängung der Finanzkontrolle, die von Mitgliedern des Haushaltsausschusses vorgenommen wird, aus dem Bereich der Haushaltskontrolle, die in eben diesem Gremium ausgeübt wird, ist also schon so weit fortgeschritten, daß der Ausschuß geneigt ist, sich eher auf die Vertreter der Regierung als auf seine eigenen Mitglieder zu verlassen, um bestimmte Ergebnisse der Finanzkontrolle bei der Haushaltskontrolle zur Sprache zu bringen.

Die mangelnde Ausnutzung der Finanzkontrolle des Bundesrechnungshofes bei der Haushaltskontrolle wird auch nicht dadurch ausgeglichen, daß der Haushaltsausschuß bei seinen Haushaltsberatungen neuerdings hier und da[183] von den Gutachten des Präsidenten des Bundesrechnungshofes in dessen Eigenschaft als Bundesbeauftragter für Wirtschaftlichkeit in der Verwaltung[184] Gebrauch macht. Denn diese Gutachten befassen sich hauptsächlich mit der Gliederung der Bundesverwaltung (Beispiel: die Vertretung der Bundesrepublik Deutschland bei der Nordatlantikpakt-Organisation soll nicht nach der fachlichen Zuständigkeit der Bundesressorts, sondern entsprechend den Arbeitskreisen der NATO gegliedert werden[185]) und mit deren Personalbedarf (Beispiel: bei der Bundesanstalt für Flugsicherung bestehe ein verstärkter Bedarf an Personal, der durch das größere Verkehrsvolumen, zusätzliche Radarkontrollen und den Strukturwandel des Luftverkehrs verursacht werde[186]), erfassen also nicht die oben geschilderten[187] politisch „spannenden“ Analysen von Verwaltungsprogrammen oder -bereichen und Feststellungen grober Verwaltungsmängel.

Werden die Ergebnisse der Finanzkontrolle durch den Bundesrechnungshof schon nicht den Haushaltsberatungen zugrunde gelegt, so ist es nicht verwunderlich, daß von ihnen — jedenfalls ausweislich der Berichte des Haushaltsausschusses — auch keine Impulse auf eine Verwirklichung der anderen Kontrollmöglichkeiten des Bundestages gegen-

trolle wenigstens nicht durch einen Vertreter der Regierung hergestellt werden soll. Andererseits zeigt auch dieser Fall, daß die zuständigen Ausschüsse die Verknüpfung zwischen Finanz- und Haushaltskontrolle keineswegs als selbstverständlich ansehen, sondern erst für einzelne Fälle glauben herstellen zu müssen.

183 Den Niederschriften des Haushaltsausschusses zufolge sind in den Haushaltsberatungen der vierten Legislaturperiode insgesamt elf solcher Gutachten zur Sprache gekommen. Vgl. auch *F. Schäfer*, a.a.O., S. 258.

184 Siehe dazu oben S. 31.

185 BT Drucks. III/1518 (Berichte des Bundesrechnungshofes), S. 138, Nr. 36. Seither wird in den Berichten des Bundesrechnungshofes nicht mehr über die Tätigkeit des Bundesbeauftragten für Wirtschaftlichkeit in der Verwaltung berichtet.

186 a.a.O., S. 143—44, Nr. 51—54.

187 Siehe dazu oben S. 41 ff.

über der Bundesregierung ausgehen. Die vom Bundesrechnungshof angefertigten Analysen von Verwaltungsprogrammen oder -bereichen und die von ihm getroffenen Feststellungen grober Verwaltungsmängel haben, soweit ersichtlich, niemals den Anstoß gegeben, einen Gesetzesentwurf der Regierung abzuändern, auf die verschiedenen Möglichkeiten der parlamentarischen Interpellation zurückzugreifen, die Einsetzung eines Untersuchungsausschusses zu fordern oder dem Wehrbeauftragten Untersuchungsaufträge zu erteilen, obwohl dies bei der Bedeutung einiger der oben geschilderten Analysen und Feststellungen des Bundesrechnungshofes vorstellbar und auch angebracht gewesen wäre.

Hat danach die Finanzkontrolle durch den Bundesrechnungshof keinerlei Widerhall dort, wo politische Verantwortlichkeit „fühlbar" realisiert werden kann, dann ist es nicht erstaunlich, daß der Bundesrechnungshof — selbst ein „Ritter ohne Schwert"[188] — regelmäßig darüber Klage zu führen hat, daß von ihm festgestellte Mängel in der Verwaltungsführung des Bundes nicht abgestellt worden sind[189]. Eher ist es schon erstaunlich, aber auch bezeichnend, daß die zuständigen Bundestagsausschüsse, immerhin im Besitz von Sanktionsmöglichkeiten, wiederholt denselben Umstand beklagt haben[190].

Die Auswertung der Berichte des Bundesrechnungshofes durch die zuständigen Ausschüsse im Bundestag ist also in jeder Hinsicht unbefriedigend. Daraus ist wiederum zu schließen, daß das Parlament die Finanzkontrolle als Mittel der Kontrolle über Regierung und Verwaltung weitgehend ungenutzt läßt[191]. Das ist nicht unbedenklich. Denn, wie geschildert, nimmt die Finanzkontrolle eine bedeutsame Stellung unter den Instrumenten der parlamentarischen Regierungs- und Verwaltungskontrolle ein. Deren kontinuierliche Ausübung wiederum vermag dem Parlament eine eigenständige Position gegenüber der Exekutive zu sichern und ist überdies ein unentbehrliches Bauelement für

---

188 *K. Dreßler*, a.a.O. (s. Anm. 90), S. 172.

189 Siehe etwa BT Drucks. III/84 (Berichte des Bundesrechnungshofes), S. 67, Nr. 2, 6; S. 69, Nr. 10; S. 72, Nr. 23; S. 73, Nr. 24, 25; S. 85, Nr. 77; BT Drucks. III/554 (Berichte des Bundesrechnungshofes), S. 45, Nr. 2; S. 48, Nr. 10; S. 49, Nr. 11; S. 53, Nr. 26; S. 77, Nr. 105; BT Drucks. III/1518 (Berichte des Bundesrechnungshofes), S. 101, Nr. 122; BT Drucks. III/2751 (Berichte des Bundesrechnungshofes), S. 101, Nr. 41; S. 113, Nr. 69; S. 119, Nr. 90; BT Drucks. IV/854 (Berichte des Bundesrechnungshofes), S. 41, Nr. 27; S. 42, Nr. 32; BT Drucks. V/458 (Berichte des Bundesrechnungshofes), S. 70, Nr. 17.

190 Siehe etwa BT Drucks. III/2169 (Bericht des Haushaltsausschusses), S. 10, Nr. 16; S. 11, Nr. 20; BT Drucks. III/2917 (Bericht des Haushaltsausschusses), S. 10, Nr. 21, 23; S. 11, Nr. 25; BT Drucks. V/1590 (Bericht des Haushaltsausschusses), S. 15—16, Nr. 35.

191 *S. Hoffmann*, Die Kontrolle der Regierung durch parlamentarische Rechnungsprüfung im Deutschen Bundestag (1970), kommt zu demselben Ergebnis.

ein funktionierendes „responsible government by discussion". Demzufolge ist die Vernachlässigung der Finanzkontrolle durch den Bundestag zumindest ein Indiz, daß sich das Parlament nicht besonders darum bemüht, seine eigengewichtige Stellung gegenüber der Exkutive zu wahren und das Seine zu tun, um den demokratischen Regierungsprozeß funktionsfähig zu erhalten.

3. Die Finanzkontrolle durch den zuständigen Bundesratsausschuß

Den elf Mitgliedern des Finanzausschusses im Bundesrat, die von nur einem Ausschußassistenten[192] unterstützt werden, fällt neben den Aufgaben, die im Bundestag von zwei Ausschüssen wahrgenommen werden (dem Haushaltsausschuß und dem Finanzausschuß), auch die Aufgabe zu, die Ergebnisse der Finanzkontrolle durch den Bundesrechnungshof auszuwerten. Allein schon diese Arbeitslast, die einem verhältnismäßig kleinen Gremium aufgebürdet ist, läßt zweifeln, ob der Finanzausschuß imstande sein kann, den Informationswert der Berichte des Bundesrechnungshofes vollständig auszuschöpfen.

In der Tat behandelt der Finanzausschuß die Berichte des Bundesrechnungshofes als reine Routineangelegenheit. Das läßt sich zwar nicht aus der Tatsache entnehmen, daß der Bundesrat durchschnittlich bereits zwei Monate nach Vorlage jener Berichte der Bundesregierung auf Empfehlung seines Finanzausschusses die erbetene Entlastung erteilt[193]. Ebensowenig läßt sich das dem Umstand entnehmen, daß der Finanzausschuß keinen schriftlichen Bericht erstattet, in dem er sich seinerseits über die Berichte des Bundesrechnungshofes ausläßt, sondern daß vielmehr der Bundesrat die Entlastung der Bundesregierung ausdrücklich auf Grund der Bemerkungen des Bundesrechnungshofes ausspricht[194]. Beide Umstände könnten vielmehr darauf hindeuten, daß der Finanzausschuß nur die Fehler der zuständigen Bundestagsausschüsse vermeidet, andererseits aber eine durchaus effektive Finanzkontrolle betreibt.

Daß der Finanzausschuß die Berichte des Bundesrechnungshofes als reine Routineangelegenheit behandelt, ergibt sich vielmehr aus folgendem: Nach den Niederschriften der Haushaltsberatungen im Finanz-

[192] Laut Auskunft von *J. Glückert*, Assistent der SPD Bundestagsfraktion. Hinzu kommt eine Sachbearbeiterin, die zugleich als Sekretärin tätig ist.

[193] Im folgenden wird neben dem jeweiligen Rechnungsjahr das Datum genannt, an dem der Bundesrat die Entlastung erteilte. Siehe zu den Vergleichsdaten oben Anm. 150. *1949/50:* 1. 10. 1954; *1951:* 11. 2. 1955; *1952:* 10. 2. 1956; *1953:* 8. 2. 1957; *1954:* 14. 2. 1958; *1955:* 14. 11. 1958; *1956:* 5. 2. 1960; *1957/58:* 16. 6. 1961; *1959:* 8. 2. 1963; *1960:* 7. 2. 1964; *1961:* 9. 4. 1965; *1962/63:* 13. 5. 1966; *1964:* 12. 5. 1967; *1965:* 26. 4. 1968; *1966:* 20. 6. 1969.

[194] Vgl. etwa BR Drucks. 179/67 (Beschluß des Bundesrates).

ausschuß aus den ersten vier Legislaturperioden sind den anwesenden Vertretern der Regierung nicht einmal die vom Bundesrechnungshof vorgelegten Analysen bestimmter Verwaltungsprogramme oder -bereiche oder die von ihm getroffenen Feststellungen grober Verwaltungsmängel vorgehalten worden, nicht zu reden von Mittelkürzungen, die der Ausschuß unter Bezug auf die Feststellungen des Bundesrechnungshofes in Aussicht gestellt oder gar vorgenommen hätte. Der zuständige Ausschuß im Bundesrat verzichtet also ebenso wie die zuständigen Bundestagsausschüsse darauf, auf Grund der Bundesrechnungshofberichte das Verwaltungsgebaren bei der Ausführung des nächsten Haushaltsplanes einzuschätzen und zu bestimmen.

4. Die Kritik

Die Auswertung der Bundesrechnungshofberichte durch den Finanzausschuß im Bundesrat ist angesichts der Bedeutung der Finanzkontrolle durch den Bundesrat jedenfalls zum Teil einleuchtend.

Von der Wahrung der Länderinteressen her gesehen, kann es nach einer Wendung von *Thomas Ellwein*[195] dem „Bundesrat ... im großen und ganzen gleichgültig sein, was der *Bund* mit seinem Geld macht". Die routinemäßige Behandlung der Bundesrechnungshofberichte durch den Finanzausschuß bestätigt diese Aussage und wird zugleich durch sie erklärt. In einem von den insgesamt nur drei Fällen, in denen ein Mitglied des Finanzausschusses vor dem Plenum des Bundesrates über die Bundesrechnungshofberichte seinerseits mündlich Bericht erstattete, sowie in dem einzigen Fall, in dem es dort nach einem derartigen Bericht zu einer kurzen Aussprache kam[196], ging es um die Verwaltung von Bundesmitteln durch eine Landesbehörde. In dem ersten Fall hatte der Bundesrechnungshof das Landesstraßenbauamt in Nordrhein-Westfalen gerügt. Dieses hatte für den Bau einer Bundesstraße hierfür vorschußweise bereitgestellte Landesmittel benutzt, nachdem die vom Bund in dem betreffenden Rechnungsjahr hierfür bereitgestellten Mittel verbraucht worden waren. Der Bundesrechnungshof bemerkte hierzu, daß sich die Straßenbauverwaltung stattdessen beim Bundesfinanzminister um die Bereitstellung weiterer — außerplanmäßiger — Haushaltsmittel hätte bemühen müssen[197]. Der Vertreter des Finanzausschusses räumte das ein, wies aber darauf hin, daß immerhin auf diese Weise der Abbruch der Bauarbeiten vermieden worden sei[198]. In

[195] a.a.O. (s. Anm. 24), S. 249. Hervorhebung von mir.

[196] Siehe oben Anm. 146.

[197] BT Drucks. II/3033 (Bemerkungen des Bundesrechnungshofes), S. 20—21, Nr. 24.

[198] StenBer. der Verhandlungen des BR 1957, 171. Sitzg., S. 521 A.

dem zweiten Fall hatte der Bundesrechnungshof das Verhalten des Landes Bayern mißbilligt. Bayern hatte Wohnungsbauten für bis dahin in Lagern untergebrachte Flüchtlinge mit Bundesmitteln gefördert, die nach Auffassung des Bundesrechnungshofes dem Bundeshaushaltsplan zufolge für diesen Zweck nicht vorgesehen waren[199]. Der Vertreter Bayerns bemerkte hierzu, daß die Rechtsauffassung des Bundesrechnungshofes durch eine inzwischen eingetretene Gesetzesänderung überholt sei[200].

Der Bundesrat behandelt also die Berichte des Bundesrechnungshofes allenfalls dann weniger routinemäßig, wenn dort das Verwaltungsgebaren einer Landesbehörde gerügt wird, die Bundesmittel verwaltet.

Aus seiner Rolle als Ländervertretung ist diese Haltung des Bundesrates verständlich. Denn für die Länderinteressen sind die Finanzkontrollergebnisse des Bundesrechnungshofes nur insoweit relevant, als sie sich mit der Haushalts- und Verwaltungsführung eines Bundeslandes auseinandersetzen. Bei einer solchen Gelegenheit aber befindet sich der Bundesrat in einer Position der Verteidigung *gegen* die Prüfungsergebnisse des Bundesrechnungshofes und sieht, da hier die Länder einer Kontrolle unterzogen werden, keine Notwendigkeit, *mit* der Hilfe des Bundesrechnungshofes eine eigene Finanzkontrolle auszuüben.

Angesichts der Rolle des Bundesrates als Bundesorgan hingegen ist seine mangelnde Ausnützung der Finanzkontrolle fragwürdig. Hier versäumt der Bundesrat eine Gelegenheit, seine Rolle als Bundesorgan auch dadurch zu unterstreichen, daß er die Bundesexekutive mit Hilfe der Finanzkontrolle überprüft und bestimmt. Insoweit läßt er also eine Chance ungenutzt, in einem weiteren Detail die bundesstaatliche und damit auch die rechtsstaatliche Ordnung zu stärken.

IV. Zusammenfassung und weiterer Gang der Arbeit

1. Zusammenfassung

Es ist zweifelhaft, ob Aufgabenbereich, leitende Positionen und Arbeitsweise des Bundesrechnungshofes durchweg so strukturiert sind, daß die Finanzkontrollbehörde Bundestag und Bundesrat bei deren Finanzkontrolle wirksam unterstützen kann.

---

[199] BT Drucks. II/396 (Bemerkungen des Bundesrechnungshofes), S. 20—21, Nr. 9.

[200] StenBer. der Verhandlungen des BR 1954, 128. Sitzg., S. 244 B.

a) Insofern ist zunächst fraglich, ob die legislativen Körperschaften vom Bundesrechnungshof, der nicht nur ihnen, sondern auch der Regierung dient, eine so wirksame Unterstützung erlangen können wie von einer Finanzkontrollbehörde, die nur ihnen allein diente.

b) Weiterhin ist zweifelhaft, ob die legislativen Körperschaften vom Bundesrechnungshof, dessen Präsident und Vizepräsident nicht von ihnen gewählt werden, eine so wirksame Unterstützung erlangen können wie von einer Finanzkontrollbehörde, bei der dies der Fall wäre.

c) Schließlich ist fraglich, ob die „Bemerkungen" zur Bundeshaushaltsrechnung, in denen der Bundesrechnungshof seine Prüfungsergebnisse zusammenfaßt, für Bundestag und Bundesrat von großem Informationswert sind und deren Finanzkontrolle wirksam unterstützen können, wenn sie sich auf Verwaltungsvorgänge eines zwei bis drei Jahre zurückliegenden Rechnungsjahres beziehen.

d) Es bestehen jedoch nicht nur Bedenken gegenüber der Gestaltung des Bundesrechnungshofes. Unabhängig hiervon ist die Art und Weise zu kritisieren, in der Bundestag und Bundesrat ihre Finanzkontrolle auf der Grundlage der Prüfungsergebnisse des Bundesrechnungshofes durchführen. Der Bundestag ist bei der Durchführung seiner Finanzkontrolle weit davon entfernt, der Rolle des Parlaments als Regierungs- und Verwaltungskontrolleur gerecht zu werden, von deren Ausfüllung aber abhängt, ob das Parlament seine eigenständige Position gegenüber der Exekutive wahren und im übrigen dazu beitragen kann, den demokratischen Regierungsprozeß funktionsfähig zu erhalten. Ebensowenig wird der Bundesrat bei der Ausübung seiner Finanzkontrolle seiner Rolle als Bundesorgan gerecht; die Ausfüllung dieser Rolle aber trägt zur Stärkung der bundesstaatlichen und damit der rechtsstaatlichen Ordnung bei.

In diesem Zusammenhang ist besonders zu kritisieren, daß in Bundestag und Bundesrat Haushaltskontrolle und Finanzkontrolle isoliert nebeneinander her laufen, wodurch der eigentliche Wert der Finanzkontrolle verloren geht, der sich nur in ihrer Verknüpfung mit der Haushaltskontrolle offenbaren kann: ihre Funktion, Hinweise für die Ausführung des nächsten Haushaltsplans zu geben und die gesetzgebenden Körperschaften zu Konsequenzen bei dessen gesetzlicher Feststellung zu bestimmen, bleibt ungenutzt. Genutzt wird nur ihre vergleichsweise weniger wichtige Funktion, ein politisches Urteil über die Ausführung des zurückliegenden Haushaltsplans zu ermöglichen, und selbst dies geschieht teilweise unter unnötigem Arbeitsaufwand und mit bedenklicher Verzögerung.

2. Weiterer Gang der Arbeit

Angesichts dieser Bedenken und Kritik sollen in dem dritten Abschnitt dieser Arbeit Reformvorschläge für die Finanzkontrolle durch Bundestag und Bundesrat entwickelt werden.

Um aber für die Reformvorschläge möglicherweise wichtige Einsichten zu sammeln, soll die legislative Finanzkontrolle in der Bundesrepublik in dem zweiten Abschnitt dieser Arbeit der legislativen Finanzkontrolle in den Vereinigten Staaten gegenübergestellt werden. Dabei wird versucht werden, diese Einsichten methodisch dadurch zu gewinnen, daß die Finanzkontrollbehörde der Vereinigten Staaten und die Finanzkontrolle durch den amerikanischen Kongreß anhand des gesamten Prozesses der dortigen legislativen Finanzkontrolle, oder, um eine Wendung *Richard E. Neustadts*[201] zu entlehnen, „operationally, in working terms" dargestellt werden. Es wird stets anhand von Beispielsfällen in dem ersten Kapitel dieses Abschnitts auf die Teilnehmer am Prozeß der Finanzkontrolle, im zweiten auf die Einflußnahme auf den Prozeß der Finanzkontrolle und im dritten Kapitel auf das Vorgehen im Prozeß der Finanzkontrolle eingegangen werden.

Zwei Gründe sprechen dafür, daß sich gerade aus *dieser* Gegenüberstellung Reformvorschläge für die Finanzkontrolle durch Bundestag und Bundesrat entwickeln lassen könnten. Einmal: die amerikanische Finanzkontrollbehörde, das General Accounting Office, versteht sich als Hilfsorgan der Legislative; es ist also zu erwarten, daß sie nicht die Strukturelemente aufweist, gegenüber denen beim Bundesrechnungshof Bedenken angemeldet wurden. Und zum anderen: Beide Häuser des Kongresses unterwerfen nach einer Formulierung *Ernst Fraenkels*[202] „im Wege der Ausschußverfahren die Exekutive einer beispiellos intensiven Kontrolle ..."; ihre Finanzkontrolle wird also vermutlich nicht der Kritik auszusetzen sein, der die Finanzkontrolle der deutschen legislativen Körperschaften unterliegt.

---

[201] The Presidency at Mid-Century, in: Duke University, School of Law (Hrsg.), The Presidential Office, Law and Contemporary Problems, Bd. 21 (1956), S. 609.

[202] a.a.O. (s. Anm. 6), S. 226.

Zweiter Abschnitt

Die Finanzkontrolle durch Repräsentantenhaus und Senat in den Vereinigten Staaten

Erstes Kapitel

Die Teilnehmer am Prozeß der Finanzkontrolle

I. Das General Accounting Office: das Selbstverständnis der Behörde

Der Budget and Accounting Act von 1921[1], auf dessen Grundlage das General Accounting Office geschaffen wurde, erwähnt mit keinem Wort, daß die Finanzkontrollbehörde der Vereinigten Staaten ein Zweig der Legislative sei. Dennoch pflegt der Comptroller General, der die Finanzkontrollbehörde leitet, stets mit Nachdruck zu unterstreichen, daß er sich als ein „agent of the Congress" fühle, und auch andere führende Mitglieder der Behörde lassen nie einen Zweifel daran, daß sie das General Accounting Office als Hilfsorgan der Legislative betrachten[2].

1 31 U.S.C. § 41 (1964). Für die hier und im folgenden benutzten Abkürzungen bin ich Columbia Law Review, Harvard Law Review, University of Pennsylvania Law Review, Yale Law Journal (Hrsg.), A Uniform System of Citation (11. Aufl. 1967) gefolgt.

2 Beispiele: Hearings Before the Senate Committee on Government Operations, Nomination of Joseph Campbell, to be Comptroller General of the United States, 84th Cong., 1st Sess. (1955), S. 7, 18, im folgenden: Nomination of Joseph Campbell Hearings; Hearings Before the Senate Committee on Government Operations, Nomination of Elmer B. Staats, to be Comptroller General of the United States, 89th Cong., 2d Sess. (1966), S. 2, 14, 15, im folgenden: Nomination of Elmer B. Staats Hearings; Hearings Persuant to S. Con. Res. 2, Before the Joint Committee on the Organization of the Congress, Organization of Congress, 89th Cong., 1st Sess. (1965), S. 1395, 1397, im folgenden: Joint Committee Hearings. Zwar ist in verschiedenen Gesetzen, die etwa dreißig Jahre nach Verabschiedung des Budget and Accounting Act von 1921 ergingen, davon die Rede, daß das General Accounting Office „part of the legislative branch" und der Comptroller General „an agent of the Congress" sei. Reorganization Act von 1945, § 7, 59 Stat. 616; Reorganization Act von 1949, § 7, 63 Stat. 205; Budget and Accounting Procedures Act von 1950, 31 U.S.C. § 65 (d) (1964). Aber diesen im übrigen nur als obiter dicta formulierten gesetzlichen Aussagen kommt allenfalls

Dieses Selbstverständnis der Finanzkontrollbehörde hat seine Wurzeln in der historischen Entwicklung der amerikanischen Finanzkontrolle bis hin zum General Accounting Office, in der Strukturierung der dieser Behörde übertragenen Aufgaben und schließlich in der Besetzung der leitenden Positionen der Behörde.

1. Die historische Entwicklung der Finanzkontrolle bis hin zum General Accounting Office

Die erste Phase amerikanischer Finanzkontrolle beginnt mit der Übertragung dieser Aufgabe auf die Joint Treasurers of the United Colonies im Jahre 1775[3] und endet im Jahre 1789 mit der Wahrnehmung dieser Tätigkeit durch das Treasury Department[4]. In dieser Phase war die Finanzkontrolle in den United Colonies bzw. Vereinigten Staaten ein sorgsam und eifersüchtig gehütetes Kind des Continental Congress: Entweder wurde sie durch eigens hierfür gebildete Kongreßausschüsse wahrgenommen[5], oder aber sie wurde auf Kommissionen außerhalb des Continental Congress übertragen[6]. Deren enge Verbindung mit dem Continental Congress aber war dadurch gewährleistet, daß die Kommissionsmitglieder stets durch den Kongreß ernannt wurden, daß sie teilweise zugleich Kongreßmitglieder waren oder einmal gewesen waren[7] oder daß sie zumindest durch Kongreßmitglieder überwacht

---

deklaratorische Bedeutung zu. Siehe dazu etwa in den Nomination of Joseph Campbell Hearings, a.a.O., S. 7, die Aussage des Kandidaten für das Amt des Comptroller General: "While there undoubtedly are views to the contrary, I personally am clear in my own mind that *in enacting* the Budget and Accounting Act of 1921, the Congress intended that this Office be the agent of the Congress and a part of the legislative branch of the Government. There has been considerable discussion on this point over the years by students of government; nevertheless, the Congress *emphasized* upon enactment of the Reorganization Acts of 1945 and 1949, and again at the time of enactment of the Budget and Accounting Procedures Act of 1950, that the General Accounting Office is a part of the legislative branch." Hervorhebungen von mir.

[3] Die Joint Treasurers wurden am 29. Juli 1775 ernannt. *F. W. Powell*, Control of Federal Expenditures: A Documentary History, 1775—1894 (1939), S. 3.

[4] Act „To establish the Treasury Department" von 1789, 1 Stat. 65.

[5] Das Committee of Accounts or Claims (25. 9. 1775 gegründet) und das Standing Committee for Superintending the Treasury (17. 2. 1776 gegründet). *F. W. Powell*, a.a.O., S. 5—7.

[6] The Joint Treasurers of the United Colonies (siehe dazu oben Anm. 3), die Commissioners of Claims (13. 3. 1777 gegründet) und die beiden Boards of Treasury (30. 7. 1779 bzw. 28. 5. 1784 gegründet). *F. W. Powell*, a.a.O., S. 10, 23—25, 39—40.

[7] Von den fünf Mitgliedern des ersten Board of Treasury waren zwei Mitglieder des Continental Congress, Samuel Osgood, Walter Livingston und Arthur Lee vom zweiten Board of Treasury waren Kongreßmitglieder, bevor sie in diese Kommission berufen wurden. Biographical Directory of the American Congress, 1774—1961, (1961), S. 37—40; *F. W. Powell*, a.a.O., S. 23—25, 39—40.

wurden[8]. Schließlich wurde die Finanzkontrolle zeitweilig auch durch Behörden wahrgenommen[9]. Aber auch dann verlor der Continental Congress diese Aufgabe nicht aus seinem Einflußbereich; denn die Behördenspitze wurde stets durch den Kongreß ernannt und setzte sich darüber hinaus entweder aus ehemaligen Kongreßmitgliedern zusammen[10] oder aber wurde zumindest durch Kongreßmitglieder überwacht[11].

In jenen drei verschiedenen Organisationsformen also fungierten in den nur fünfzehn Jahren der ersten Phase der amerikanischen Finanzkontrolle neun verschiedene Gremien als Finanzkontrolleure. Dieser hektische Wechsel in den Kontrollorganen — manche von ihnen wurden bereits nach wenigen Monaten durch ein anderes ersetzt[12] — deutet darauf hin, daß sich der Continental Congress in der Frage uneins war, in welcher Weise das Organ beschaffen sein sollte, dem er die Aufgabe der Finanzkontrolle übertrug. Eine Gruppe zog aus Mißtrauen gegenüber jeglicher exekutivischer Einrichtung vor, diese Aufgabe entweder Kongreßausschüssen oder allenfalls Kommissionen zu übertragen, die auf Grund ihrer kollegialen Organisation machtmäßig so ausbalanciert waren, daß der Kongreß sie wirksam überwachen konnte. Da jedoch deren Mitglieder die ihnen obliegende Kontrolle infolge ihrer sonstigen politischen und beruflichen Tätigkeit nur unzulänglich versahen, forderte eine andere Gruppe in dem Wunsch nach umfassender, gründlicher, straffer und vor allem gegenwartsnaher Finanzkontrolle, diese Aufgabe Behörden anzuvertrauen, die auf Grund ihrer hierarchischen Organisation eine solche Finanzkontrolle zu leisten versprachen[13]. Abwechselnd gewann die eine oder andere Gruppe das Übergewicht: regel-

---

8 Die beiden Joint Treasurers wurden durch einen Ausschuß von fünf Mitgliedern des Continental Congress überwacht. *F. W. Powell*, a.a.O., S. 3.

9 Das Treasury Office of Accounts (1. 4. 1776 gegründet), die Comptroller, Auditor, and Commissioners of Accounts (26. 9. 1778 gegründet) und der Superintendent of Finance (7. 9. 1781 ernannt). *F. W. Powell*, a.a.O., S. 7—8, 16—19, 33—34.

10 Der Superintendent of Finance, Robert Morris, war Mitglied des Continental Congress, bevor er in dieses Amt berufen wurde. Biographical Directory of the American Congress, 1774—1961 (1961), S. 37—40.

11 Das Treasury Office of Accounts wurde durch das Standing Committee for Superintending the Treasury überwacht. *F. W. Powell*, a.a.O., S. 7—8.

12 Siehe oben Anm. 3, 5—6, 9.

13 *L. M. Short*, The Development of National Administrative Organization in the United States (1923), S. 51, 76; *D. H. Smith*, The General Accounting Office (1927), S. 12. Zu den Schwierigkeiten der Ausschuß- und Kommissionsmitglieder, ihre verschiedenen Tätigkeiten mit der der Finanzkontrolle zu vereinbaren, siehe *C. J. Bullock*, The Finances of the United States from 1775 to 1789 (1895), S. 193; Journals of the Continental Congress, 1777—1778, (orig. ed.), Bd. 3, S. 452. Zu den Unzulänglichkeiten in der Handhabung der Finanzkontrolle durch Kommissionen *F. W. Powell*, a.a.O., S. 13, 53, 58, 60.

mäßig übertrug der Continental Congress die Aufgabe der Finanzkontrolle einem seiner Ausschüsse oder einer Kommission, nachdem sie vorher von einer Behörde wahrgenommen worden war, und umgekehrt einer Behörde, nachdem sie vorher von einer Kommission oder einem Kongreßausschuß ausgeführt worden war[14].

Allmählich siegte jedoch die Einsicht, daß die Ausschüsse und Kommissionen ihrer Aufgabe nicht gewachsen waren[15] und aus diesem Grund die Finanzkontrolle vernünftigerweise endgültig an eine Behörde abgegeben werden sollte[16]. Mit der Verabschiedung des Treasury Department Act[17] zog der Kongreß die Konsequenzen: er übertrug neben anderen Aufgaben auch die Finanzkontrolle dem Treasury Department und leitete damit die zweite Phase in deren Geschichte ein[18].

Mit dieser Lösung knüpfte der Kongreß allerdings nicht an die historischen Beispiele der Finanzkontrollbehörden an, die ähnlich wie die Ausschüsse und Kommissionen auf die Legislative fixiert gewesen waren. Stattdessen entschied sich der Kongreß für eine in die Exekutive integrierte Behörde.

Der Kongreß bemühte sich allerdings für das Treasury Department um ein ausgeklügeltes Organisationsschema — überschwenglich wurde es als „the most admirable contrivance that the mind of man ever conceived"[19] gerühmt —, in der Hoffnung, daß auch jetzt die Aufgabe der

---

14 Siehe oben Anm. 3, 5—6, 9.

15 Zwei Kommissionen beispielsweise war es nicht gelungen, eine im dunkeln gebliebene Ausgabe von sechs Millionen Dollar aufzuklären. *C. J. Bullock*, a.a.O., S. 196—97; *W. G. Sumner*, The Financier and the Finances of the American Revolution (1892), Bd. 1, S. 159—66, 170—86.

16 *F. W. Powell*, a.a.O., S. 37—38.

17 Siehe oben Anm. 4.

18 Während dieser Phase wurde die Finanzkontrolle zum Teil auch durch die einzelnen Departments selbst wahrgenommen, und zwar durch den Postmaster General, durch den Accountant to the Department of War und durch den Accountant of the Navy. Act of February 20, 1792, 1 Stat. 232; Act of May 8, 1792, 1 Stat. 279; Act of July 16, 1798, 1 Stat 610. Diese Dezentralisierung der Finanzkontrolle sollte dazu dienen, die bis dahin vom Treasury Department durchgeführte vorgängige (Visa-)kontrolle zu beschleunigen. Da indessen die einzelnen Departments allmählich — contra legem — auch die nachgängige Kontrolle wahrnahmen, hier aber nach wie vor das Treasury Department das letzte Wort zu sprechen hatte, lief diese Dezentralisierung letztlich auf eine Verzögerung der Finanzkontrolle hinaus. Sie wurde infolgedessen wieder rückgängig gemacht. Act „To provide for the prompt settlement of public accounts" aus dem Jahre 1817, 3 Stat. 366; Act of July 2, 1836, 5 Stat. 80. Dazu, daß während der Zeit der Dezentralisierung der Finanzkontrolle auf die einzelnen Departments die unten im Text geschilderte Abhängigkeit der für diese Funktion zuständigen Beamten von der Exekutive nur noch verstärkt wurde, vgl. *H. C. Mansfield*, The Comptroller General (1939), S. 3—47.

19 *E. J. Renick*, The Control of National Expenditures, Pol. Sci. Q., Bd. 6 (1891), S. 248 ff. (250).

Finanzkontrolle in seinem Einflußbereich verblieb und die für sie Verantwortlichen nicht in die Abhängigkeit von der Exekutive entglitten: Einerseits bedurfte die präsidentielle Ernennung der führenden Beamten im Treasury Department, und damit auch die der eigens für die Finanzkontrolle zuständigen leitenden Beamten, der Zustimmung des Senats. Andererseits wurde der Secretary des Treasury Department lediglich „als Leiter der Behörde *angesehen*", wodurch die für die Finanzkontrolle verantwortlichen Auditor und Comptroller von den Anweisungen und der Überwachung des Secretary ausgenommen werden sollten[20].

Die Hoffnung des Kongresses, den Auditor und Comptroller vor der Abhängigkeit von der Exekutive zu bewahren, erwies sich indessen als trügerisch. Auditor und Comptroller wurden vom Präsidenten ernannt und konnten vor allem von ihm jederzeit wieder abberufen werden; sie dienten unter dem zum Kabinett und damit zur Spitze der Exekutive gehörenden Secretary des Treasury Department, auch wenn dieser nur als Leiter der Behörde „angesehen wurde"; und schließlich waren sie als Beamte anderen Beamten im Treasury Department und anderen Verwaltungsbehörden kollegial verbunden. All dies macht es schwer vorstellbar, daß der Auditor und der Comptroller nicht unter dem Einfluß des Präsidenten, des Secretary im Treasury Department und ihrer Kollegen in dieser und anderen Behörden standen, kurz, daß sie die Exekutive unbeirrt von jeglichen exekutivischen Pressionen haben kontrollieren können.

Zwar ist es kaum wahrscheinlich, daß Versuche der Exekutive bekannt wurden, die für die Finanzkontrolle verantwortlichen Beamten zu beeinflussen. Im Gegenteil: jene Beamte pflegten jeglichen Versuch der Beeinflussung durch die Exekutive zu bestreiten, obwohl sie bezeichnenderweise zur selben Zeit die Errichtung einer von der Exekutive unabhängigen Behörde forderten[21]. Immerhin aber wird von einem Pressionsmanöver berichtet: ein Comptroller im Treasury Department hatte eine bestimmte Ausgabe als unrechtmäßig bezeichnet und war bei der Interpretation des zugrunde liegenden Gesetzes von der Auslegung des Attorney General abgewichen. Dieser wandte sich an den Präsidenten, der den betreffenden Comptroller wissen ließ, es könne, wenn er sich nicht imstande sehe, der Ansicht des Attorney General zu folgen, sicherlich ein anderer Comptroller gefunden werden, dem dies weniger schwerfalle[22]. Es war das eingetreten, worauf später eines der Mit-

---

[20] *L. M. Short*, a.a.O. (s. Anm. 13), S. 140.

[21] *H. C. Mansfield*, a.a.O., S. 68, Anm. 115.

[22] Ders., a.a.O., S. 60; *W. F. Willoughby*, The Legal Status and Functions of the General Accounting Office of the National Government (1927), S. 4—5.

glieder des Repräsentantenhauses in der Debatte zum Budget and Accounting Act hinwies: "... one of the troubles with our present system is that the auditors dare not criticize. If they criticize, their political heads will come off[23]." Erst 1921 jedoch gelang dem Kongreß mit der Verabschiedung des Budget and Accounting Acts[24] die notwendige Reform: er übertrug die Finanzkontrolle dem General Accounting Office und setzte damit den Anfang für die dritte Phase in deren Geschichte.

Mit dieser Regelung aktualisierte der Kongreß die Erfahrungen, die er in fast eineinhalb Jahrhunderten mit dem amerikanischen Finanzkontrollwesen gesammelt hatte, und kehrte zugleich zu den historischen Beispielen der Finanzkontrollbehörden des Continental Congress zurück, an die er bei der Verabschiedung des Treasury Department Act nicht angeknüpft hatte. Er vermied den Fehler, die Finanzkontrolle wieder auf Kongreßausschüsse und Kommissionen zu übertragen, und übertrug sie einer Behörde und stellte dadurch eine befriedigende Bewältigung dieser Aufgabe sicher. Andererseits sah er davon ab, diese Behörde ein weiteres Mal in die Exekutive zu integrieren, und kettete sie eng an die legislativen Körperschaften und schirmte sie gegen jede Abhängigkeit von der Exekutive ab. Er hoffte damit eine Lösung gefunden zu haben, die ihm nach einem Ausspruch in der Debatte zum Budget and Accounting Act die Gewißheit vermitteln sollte, „to have men going through these ... departments 365 days in the year to bring to Congress the information as to the real status in those departments"[25].

2. Die Strukturierung des dem General Accounting Office zugewiesenen Aufgabenbereichs

Das Selbstverständnis des General Accounting Office als eines Hilfsorgans der Legislative ist also aus dem traditionellen Bemühen des Kongresses historisch gewachsen, die für die Finanzkontrolle zuständigen Institutionen an sich zu binden. Der Kongreß versicherte sich jedoch dieses Selbstverständnisses, indem er den Aufgabenbereich des General Accounting Office derart gestaltete, daß die amerikanische Finanzkontrollbehörde ihrer Kontrolltätigkeit zum einen „unabhängig von der Exekutive" nachgehen kann, wie es der Budget and Accounting Act in seiner Einleitungsformel postuliert[26], und daß sie diese

[23] Cong. Rec., Bd. 58 (1919), S. 7282 (Representative Good).

[24] Siehe oben Anm. 1.

[25] Cong. Rec., Bd. 58 (1919), S. 7132 (Representative Good.).

[26] "There is created an establishment of the Government to be known as the General Accounting Office, which shall be independent of the executive

Kontrolltätigkeit zum anderen in der Hauptsache in den Dienst der Legislative zu stellen hat.

Nach dem Budget and Accounting Act kann freilich auch der Präsident das General Accounting Office um Berichte über dessen Kontrolltätigkeit ersuchen[27]. Dasselbe Recht hat das dem Präsidenten unmittelbar unterstehende Bureau of the Budget, dem die Planung, Koordinierung und Kontrolle der Bundesverwaltung obliegt. Dementsprechend sendet die Finanzkontrollbehörde dem Präsidenten und dem Bureau of the Budget schon aus eigener Initiative ein Exemplar ihrer meisten Berichte zu[28]. Indessen bemüht sich das Budgetbüro zum Ärger einiger Kongreßmitglieder nicht besonders darum, den dort getroffenen Feststellungen des General Accounting Office im einzelnen nachzugehen und dafür zu sorgen, daß die betroffene Verwaltungsbehörde aus ihnen die etwa notwendigen Konsequenzen zieht[29]. Erst recht nutzen

---

departments and under the control and direction of the Comptroller General of the United States." 31 U.S.C. § 41 (1964).

[27] Der Budget and Accounting Act von 1921 wies dem General Accounting Office u. a. folgende Aufgaben zu:

"The Comptroller General shall investigate at the seat of government or elsewhere, all matters relating to the receipt, disbursement, and application of public funds, and shall make to the President when requested by him, and to Congress at the beginning of each regular session, a report in writing of the work of the General Accounting Office, containing recommendations concerning the legislation he may deem necessary to facilitate the prompt and accurate rendition and settlement of accounts and concerning such other matters relating to the receipt, disbursement, and application of public funds as he may think advisable. In such regular report, or in special reports at any time when Congress is in session, he shall make recommendations looking to greater economy or efficiency in public expenditures." 31 U.S.C. § 53 (a) (1964).

"He shall make such investigations and reports as shall be ordered by either House of Congress or by any committee of either House having jurisdiction over revenue, appropriations, or expenditures. The Comptroller General shall also, at the request of any such committee, direct assistants from his office to furnish the committee such aid and information as it may request." 31 U.S.C. § 53 (b) (1964).

"The Comptroller General shall specially report to Congress every expenditure or contract made by any department or establishment in any year in violation of law." 31 U.S.C. § 53 (c) (1964).

"He shall furnish such information relating to expenditures and accounting to the Bureau of the Budget as it may request from time to time." 31 U.S.C. § 53 (e) (1964).

[28] Joint Committee Hearings, a.a.O. (s. Anm. 2), S. 1392—93.

[29] Zwar hat das Bureau of the Budget sichergestellt, daß die Leiter von Bundesbehörden, über deren Verwaltungsführung das General Accounting Office berichtet hat, zu solchen Berichten innerhalb von 60 Tagen nach deren Übersendung eine Stellungnahme an das Budgetbüro abgeben. Bureau of the Budget Circular No. A—50 (1959), abgedruckt in Joint Committee Hearings, a.a.O., S. 1386—88. Das Budgetbüro sieht sich indessen nach der Aussage seines Direktors nicht in der Lage, neben seinen anderen Aufgaben die Feststellungen des General Accounting Office im einzelnen nachzuprüfen und dafür Sorge zu tragen, daß die betreffende Verwaltungsbehörde aus ihnen die notwendigen Konsequenzen zieht. Joint Committee Hearings,

Präsident und Bureau of the Budget nicht die Möglichkeit aus, von sich aus das General Accounting Office um weitere, ihnen nicht ohnehin zugestellte Berichte seiner Prüfungstätigkeit zu ersuchen[30]. Das liegt daran, daß die Spitze der Exekutive ihre Kraft darauf konzentriert, für die Zukunft die Regierungs- und Verwaltungsprogramme und den hierzu adäquaten Regierungs- und Verwaltungsstil zu konzipieren und zu koordinieren und allenfalls für die Gegenwart deren Durchführung bzw. dessen Anwendung zu kontrollieren, daß sie jedoch keine Mühe darauf verwendet, sich mit einer auf die Vergangenheit bezogenen Kontrolle der Verwaltung zu befassen[31].

Im übrigen fällt diese Aufgabe, die die Finanzkontrollbehörde auf Grund des Budget and Accounting Act gegenüber der Exekutive zu erfüllen hätte, gegenüber der Fülle und dem Inhalt der Funktionen nicht ins Gewicht, die ihr auf Grund dieses Gesetzes im Dienst der Legislative obliegen.

---

a.a.O., S. 662—63. Zwei Mitglieder des Repräsentantenhauses versuchten diese in ihren Augen unerträgliche Situation durch zwei Gesetzgebungsvorschläge (H. R. 8725, abgedruckt in Joint Committee Hearings, a.a.O., S. 674 bis 676; H. R. 8755, 89th Cong., 1st Sess. [1965]) abzustellen, die jedoch beide im House Committee on Rules „starben". Congressional Index (1965—66), S. 4509, 5512, 5720 und S. 4510, 5579, 5720.

[30] Das Budgetbüro ersucht das General Accounting Office lediglich um Analysen von Gesetzentwürfen. *General Accounting Office*, Functions of the General Accounting Office, S. Doc. No. 96, 87th Cong., 2d Sess. (1962), S. 23, S. 11, im folgenden: General Accounting Office Functions. Siehe auch *Comptroller General of the United States*, Annual Report 1967 (1968), S. 3, im folgenden: Comptroller General Report 1967. Vgl. dazu unten Anm. 33.

[31] Dementsprechend sind die Aufgaben des Bureau of the Budget strukturiert: Die Finanzplanung vorzunehmen, das Budget zu entwerfen und eine wirkungsvollere und wirtschaftlichere Verwaltungsführung zu projizieren; die Gesetzes- und Verordnungsvorschläge aus der Bundesverwaltung zu koordinieren; die Bundesverwaltung bei ihrem gegenwärtigen Vollzug des Budgets und damit zugleich bei ihrer Ausführung der ihr obliegenden Programme zu überwachen. Exec. Order No. 8248, Fed. Reg., Bd. 4 (1939), S. 3864 bis 3865. Zum Entwurf des Budgets durch das Budgetbüro siehe *J. Burkhead*, Government Budgeting (1956), passim, insbes. S. 278; *F. Morstein Marx*, The Bureau of the Budget: Its Evolution and Present Role, Am.Pol.Sci.Rev., Bd. 39 (1945), S. 653 ff., insbes. S. 661, 869. Zur Koordinierung der Gesetzes- und Verordnungsvorschläge aus der Bundesverwaltung siehe *A. Maas*, In Accord with the Program of the President? in: C. J. Friedrich und J. K. Galbraith (Hrsg.), Public Policy, Bd. 4 (1953), S. 77 ff.; *F. Morstein Marx*, a.a.O., S. 880 bis 881; *R. Neustadt*, Presidency and Legislation: The Growth of Central Clearance, Am.Pol.Sci.Rev., Bd. 48 (1954), S. 641 ff. (671); *P. Rappaport*, The Bureau of the Budget: A View from the Inside, J. Accountancy, Bd. 101 (1956), S. 31 ff. (36); *J. H. Reese*, The Role of the Bureau of the Budget in the Legislative Process, J.Pub.L., Bd. 15 (1966), S. 63 ff.; Budget Bureau vs. Congress, Cong. Q. Weekly Rep., 1958, S. 743 ff. (745). Zur Kontrolle des Budgetvollzugs in der Bundesverwaltung siehe *Moor*, The Expenditure Process, in: R. T. Golembiewski (Hrsg.), Public Budgeting and Finance (1968), S. 324 ff.; *F. Morstein Marx*, a.a.O., S. 877—78; *Staff of Senate Comm. on Government Operations*, Financial Management in the Federal Government, S. Doc. No. 11, 87th Cong., 1st Sess. (1961), S. 45; *A. Wildavsky*, The Politics of the Budgetary Process (1964), S. 37—38; Budget Bureau vs. Congress, a.a.O., S. 743.

Die Behörde hat zunächst auf eigene Initiative dem Kongreß in einem jährlichen Tätigkeitsbericht die von ihr festgestellten Fälle einer gesetzwidrigen, nicht effizienten oder unökonomischen Verwaltungsführung in der Bundesverwaltung mitzuteilen. Um einer einigermaßen aktuellen Berichterstattung willen hat sie dem Kongreß außerdem jene Fälle vorab und jeweils fallweise in Einzelberichten zu schildern[32]. Seit Verabschiedung des Government Corporation Control Act von 1945 hat sie weiterhin dem Kongreß jährlich über die Wirtschaftsführung in den Bundesunternehmen zu berichten[33]. Weiterhin hat die Finanzkontrollbehörde einzelne Fälle einer gesetzwidrigen, nicht effizienten oder unwirtschaftlichen Verwaltungsführung auf Ersuchen

[32] Die Kompetenz bezieht sich grundsätzlich auf die gesamte Bundesverwaltung. Diese nach dem Budget and Accounting Act umfassend erscheinende Kontrollzuständigkeit der Behörde wird indessen durch eine Vielzahl gesetzlicher Sonderregelungen durchbrochen, die bestimmte Zweige oder Programme der Verwaltung der Finanzkontrolle entziehen oder diese zumindest beschränken. Diese Regelungen beziehen sich im wesentlichen auf Mittel, deren Verwaltung (beispielsweise durch die Central Intelligence Agency, das Department of Defense oder das Federal Bureau of Investigation) als vertraulich angesehen wird, die (wie etwa beim Federal aid highway program, beim U.S. Fish and Wildlife Service oder bei den verschiedenen State employment security programs) den Einzelstaaten zufließen, oder die (wie die Expense allowance of the President, die Expense allowance of the Vice President) jeweils zur persönlichen Verfügung stehen. *U.S. General Accounting Office*, Compilation of Statutory Restrictions on GAO Audit Authority and Responsibility (1966), fortan: Statutory Restrictions Compilation.

[33] Der Government Corporation Control Act von 1945 gab dem General Accounting Office folgende Aufgabe:

"The financial transactions of wholly owned Government corporations shall be audited by the General Accounting Office in accordance with the principles and procedures applicable to commercial corporate transactions and under such rules and regulations as may be prescribed by the Comptroller General of the United States." 31 U.S.C. § 850 (1964).

"A report of each such audit for a fiscal year shall be made by the Comptroller General to the Congress not later than January 15 following the close of such fiscal year (and a report of each such audit for a calendar year shall be made by the Comptroller General to the Congress not later than July 15 following the close of such calendar year). The report shall set forth the scope of the audit and shall include a statement (showing intercorporate relations) of assets and liabilities, capital and surplus or deficit; a statement of surplus or deficit analysis; a statement of income and expense; a statement of sources and application of funds; and such comments and information as may be deemed necessary to keep Congress informed of the operations and financial condition of the several corporations, together with such recommendations with respect thereto as the Comptroller General may deem advisable, including a report of any impairment of capital noted in the audit and recommendations for the return of such Government capital or the payment of such dividends as, in his judgment, should be accomplished. The report shall also show specifically any program, expenditure, or other financial transaction or undertaking observed in the course of the audit, which, in the opinion of the Comptroller General, has been carried on or made withouth authority of law. A copy of each report shall be furnished to the President, to the Secretary of the Treasury, and to the corporation concerned at the time submitted to the Congress." 31 U.S.C. § 851 (1964).

des Kongresses, seiner Ausschüsse oder deren einzelnen Mitglieder zu untersuchen und diesen über das Ergebnis ihrer Untersuchungen zu berichten. Hierbei ist wesentlich, daß nur der Kongreß, seine Ausschüsse oder deren einzelne Mitglieder die Finanzkontrollbehörde mit derartigen Untersuchungen betrauen dürfen, daß also dieses Recht nicht auch dem Präsidenten oder dem Bureau of the Budget zusteht, die, wie geschildert, allenfalls die Berichte über jene Untersuchungen anfordern dürfen. So wird verhindert, daß die Administration die Kontrolltätigkeit der Finanzkontrollbehörde bestimmt, sie dadurch ihrem Dienst zugunsten der Legislative entzieht und sie auf diese Weise von der Administration abhängig macht. Das General Accounting Office hat schließlich von seinem Personal so viele Beamte an Kongreßausschüsse abzuordnen, wie die Ausschüsse sie für ihre Untersuchungen benötigen. Auch hier ist wiederum wesentlich, daß nur die Kongreßausschüsse das Personal der Finanzkontrollbehörde „ausleihen" dürfen, daß also nicht auch der Präsident oder das Bureau of the Budget hiervon Gebrauch machen können. Auf diese Weise wird vermieden, daß die Administration die Kontrolltätigkeit des General Accounting Office personell schwächt, damit dessen Dienst zugunsten der Legislative Abbruch tut und es auf diese Art wiederum von der Administration abhängig macht.

Diesem Aufgabenkatalog[34] wird, jedenfalls quantitativ gesehen, das General Accounting Office schon aus eigener Initiative voll gerecht,

---

[34] Zu der gesetzlichen Grundlage siehe oben Anm. 27. Das General Accounting Office hat über den Bereich der Finanzkontrolle hinaus sowohl auf eigene Initiative als auch auf Ersuchen des Kongresses, seiner Ausschüsse und Mitglieder, aber auch auf das des Präsidenten und des Bureau of the Budget solche Gesetzesvorschläge vorzulegen oder zu analysieren, die sich speziell mit Fragen der Finanzkontrolle befassen oder die generell budgetäre Auswirkungen haben. Vgl. dazu oben Anm. 27 und 30. Neben dieser und den im Text geschilderten „assisting functions" der Finanzkontrollbehörde steht dem General Accounting Office als weitere Kompetenz die „disallowance power" zu (31 U.S.C. § 71 [1964]). Ihr zufolge kann die Finanzkontrollbehörde Ausgaben der Bundesverwaltung als ungesetzlich verwerfen (disallow), die ihrer Ansicht nach in Widerspruch zu den jeweils einschlägigen Gesetzen stehen. Liegt ein Fall vor, in dem die Kontrollbehörde eine bestimmte Ausgabe der Bundesverwaltung als ungesetzlich verworfen hat, dann fordert sie die betreffende Verwaltungsbehörde auf, die unrechtmäßig geleistete Zahlung entweder im Verwaltungsverfahren zurückzufordern oder aber über den Attorney General gerichtlich geltend zu machen. Falls jedoch beide Wege nicht zu dem erwünschten Ziel führen sollten, verbleibt dem General Accounting Office die Möglichkeit, die ungesetzliche Zahlung von den Beamten zurückzuverlangen, die für die Zahlung oder für deren Autorisierung verantwortlich waren. Vgl. dazu *J. Burkhead*, a.a.O. (s. Anm. 31), S. 102—03; The Comptroller General of the United States: The Broad Power to Settle and Adjust Claims and Accounts, Harv.L.Rev., Bd. 70 (1956), S. 350 ff. (351), im folgenden: Broad Power; The Control Powers of the Comptroller General, Colum.L.Rev., Bd. 56 (1956), S. 1199 ff. (1202—03), im folgenden: Control Powers.

ebenso wie ihn umgekehrt der Kongreß auch aus seiner Initiative voll ausschöpft. Allein 1967 — dieses Jahr ist auch für andere Jahre repräsentativ — übermittelte die amerikanische Finanzkontrollbehörde dem Kongreß neben den beiden Jahresberichten zur Verwaltungs- und Wirtschaftsführung des Bundes 331 jener Einzelberichte über Fälle einer gesetzwidrigen oder nicht ökonomischen Verwaltungsführung der Bundesbehörden. Von diesen Berichten legte sie 77 auf Ersuchen der verschiedenen Ausschüsse und 93 auf das einzelner Mitglieder des Kongresses vor[35]. Und allein in diesem Jahr stellte sie Kongreßausschüssen 106 ihrer Beamten zur Verfügung[36].

3. Die Besetzung der leitenden Positionen im General Accounting Office

Der Kongreß versicherte sich einmal mehr des Selbstverständnisses des General Accounting Office als eines Hilfsorgans der Legislative, indem er die leitenden Positionen im General Accounting Office, die des Comptroller General, aber auch die seines Stellvertreters (Assistant Comptroller General), so besetzte, daß einmal beide ihrer Kontrolltätigkeit „unabhängig von der Exekutive"[37] nachgehen können und zum anderen sich der Kongreß ihrer Loyalität ihm gegenüber vergewissern kann. Mit der Unabhängigkeit des Comptroller General gegenüber der Exekutive und seiner Loyalität gegenüber der Legislative kann der Kongreß zugleich derselben Unabhängigkeit und Loyalität der Finanzkontrollbehörde als ganzer sicher sein, weil der Comptroller General selbst alle übrigen Mitglieder der Behörde, mit Ausnahme des Assistant Comptroller General, ernennt und entläßt[38].

a) Die Ernennung zum Comptroller General

Die Ernennung des Comptroller General ist so ausgestaltet, daß der Senat die Besetzung dieses Amtes letztlich bestimmen kann. Zwar wird der Comptroller General durch den Präsidenten ernannt; seine Ernennung bedarf aber der Zustimmung, des „advice and consent", des Senats[39]. Auf dieselbe Weise wird auch das Amt des Assistant Comptroller General besetzt.

---

35 Comptroller General Report 1967, S. 9, 11, 13.

36 Ders., S. 324—25.

37 Siehe dazu oben Anm. 26.

38 Im Budget and Accounting Act heißt es hierzu:
"The Comptroller General shall appoint and remove attorneys and other employees in the General Accounting Office." 31 U.S.C. § 52 (1) (1964).

39 Im Budget and Accounting Act von 1921 heißt es hierzu: "There shall be in the General Accounting Office a Comptroller General of the United

Das sich auf die Formel „advice and consent" gründende Mitwirkungsrecht des Senats bei der Ausübung der präsidentiellen Personalhoheit, das dem Senat jedenfalls grundsätzlich für die Ernennung aller Bundesbeamten zusteht[40] und das speziell für das Amt des Comptroller General im Budget and Accounting Act noch einmal bekräftigt wird[41], hat für die Besetzung dieses Amtes eine dreifache Bedeutung:

Zunächst kann der Senat den Präsidenten mit Hilfe dieses Mitwirkungsrechts zwingen, das Amt des Comptroller General überhaupt zu besetzen.

Als John McCarl, der erste Comptroller General, der in der Exekutive als „unverantwortlicher Tyrann" verhaßt war[42], 1936 in den Ruhestand trat, zögerte Präsident Roosevelt drei Jahre, bis er einen Nachfolger für McCarl ernannte[43]. Dieses Interregnum im General Accounting Office wirft die Frage auf, ob der Senat den Präsidenten daran hindern kann, das Amt des Comptroller General nach Belieben vakant zu lassen[44]. Sie ist zu bejahen. Wie in einem anderen historischen Zusammenhang deutlich wurde, kann der Senat den Präsidenten auf Grund dieses Mitwirkungsrechts sogar zu Ernennungen bestimmter Persönlichkeiten zwingen. Als unter der Administration von Präsident Coolidge in der Interstate Commerce Commission, einer unabhängigen Regulatory Commission, die Amtszeit bestimmter Kommissionsmitglieder auslief, wollte Coolidge sie nicht noch einmal in diese Kommission berufen. Der Senat jedoch zwang den Präsidenten hierzu, indem er ihn wissen ließ, daß er keine anderen Kandidaten als eben jene bisherigen Kommissionsmitglieder akzeptieren werde[45]. Aus diesem Beispiel läßt sich schließen, daß der Senat den Präsidenten auch zwingen könnte, ein bestimmtes Amt unabhängig von der zu ernennenden Persönlichkeit überhaupt zu besetzen. Der Senat braucht sich nur zu weigern, andere, mit dem Amt des Comptroller General gar nicht zusammenhängende, aber für den Präsidenten unerläßliche Ernennungen (z. B. von Kabinettsmitgliedern oder Botschaftern) zu bestätigen, um den Präsidenten dazu zu bewegen, das vakante Amt des Comptroller General neu zu besetzen.

States and an Assistant Comptroller General of the United States, who shall be appointed by the President with the advice and consent of the Senate." 31 U.S.C. § 42 (1964).

[40] Siehe dazu *E. Fraenkel*, Das amerikanische Regierungssystem (2. Aufl. 1962), S. 232, 291 ff.

[41] Siehe oben Anm. 39.

[42] *J. P. Harris*, Congressional Control of Administration (Anchor Ed. 1965), S. 144.

[43] Nomination of Josef Campbell Hearings, a.a.O. (s. Anm. 2), S. 18—19.

[44] Vgl. *E. S. Corwin*, The President (4. Aufl. 1962), S. 75.

[45] *Ders.*, a.a.O., S. 380 Anm. 88.

Weiterhin kann der Senat den Präsidenten mit Hilfe seines Mitwirkungsrechts darin bestimmen, mit wem dieser das Amt des Comptroller General besetzt. Ein Beispiel hierfür ist der gerade geschilderte Fall aus der Coolidge Administration.

Schließlich kann der Senat dem Präsidenten auf Grund dieses Mitwirkungsrechts auch ein bestimmtes Procedere für die Besetzung der Position des Comptroller General aufzwingen.

Zwar hat *Joseph P. Harris*[46] nachgewiesen, daß die Formel „advice and consent" in Art. 2 Sect. 2 Abs. 2 der Verfassung bei deren Beratung als Synonym für die Begriffe „approbation", „concurrence" und „approval" benutzt worden sei, woraus man folgern müsse, daß der Senat an der Ausübung der präsidentiellen Personalhoheit nur dadurch mitzuwirken berechtigt sei, daß er den jeweiligen Kandidaten entweder akzeptiere oder aber zurückweise, nicht jedoch auch dadurch, daß er vor dessen Nominierung zu konsultieren sei. Diese im Grundsatz auch innerhalb des Senats akzeptierte Interpretation wird dort jedoch dann in Zweifel gezogen, wenn der Präsident einen Kandidaten für das Amt des Comptroller General vorschlägt. Bei dieser Position, so wird hervorgehoben, handele es sich um ein Amt, dessen Träger dem Kongreß verantwortlich sei, weshalb zu fordern sei, daß der Präsident den Senat vor seiner Nominierung zu konsultieren habe. Bei diesem Amt müsse die üblicherweise zusammengezogene und im übrigen nur von ihrem zweiten Bestandteil her interpretierte Formel „advice and consent" auf ihre beiden getrennt zu verstehenden Bestandteile „advice" *und* „consent" zurückgeführt werden[47].

---

[46] The Advice and Consent of the Senate (1953), S. 376.

[47] Nomination of Joseph Campbell Hearings, a.a.O. (s. Anm. 2), S. 14 und S. 35, wo folgender Dialog wiedergegeben ist:

The *Chairman*. I think that possibly you cleared up something before you concluded that I wished to interrogate you about.

You pointed out that this action must not be treated as a confirmation, if I understood you correctly.

What do you regard this process as, if it is not confirmation?

Senator *Gore*. I believe my statement was that I did not think it should be treated as a normal confirmation of an appointee to a purely executive agency. I am not sure, Senator, that the United States Senate has been living up fully to the meaning of the constitutional term „advice" and „consent".

The *Chairman*. In other words, if I got the meaning of it correctly, you have in mind that ordinarily responsibility is imposed in the Chief Executive for the administration of the executive branch of the Government, and therefore his primary prerogative is to make the initial selection and submit nominations for confirmation of the Senate. In this case you would differentiate to the extent that you say that it is not a mere confirmation process in that sense, but it goes beyond it because this is an official within the legislative branch of the Government, or to a position that is responsible primarily to the legislative branch, rather than to the executive, and should require the advice as well as consent of the Senate.

Als Präsident Eisenhower darauf verzichten zu können glaubte, den Senat zu konsultieren, als er Joseph Campbell, den Vorgänger des jetzigen Comptroller General, für dieses Amt ernannte, stieß er im Senat auf erheblichen Widerstand: „... the Comptroller General", so beschwerte sich ein Senator in den Hearings des Senate Committee on Government Operations, das sich mit der Frage zu befassen hatte, ob der Senat diese Ernennung bestätigen oder zurückweisen sollte, „is accountable to Congress. He is an agent of Congress and not an agent of the President, which would mean to me that the choice should come from the Congress rather than from the President, and, as I understand it, ..., no one in Congress was consulted concerning the appointment of Mr. Campbell"[48]. Zwar bestätigte der Senat Campbell in seinem Amt. Nichtsdestoweniger läßt das Beispiel erkennen, daß der Senat die ausgebliebene Konsultierung durch den Präsidenten hätte zum Anlaß nehmen können, die Ernennung von Campbell nicht zu bestätigen.

Der Senat kann also einen entscheidenden Einfluß darauf ausüben, daß, mit wem und wie das Amt des Comptroller General besetzt wird. Damit hat er zugleich die Möglichkeit, dafür Sorge zu tragen, daß diese Position mit einer Persönlichkeit gefüllt wird, die der Exekutive gegenüber unabhängig und dem Kongreß gegenüber loyal ist. Eine andere Frage ist, ob der Senat auch von dieser Möglichkeit Gebrauch macht, indem er bestimmte Anforderungen an den zukünftigen Comptroller General stellt, die dessen Unabhängigkeit der Exekutive gegenüber und dessen Loyalität gegenüber dem Kongreß sicherstellen sollen. Sie muß verneint werden. Vielmehr spielen bei der Zustimmung des Senats zur Ernennung eines Comptroller General parteipolitische Motive eine wesentliche Rolle, wenn sie auch für die Entscheidung des Senats nicht in jedem Fall bestimmend sein müssen.

Senator *Gore*. You state it very well, Senator.

As I have reviewed the legislative history, and as I have talked to some of my elders in the Congress, I have come to understand that there was a sort of gentleman's agreement during the creation of the position that the Congress would advise who, in its opinion, should be appointed to head its own agency; that there was a sort of gentleman's agreement that the appointee would never come from the Executive; and that in this instance, at least, „advice and consent" entailed full application of both words, „advice" and „consent".

The *Chairman*. Whereas, in the ordinary confirmation of an appointee for a position in the executive department, the words have come, in practical application, to mean the same. Here you feel some advice should have been secured before this nomination was submitted?

Senator *Gore*. I believe that is correct, Senator.

The *Chairman*. I have been trying to follow you. I have some thoughts along these lines, too, since this is primarily a legislative position, a position that is created by and responsible to the Congress.

[48] Nomination of Joseph Campbell Hearings, a.a.O., S. 14.

Zwar wurden derartige Anforderungen in den schon erwähnten Hearings des Senate Committee on Government Operations umrissen, die für Campbell der einigermaßen beschwerliche Weg zum Comptroller General waren: Danach hat der Kandidat zu beiden Parteien Distanz zu halten, er hat Jurist zu sein, er sollte keine ausgeprägte Affinität zur Exekutive gezeigt haben, und — dies ganz besonders — er sollte aus dem Kongreß kommen oder zumindest dort tätig gewesen sein[49]. „Mr. Campbell", wurde dem Kandidaten in den Hearings von einem Senator vorgehalten, „traditionally this position of Comptroller General has been filled by appointment of someone in Congress or connected with the Congress"[50]. Mißt man jedoch Campbell an der Elle dieser Anforderungen, dann hätte ihn der Senat in seinem Amt als Comptroller General nicht bestätigen dürfen, denn er erfüllte allenfalls eine von ihnen: er hatte sich allem Anschein nach weder für die Demokraten noch die Republikaner engagiert. Er war jedoch nicht wie alle seine Vorgänger Jurist, sondern Wirtschaftsprüfer. Weiterhin stand er bei einigen Senatsmitgliedern in dem Verdacht, der Exekutive nahezustehen. Denn als Mitglied der Atomic Energy Commission, einer unabhängigen Regulatory Commission, hatte er öffentlich gefordert, die Kommission der Exekutive einzugliedern. Schließlich hatte er keine unmittelbaren Erfahrungen in der Legislative gesammelt, anders als alle seine Vorgänger: John McCarl, der erste Leiter des General Accounting Office, war vier Jahre lang im Stab eines Senators tätig gewesen; Fred Brown, McCarls Nachfolger, hatte sechs Jahre dem Senat angehört; und Lindsay Warren, Cambells Vorgänger, war fünfzehn Jahre lang in das Repräsentantenhaus gewählt worden[51].

Aber auch alle übrigen bisherigen und jetzigen Comptrollers General hätten vom Senat nicht in ihrem Amt bestätigt werden dürfen, wenn dieser jene Anforderungen als unabdingbare Voraussetzungen verstünde, die ein Kandidat für die leitende Position im General Accounting Office erfüllen muß. So unterstreichen die Beispiele seiner Vorgänger in diesem Amt, McCarl, Brown und Warren, daß die Forderung, der designierte Comptroller General müsse im parteipolitischen Zölibat gelebt haben, logischerweise unvereinbar ist mit der anderen, er müsse aus dem Kongreß kommen, bzw. mit einiger Wahrscheinlichkeit unvereinbar ist mit der, er müsse zumindest dort tätig gewesen sein. Denn die Comptrollers General Brown und Warren waren jeweils als Demokraten in den Senat bzw. das Repräsentantenhaus gewählt worden[52], während McCarl dem National Republican Congressional Committee

[49] Dies., a.a.O., S. 29; S. 8, 15—18, 36, 46—47; S. 28—29; S. 14, 17—18, 28, 36.

[50] Nomination of Joseph Campbell Hearings, a.a.O., S. 14.

[51] Dies., a.a.O., S. 5—6, 29, 34, 18—19.

[52] Dies., a.a.O., S. 18—19.

angehört hatte[53]. Schließlich zeigt auch das Beispiel des Nachfolgers Campbells, daß der Senat jene Anforderungen nicht als bindende Richtlinien versteht. Denn Staats, der heute das General Accounting Office leitet, erfüllt auch nur allenfalls eine von ihnen: er ist allem Anschein nach bei keiner der beiden Parteien engagiert. Er ist jedoch kein Jurist; der Verdacht, daß er der Exekutive nahestehe, ist nicht ohne weiteres von der Hand zu weisen, da er fast drei Jahrzehnte im Bureau of the Budget, zuletzt als Deputy Director, tätig war; und er hat daher auch keine unmittelbaren „legislativen Erfahrungen"[54].

Haben danach alle anderen bisherigen und jetzigen Inhaber der leitenden Position im General Accounting Office mit Campbell gemeinsam, daß sie vom Senat in ihrem Amt als Comptroller General bestätigt wurden, obwohl sie jenen angeblichen Anforderungen allenfalls nur zum Teil genügten, so unterscheidet sich deren Berufung zum Comptroller General von der Campbells in einem Gesichtspunkt: Bei Brown, Warren, Staats und McCarl gehörte der Präsident, der sie zum Comptroller General ernannte, derselben Partei an wie die jeweilige Senatsmehrheit, die die Ernennung zu bestätigen hatte, bei Comptroller General Campbell hingegen war dies nicht der Fall[55, 56, 57]. Dieser Umstand zeigt, daß für die Entscheidung des Senats, ob er einen Comptroller General in seinem Amt bestätigen soll, parteipolitische Motive eine wesentliche Rolle spielen, ohne daß sie allerdings für diese Entscheidung unbedingt bestimmend sein müssen.

Auf der einen Seite nämlich zeigen die Beispiele Brown, Warren, Staats und McCarl, daß sich die in derselben Partei mit dem Präsidenten verbundene Senatsmehrheit bei der Entscheidung, ob sie die präsidentielle Ernennung eines Comptroller General bestätigen soll, weniger von irgendwelchen Anforderungen an den Kandidaten als vermutlich von parteipolitischen Gesichtspunkten leiten lassen wird. Denn obwohl den Kandidaten Eigenschaften fehlten, die für ihre Unabhängigkeit gegenüber der Exekutive (Staats' mangelnde Distanz der Exekutive gegenüber) und für ihre Loyalität dem Kongreß (als ganzem) gegenüber (Browns, Warrens, McCarls fehlender Abstand

[53] Ebd.

[54] Nomination of Elmer B. Staats Hearings, a.a.O. (s. Anm. 2), S. 1—2.

[55] Campbell wurde 1955 von dem republikanischen Präsidenten Eisenhower ernannt. Zur demokratischen Senatsmehrheit siehe U.S. Department of Commerce, Bureau of the Census (Hrsg.), Statistical Abstract of the United States 1966 (1966), S. 367, fortan: Statistical Abstract 1966.

[56] Brown, Warren und Staats wurden 1930, 1940 und 1966 von den demokratischen Präsidenten Roosevelt und Johnson ernannt. Zur demokratischen Senatsmehrheit siehe Statistical Abstract 1966, a.a.O.

[57] McCarl wurde 1921 von dem republikanischen Präsidenten Harding ernannt. Zur republikanischen Senatsmehrheit siehe Statistical Abstract 1966, a.a.O.

gegenüber den Parteien) bedeutungsvoll sein konnten, wurden sie in ihrem Amt von dem Senat bestätigt. Diese Haltung entspricht der Praxis, die im Senat in Zusammenhang mit der Bestätigung präsidentieller Ernennungen durchaus üblich ist. „Senators", faßt *Joseph P. Harris* seine Beobachtungen in seinem diese Praxis in aller Breite analysierenden Buch „The Advice and Consent of the Senate"[58] zusammen, „who belong to the President's party and support his program ... usually vote for his nominations without too much regard to the qualifications of the nominee ... The truth of the matter is that senators on both sides of the aisle recognize that contests over appointments are essentially political struggles or maneuvers for party advantage in which the qualifications and fitness of nominees are given only secondary consideration".

Auf der anderen Seite zeigt das Beispiel Cambell, daß die der Partei des Präsidenten nicht angehörende Senatsmehrheit bei der Entscheidung, ob sie die präsidentielle Nominierung eines Comptroller General unterstützen soll, zwar jene Anforderungen an den Kandidaten stellen wird, um sie einem parteipolitischen Scharmützel vorzuschützen, nicht aber unbedingt, um unter ihrem Vorwand dessen Ernennung aus parteipolitischen Gesichtspunkten zu blockieren. Denn obwohl gegen Campbell Einwände erhoben werden konnten, die seine Unabhängigkeit der Exekutive gegenüber und seine Loyalität dem Kongreß gegenüber fragwürdig erscheinen ließen, wurden sie zwar vorgebracht, nichtsdestoweniger aber wurde Campbell in seiner Position von dem Senat bestätigt. Auch diese Haltung entspricht einer Praxis, die im Senat in Zusammenhang mit der Bestätigung präsidentieller Ernennungen regelmäßig beobachtet werden kann. „Senators of the opposition party", schreibt *Harris*[59] hierzu, „often oppose nominations, ..., in order to embarrass the President and to discredit his administration. The qualifications of nominees have little to do with such contests, ..."

b) Die Amtszeit und Abberufung des Comptroller General

Die Ernennung des Comptroller General ist, wie gezeigt, so ausgestaltet, daß es dem Senat immerhin möglich wäre, die Besetzung dieses Amtes nach bestimmten Anforderungen letztlich zu bestimmen. Amtszeit und Abberufung des Comptroller General hingegen sind so geregelt, daß beide Häuser des Kongresses über die Kontinuität seiner Amtsführung, wenn auch nicht nach Belieben, bestimmen und auf diese Weise dafür Sorge tragen können, daß der Comptroller General

---

[58] S. 378.

[59] Ebd.

seine Kontrolltätigkeit unbeirrt von der Exekutive und loyal gegenüber dem Kongreß verfolgt.

Die Amtsführung des Comptroller General ist freilich bis zu einem gewissen Grad auch gegenüber dem Kongreß geschützt: Der Comptroller General ist auf fünfzehn Jahre in sein Amt berufen; seine nochmalige Berufung ist nicht zulässig; er kann von seinem Amt durch gemeinsamen Beschluß beider Häuser nur dann abgelöst werden, wenn er entweder dauernd dienstunfähig geworden ist oder wenn er sich für sein Amt als untauglich erwiesen hat, wenn er seine Amtspflichten vernachlässigt oder verletzt hat, wenn er ein Vergehen begangen hat oder wenn er sich moralisch verwerflich verhalten hat, wobei diese Gründe in einem förmlichen Verfahren beider Häuser des Kongresses festgestellt werden müssen. All dies gilt auch für den Assistant Comptroller General, mit dem einzigen Unterschied, daß dessen nochmalige Berufung zulässig ist[60].

Zwar ist der Kongreß nur auf begrenzte Zeit an die Person eines bestimmten Comptroller General gebunden, zumal dessen nochmalige Berufung nicht möglich ist. Andererseits aber ist der Comptroller General bereits durch seine relativ lange Amtsdauer vor den Auswirkungen jedes einzelnen politischen Machtwechsels innerhalb des Kongresses geschützt. Überdies wird seine Ablösung dadurch erschwert, daß sie in das checks and balances System eingefügt worden ist; denn Repräsentantenhaus und Senat müssen gemeinsam über sie beschließen. Schließlich aber können die einzelnen Entlassungsgründe, so allgemein sie auch gefaßt sein mögen, schwerlich dazu herhalten, einen Comptroller General aus dem General Accounting Office zu entfernen, der sich beim Kongreß nur politisch unbeliebt gemacht hat[61].

---

[60] Im Budget and Accounting Act von 1921 heißt es hierzu: "Except as hereinafter provided in this section, the Comptroller General and the Assistant Comptroller General shall hold office for fifteen years. The Comptroller General shall not be eligible for reappointment. The Comptroller General or the Assistant Comptroller General may be removed at any time by joint resolution of Congress after notice and hearing, when, in the judgment of Congress, the Comptroller General or Assistant Comptroller General has become permanently incapacitated or has been inefficient, or guilty of neglect of duty, or of malfeasance in office, or of any felony or conduct involving moral turpitude, and for no other cause and in no other manner except by impeachment. Any Comptroller General or Assistant Comptroller General removed in the manner herein provided shall be ineligible for reappointment to that office. When a Comptroller General or Assistant Comptroller General attains the age of seventy years, he shall be retired from his office." 31 U.S.C. § 43 (1964).

[61] Daß ein Comptroller General aufgrund der enumerierten Entlassungsgründe nur schwerlich werde abgelöst werden können, war in der Debatte zum Budget and Accounting Act Anlaß zu erheblichen Bedenken:

"Now, I take it that the purpose of this act is to put men in these positions who will use their brains and energies in the effort to inaugurate and

Gegen den Präsidenten aber ist die Amtsführung des Comptroller General vollkommen abgeschirmt: Der Comptroller General kann nur durch gemeinsamen Beschluß beider Häuser des Kongresses abgelöst werden. Das gleiche gilt für den Assistant Comptroller General[62].

Daß der Comptroller General nur durch gemeinsamen Beschluß des Repräsentantenhauses und des Senats abgelöst werden kann, begegnete in der Debatte zum Budget and Accounting Act in vereinzelten Diskussionsbeiträgen verfassungsrechtlichen Bedenken[63]. Diese Konstruktion breche in die präsidentielle Prärogative ein, da allein der Präsident von Verfassungs wegen zur Entlassung des Bundespersonals berechtigt sei. Dieser Ansicht ist bereits widersprochen worden, soweit sie nur den Anspruch auf eine grundsätzlich gültige Regel erhebt: Es sei auch möglich zu argumentieren, daß es dem Kongreß auf Grund der ihm

maintain economy in the expenditures of the various departments of the Government. Well, my friends, the question of 'malfeasance in office' would not have any relation to a man's tendency toward economy or extravagance. The same is true as to making 'neglect of duty' the cause of removal and the same as to 'inefficiency'. A man might be ever so efficient according to any legal interpretation of the term, but he might be one of those men like our beloved friend Mr. *Cannon* mentioned a day or two ago. He might be a man with a vision, and the distinguished gentleman from Illinois said that a man with a vision is generally a visionary. He might be ever so efficient, but at the same time be one of those men who has no idea of practical economy in the matter of spending money for the public welfare. But yet when he gets in, what can the Congress do except to let him stay or bring him up here, after notice and hearings, and give him a trial on the question of whether or not he has been 'inefficient' or 'neglected his duty' or been 'guilty of malfeasance' in office? He might be the most liberal-minded man in regard to the expenditures of money that was ever connected with the Government, but Congress would have no remedy, and he would be in office for life." Cong.Rec., Bd. 58 (1919), S. 7279 (Representative Steagall). Ebenso Cong.Rec., a.a.O., S. 7280 (Representative Temple).

62 Siehe oben Anm. 60.

63 Cong.Rec., Bd. 58 (1919), S. 7276—77 (Representatives Bee and Clark). Zustimmend in der Literatur nur *A. Langeluttig*, Legal Status of the Comptroller General of the United States, Ill. L. Rev., Bd. 23 (1929), S. 556 ff. (582). Präsident Wilson legte dieser Regelung wegen gegen den Budget and Accounting Act Veto ein: "It has, I think, always been the accepted construction of the Constitution that the power to appoint officers of this kind carries with it, as an incident, the power to remove. I am convinced that the Congress is without constitutional power to limit the appointing power and its incident, the power of removal derived from the Constitution." Cong.Rec., Bd. 59 (1920), S. 8609, ebenfalls S. 8625. Der Kongreß konnte sich mit diesem Veto nicht mehr befassen, bevor er sich vertagte, so daß später ein ähnlicher Gesetzesentwurf eingebracht und verabschiedet wurde, dem der neue Präsident Harding nicht widersprach. *H. C. Mansfield*, a.a.O. (s. Anm. 18), S. 69—70. Allerdings war die Ablösung des Comptroller General jetzt nicht mehr aufgrund einer *concurrent* resolution, sondern aufgrund einer *joint* resolution möglich. Der Unterschied liegt darin, daß die joint resolution anders als die concurrent resolution vom Präsidenten unterzeichnet werden muß. *G. B. Galloway*, The Legislative Process in Congress (1953), S. 50—51. Dadurch wurde die Ablösung des Comptroller General durch den Kongreß nur noch schwieriger, da er ein präsidentielles Veto hätte überstimmen müssen.

übertragenen Organisationsgewalt freistehe, gelegentlich der Errichtung einer jeden Behörde einen anderen Entlassungsmodus vorzusehen[64]. Diese Ansicht ist erst recht als zweifelhaft angesehen worden, soweit sie sich auf die Position des Comptroller General bezieht: Da dieser in einer engen funktionellen und organisatorischen Verbindung zum Kongreß stehe, müsse der Kongreß auch über die Entlassung des Comptroller General entscheiden dürfen[65].

Geht man überdies davon aus, daß der Comptroller General sein Amt nicht einfach auf bestimmte längere Dauer innehaben soll, ohne überhaupt, aus welchen Gründen auch immer, abgelöst werden zu können, dann war jene Konstruktion unabdingbar, sollte die Unabhängigkeit des Comptroller General von der Exekutive nicht dadurch paralysiert werden, daß er vom Präsidenten abberufen werden konnte. Zwar könnte man hiergegen einwenden, daß die „removal power" des Präsidenten ohnehin dadurch eingeschränkt sei, daß der Senat damit drohen könnte, den Nachfolger des entlassenen Beamten oder auch irgendwelche andere gerade ernannte Beamte in ihrem Amt nicht zu bestätigen[66]. Indessen müßte der Präsident mit einer solchen Repressalie wohl nur dann rechnen, wenn der Senat sich mehrheitlich aus seinen Parteigegnern zusammensetzt. Darüber hinaus aber hätte der Präsident mit einer solchen Entlassung ein fait accompli geschaffen, das rückgängig zu machen jedenfalls nicht ohne Schwierigkeiten möglich wäre. Von daher gesehen wurde die Regelung, den Comptroller General nur durch gemeinsamen Beschluß beider Häuser abzulösen, in der Debatte über den Budget and Accounting Act zu Recht als dessen Kernstück angesehen, mit dem die Unabhängigkeit des Comptroller

---

[64] *E. Fraenkel,* a.a.O. (s. Anm. 40), S. 233.

[65] *H. C. Mansfield,* a.a.O., S. 82; *O. R. McGuire,* Legislative and Executive Control Over Accounting for Federal Funds, Ill. L. Rev., Bd. 20 (1926), S. 455 ff. (463, 470). Das Argument, der Reorganization Act von 1949 (siehe dazu oben Anm. 2) bezeichne den Comptroller General als „legislative officer", worin eine wirksame Einschränkung der „removal power" des Präsidenten zu erblicken sei (Broad Power, a.a.O. [s. Anm. 34], S. 351 Anm. 12), ist indessen eine petitio principii, weil zunächst einmal klargestellt werden muß, daß es sich bei dem Comptroller General unabhängig von jener Wendung im Reorganization Act um einen „legislative officer" handelt. Insofern hat der Supreme Court in *Humphrey's Executor v. United States* (295 U.S. 602 [1935]) entschieden, daß der Federal Trade Commissions Act, aufgrund dessen der Präsident die Kommissionsmitglieder nur bei Vorliegen bestimmter dort aufgezählter Gründe entlassen dürfe, das präsidentielle Entlassungsrecht nicht in verfassungswidriger Weise beschränke, da die Kommission quasi legislative und quasi richterliche Funktionen wahrnehme. Analog hierzu wäre zu erwägen, ob nicht auch die Aufhebung des präsidentiellen Entlassungsrechts bei der Position des Comptroller General verfassungsgemäß ist, weil dieser in Anbetracht der ihm übertragenen „assisting functions" legislative Funktionen wahrnimmt. Control Powers, a.a.O. (s. Anm. 34), S. 1201 Anm. 25.

[66] *E. S. Corwin,* a.a.O. (s. Anm. 61), S. 380 Anm. 88.

General und des General Accounting Office von der Exekutive stehe und falle: "If we should strike out this provision of the bill which would give to Congress the power to remove the comptroller general, we would destroy one of the most commendable features of the bill[67]."

II. Das House Appropriations Committee: das Selbstverständnis dieses Gremiums

Die Verfassung der USA fixiert in Art. 1 Sect. 9 Abs. 7 die Budgetkontrolle durch den Kongreß: "No money shall be drawn from the Treasury, but in Consequence of Appropriations made by Law ..." Aus der ihm zustehenden Budgetkontrolle wiederum leitet der Kongreß sein Recht auf Finanzkontrolle als „implied power" ab; das wurde beispielsweise in der Debatte über den Budget and Accounting Act im Repräsentantenhaus stets von neuem unterstrichen, wie etwa mit der folgenden Formulierung: "That Congress, which makes the appropriations, should have the ultimate control of the expenditures[68]." Da sich also der Kongreß offenbar des engen Zusammenhangs zwischen Budgetkontrolle und Finanzkontrolle bewußt ist, wird der Fokus der Zusammenarbeit zwischen der Finanzkontrollbehörde und dem Kongreß in dem Zusammenwirken zwischen dem General Accounting Office und dem House Appropriations Committee zu suchen sein. Diesem dem Haushaltsausschuß im Bundestag vergleichbaren Bewilligungsausschuß im Repräsentantenhaus fällt nämlich kraft Verfassungsübung[69] die Aufgabe zu, das vom Präsidenten dem Kongreß jährlich vorgelegte Budget (Executive Budget) zuerst zu beraten, d. h. vor dem ihm entsprechenden Bewilligungsausschuß im Senat (Senate Appropriations Committee), der dem Finanzausschuß im Bundesrat vergleichbar ist; wie im einzelnen noch zu zeigen sein wird[70], macht er anläßlich der

[67] Cong.Rec., Bd. 58 (1919), S. 7278 (Representative Andrews). Ebenso Cong. Rec., a.a.O., S. 7274 (Representative Good); S. 7277 (Representative Madden), S. 7278 (Representative Byrns).

[68] Cong.Rec., Bd. 58 (1919), S. 7091 (Representative Byrns). Ebenso Cong. Rec., a.a.O., S. 7203 (Representative Williams), S. 7204 (Representative Parrish), S. 7211 (Representative Temple), S. 7215 (Representative Purnell), S. 7219 (Representative Mondell), S. 7280 (Representative Temple).

[69] *E. Fraenkel*, a.a.O. (s. Anm. 40), S. 288—89. Der Vorschlag, die Budgetbewilligungsgesetze ebenso wie die Steuergesetze von Verfassungs wegen vom Repräsentantenhaus ausgehen zu lassen, wurde in der Verfassungsgebenden Versammlung abgelehnt. *The Federalist* No. 58 (Madison) führte indessen dazu aus: "The House of Representatives cannot only refuse, but they alone can propose, the supplies requisite for the support of government." (Zit. nach *J. P. Harris*, a.a.O. [s. Anm. 42], S. 52 Anm. 3.)

[70] Siehe unten S. 112 ff.

jährlichen Budgetberatungen auch von dem Recht des Kongresses auf Finanzkontrolle primär Gebrauch[71].

Freilich machen sich auch andere Ausschüsse in beiden Häusern des Kongresses die Untersuchungen, die Berichte und das Personal des General Accounting Office zunutze, sei es, daß sie sich durch diese Berichte veranlaßt sehen, eigene Untersuchungen durchzuführen oder gesetzgeberische Maßnahmen vorzuschlagen, sei es, daß sie um Untersuchungen, Berichte und Personal für ihre bereits initiierten Investigationen bitten[72]. So hatte z. B. die Finanzkontrollbehörde im *feed-wheat-Fall*[73] im Rahmen eines Berichts über das Bureau of Customs darauf hingewiesen, daß verschiedene Firmen große Mengen kanadischen Futterweizens zollvergünstigt eingeführt, in den USA mit Mahlgetreide vermischt und dann für Ernährungszwecke vertrieben hatten. Durch diesen Bericht veranlaßt, führte das Senate Committee on Agriculture and Forestry umfangreiche eigene Untersuchungen durch[74], während das Senate Committee on the Judiciary einen Gesetzentwurf ausarbeitete, der die Vermischung von Futter- und Mahlgetreide unter Strafe stellte[75]. Oder das House Select Committee on Lobbying Activities beispielsweise hatte den gesamten Bereich der Einflußnahmen auf die

---

71 Zwar obliegt den Committees on Government Operations im Repräsentantenhaus und im Senat, die für die laufende Kontrolle der gesamten Bundesverwaltung zuständig sind, sämtliche Berichte des General Accounting Office auszuwerten (Rule XI, Rules of the House of Representatives; Rule XXV, Rules of the Senate). „... the government operations committees", so beurteilt jedoch *C. R. Dechert* die Tätigkeit dieser Ausschüsse, "are interested primarily in the broader aspects of oversight, with an emphasis on the policy and organizational issues involved and a view to legislative action *rather than financial control*". Availability of Information for Congressional Operations, in: The American Enterprise Institute for Public Policy Research (Hrsg.), Twelve Studies of the Organization of Congress, S. 167 ff. (177). Hervorhebung von mir.

72 Zu der Assistenz der Finanzkontrollbehörde in Form von Entwürfen und Analysen von Gesetzesentwürfen siehe oben Anm. 34.

73 *Comptroller General of the United States*, Audit of Bureau of Customs for the Fiscal Year Ended June 30, 1952 Relating to Importation of Wheat Classified as Unfit for Human Consumption, B—58331 (1952).

74 Hearings Before the Senate Committee on Agriculture and Forestry, Importation of Feed Wheat, 83rd Cong., 1st Sess. (1953), Teil 1, S. 1, wo der Vorsitzende des Ausschusses die Hearings mit den Worten einleitete: "This hearing is called as a result of a report from the General Accounting Office made late last year of their investigations of the importation of wheat, a certain grade of wheat, from Canada." — Vgl. außerdem: *Senate Committee on Agriculture and Forestry*, Importation of Feed Wheat from Canada, S. Rep. No. 410, 83rd Cong., 1st Sess. (1953) und S. Rep. No. 862, 83rd Cong., 2d Sess. (1954).

75 Hearings Before a Subcommittee of the Senate Committee on the Judiciary, Blending of Wheat Imported as Unfit for Human Consumption, 83rd Cong., 1st Sess. (1953); *Senate Committee on the Judiciary*, Blending of Imported Wheat Unfit for Human Consumption, S. Rep. No. 523, 83rd Cong., 1st Sess. (1953).

Bundesgesetzgebung zu untersuchen, daher auch die Einflußnahmen, die von den einzelnen Bundesbehörden ausgehen und die dann ungesetzlich sind, wenn sie mit öffentlichen Geldern (etwa durch öffentliche Werbeaktionen) unterstützt werden. Als der Ausschuß hierbei auf bestimmte Vorkommnisse stieß, auf deren Untersuchung er selbst mehr Geld, Zeit und Personal hätte verwenden müssen, als ihm möglich war, übertrug er diese Untersuchung dem General Accounting Office und ersuchte es, ihm über deren Ergebnis zu berichten[76]. Oder als schließlich zum Beispiel das Senate Select Committee on Improper Activities in the Labor or Management Field unter dem Vorsitz von Senator McClellan insbesondere die Machenschaften der International Brotherhood of Teamsters etc. unter James Hoffa untersuchte[77], zog es für seinen Mitarbeiterstab nicht weniger als zwischen fünfunddreißig und fünfundvierzig Beamte der Finanzkontrollbehörde heran[78].

---

[76] Hearings Before the House Select Committee on Lobbying Activities, The Role of Lobbying in Representative Self Government, Legislative Activities of Executive Agencies, 81st Cong., 2d Sess. (1950), Teil 10, im folgenden: Legislative Activities of Executive Agencies Hearings. Der Vorsitzende des Ausschusses gab für den Untersuchungsauftrag folgende Begründung:

"I turned to the General Accounting Office for this investigative help for two reasons:

1. The House Select Committee on Lobbying Activities has had a small budget and a small staff. It has been assigned the broadest task ever given to a committee of Congress in connection with investigating lobbying activity. A full investigation ... would have required a manyfold increase in our staff and weeks of time. We could afford neither.

2. The General Accounting Office is already established by law to conduct investigations of this nature for the Congress. It has the responsibility for investigating all Federal expenditures to determine if they conform to provisions of law. It has a large, experienced staff of investigators trained in determining the legality of Federal expenditures. Furthermore, it is an arm of the Congress, not of the executive branch, and has acquired over the years a reputation for its complete independence and integrity." Legislative Activities of Executive Agencies Hearings, a.a.O., S. 62.

[77] Hearings Before the Senate Select Committee on Improper Activities in the Labor or Management Field, Investigation on Improper Activities in the Labor or Management Field, 85st Cong., 1st and 2d Sess. (1957—1958), Teil 1—42; *Senate Select Committee on Improper Activities in the Labor or Management Field,* Interim Report, S. Rep. No. 1417, 85th Cong., 2d Sess. (1958), wo es auf S. 2 heißt:

"The hearings of the committee resulted from the work of 34 assistant counsels and investigators who are members of the committee staff as well as (at any one time) from 35 to 45 accountants and investigators from the General Accounting Office.

The committee wishes to express its gratitude ... to the United States General Accounting Office for their cooperation during the past year. Comptroller General Joseph Campbell has been particulary helpful to this committee in assigning the staff members necessary for the conducting of our investigations."

[78] Das veranlaßte den damaligen Comptroller General Campbell zu der Bemerkung: "There have been times in the last few years, for instance, in the McClellan labor investigation, when we were badly hard put to it to

Gleichwohl spielt die Zusammenarbeit zwischen diesen anderen Ausschüssen und der Finanzkontrollbehörde, verglichen mit der Zusammenarbeit zwischen dem General Accounting Office und dem House Appropriations Committee, im Rahmen dieser Untersuchung eine weniger wesentliche Rolle. Damit soll der Wert der Zusammenarbeit zwischen diesen anderen Ausschüssen und der Finanzkontrollbehörde nicht gering geschätzt werden, insbesondere sollen die Impulse nicht unterbewertet werden, die von den Feststellungen des General Accounting Office auf die allgemeine (über den Bereich der Finanzkontrolle hinausgehende) Investigationstätigkeit des Kongresses ausgehen, ebensowenig wie die Unterstützung, die die Finanzkontrollbehörde dem Kongreß im Rahmen dieser Untersuchungstätigkeit gewährt. Aber wie schon zwei der geschilderten Beispiele zeigen (feed-wheat-Fall, Hoffa-Untersuchung), ist jene Zusammenarbeit nicht notwendig mit der hier behandelten Finanzkontrolle durch den Kongreß verknüpft, sondern kann auch mit Untersuchungen des Kongresses gegen private Firmen und nicht-öffentliche Organisationen in Verbindung stehen. Überdies aber fehlt dieser auf einzelne Fälle bezogenen Zusammenarbeit naturgemäß das Moment der Kontinuität, das das Zusammenwirken zwischen dem General Accounting Office und dem House Appropriations Committee auszeichnet und das diesen Ausschuß zur Nahtstelle zwischen der Finanzkontrollbehörde und dem Kongreß macht:

Jedes Jahr, wenn der Bewilligungsausschuß im Repräsentantenhaus bzw. dessen Unterausschüsse (appropriations subcommittees) den präsidentiellen Budgetentwurf, aufgespalten in einige zwanzig Budgetvorlagen (appropriations bills), in den Budgetberatungen überprüfen[79], arbeiten sie eng mit dem General Accounting Office zusammen: Sie haben dann bereits ein Exemplar jedes Berichts erhalten, den die Finanzkontrollbehörde dem Kongreß unterbreitete; eigens für ihre jährlichen appropriations hearings arbeitet die Behörde einen zusammenfassenden Bericht besonders signifikanter Feststellungen aus; sie nehmen in diesen Hearings kontinuierlich auf die Feststellungen des General Accounting Office Bezug; ihre Ausschußassistenten treffen vor und nach jenen Hearings mit General Accounting Office Mitgliedern zu gemeinsamen Beratungen zusammen; überdies

---

provide enough staff. I think we supplied over 80 people for that job. ... That sort of demand is hard to meet. In general, the committees have been very reasonable in their demands." Hearings Before the Subcommittee of the House Committee on Appropriations, Legislative Branch Appropriations for 1965, 88th Cong., 2d Sess. (1964), S. 26, fortan: Legislative Branch Appropriations Hearings (House) for 1965.

[79] *E. Fraenkel*, a.a.O. (s. Anm. 40), S. 308 ff.; *J. P. Harris*, a.a.O. (s. Anm. 42), S. 99.

pflegen sie ihrem Mitarbeiterstab Personal der Finanzkontrollbehörde in besonders großer Anzahl einzugliedern[80].

Um diese auffallend enge Zusammenarbeit zwischen dem General Accounting Office und dem House Appropriations Committee zu erklären, ist es notwendig, das Selbstverständnis dieses Ausschusses zu beleuchten.

Richard F. Fenno[81] und *Aaron Wildavsky*[82] haben das Selbstverständnis des Bewilligungsausschusses im Repräsentantenhaus eingehend analysiert. Nach dem Urteil beider sehen sich die Mitglieder des Ausschusses überwiegend in der Rolle des Hüters von Steuergeldern. "There is perhaps something here of the romantic conception of the sheriff warding off the mob, ..., or of the unknown and unappreciated but faithful servant who guards his master's fortune against ... wasteful relatives[83]." Wenn sich auch Ausschußmitglieder bei ihren Budgetberatungen oftmals dadurch bestimmen lassen, daß die Programme, für die sie die notwendigen finanziellen Mittel bereitstellen sollen, für die Nation oder auch für ihren Wahldistrikt von vitalem Interesse sind, so lassen sie sich doch in der Regel von der Erwägung leiten, daß die Budgetvoranschläge aus Sparsamkeitsgründen grundsätzlich gekürzt werden müssen[84]. *Wildavsky*[85] gibt beispielsweise als eine für ein Mitglied des Ausschusses typische Aussage eine Wendung von John Rooney, dem langjährigen Vorsitzenden eines der Unterausschüsse des House Appropriations Committee, wieder: "I am questioning you for the taxpayer. I approach (the budget) with the idea that it can be cut."

Das Rollenverständnis des House Appropriations Committee als „guardian of the taxpayer's money" (Wildavsky) äußert sich indessen nicht nur in der offenbar rigorosen Budgetkontrolle dieses Ausschusses. Der Ausschuß verknüpft vielmehr mit seiner Budgetkontrolle eine ebenso strenge Finanzkontrolle. Aus Anlaß der Budgetberatungen versucht der Bewilligungsausschuß im Repräsentantenhaus durch ständige kritische Hinweise in Hearings und Berichten, durch Verwaltungsleitlinien in den Bewilligungsgesetzen (appropriations acts) und schließlich auch durch Budgetkürzungen die jeweilige Verwaltungsbehörde, deren Budgetforderungen gerade diskutiert werden, zu einer gesetzmäßigen

---

80 Comptroller General Report 1967, a.a.O. (s. Anm. 30), S. 9; Joint Committee Hearings, a.a.O. (s. Anm. 2), S. 1369, 1651—52.

81 The Power of the Purse (1966), insbes. S. 124—26, 410—13.

82 The Politics of the Budgetary Process (1964), S. 47—50.

83 *A. Wildavsky*, a.a.O., S. 47.

84 *Ders.*, a.a.O., S. 48—50; *R. F. Fenno*, a.a.O.

85 a.a.O., S. 47—48.

und vor allem ökonomischen Verwaltungsführung zu bewegen[86]. „Eine der kennzeichnendsten Eigentümlichkeiten des amerikanischen Regierungsprozesses", so bemerkt *Ernst Fraenkel*[87] in diesem Zusammenhang, „ist darin zu erblicken, daß bei der Behandlung des Bundeshaushalts der Kongreß nicht in erster Linie die Politik der Regierung diskutiert, sondern die Handhabung der Verwaltung kritisiert."

Dieses Selbstverständnis des House Appropriations Committee als „guardian of the public purse" (*Wildavsky*) findet seinen Ursprung in dem Gegensatz dieses Ausschusses zu den Fachausschüssen beider Kongreßhäuser (legislative committees), die die allgemeinen Gesetzesvorlagen beraten, über deren finanzielle Verwirklichung sodann das House Appropriations Committee in seinen Budgetberatungen zu urteilen hat. Die Darstellung dieser Rolle findet ihre Schranken in dem Gegensatz des Bewilligungsausschusses im Repräsentantenhaus zu dem Senate Appropriations Committee, das die Budgetvorlagen berät, nachdem das House Appropriations Committee sie in seinen Budgetberatungen erörtert hat.

Die legislative committees, die nach einem Wort von *George B. Galloway*[88] „über die Jahre eine paternalistische und beschützende Haltung gegenüber den (von ihnen jeweils „betreuten") Verwaltungszweigen entwickelt haben", identifizieren sich nur zu leicht mit den dort ausgeführten Verwaltungsprogrammen, weil sie auf den von ihnen erarbeiteten allgemeinen Gesetzen beruhen, an deren finanzieller Verwirklichung sie interessiert sind. Aus diesem Grund sind sie, wie *Ernst Fraenkel*[89] es formuliert hat, „allzu häufig geneigt, die Bundeskasse als ein unerschöpfliches Reservoir zu betrachten, aus dem nach Belieben geschöpft werden kann ..."

Das Senate Appropriations Committee hingegen begreift seine Rolle nach den Untersuchungen von *Fenno*[90] und *Wildavsky*[91] als die des „verantwortungsbewußten Gesetzgebers" (*Wildavsky*), der darauf achtet, daß der Bewilligungsausschuß im Repräsentantenhaus lokalen und nationalen Interessen durch seine sparsame Budgetpolitik nicht allzu viel Schaden zufügt. "Though members of the House Appropriations Committee tend to view their opposite members in the Senate as frivolous dilettantes who swap favors and do not care what happens to the public purse, Senators tend to reverse the compliment by

---

[86] *J. P. Harris*, a.a.O. (s. Anm. 42), S. 97.

[87] a.a.O. (s. Anm. 40), S. 269. Vgl. auch S. 317, 323.

[88] a.a.O. (s. Anm. 63), S. 456—57.

[89] a.a.O. (s. Anm. 40), S. 328.

[90] a.a.O. (s. Anm. 81), insbes. S. 561—63, 614—15.

[91] a.a.O. (s. Anm. 82), S. 51—53.

regarding their brethren in the other chamber as jealous and power-hungry types who do not care what happens to 'essential' programs so long as they can show that they have made cuts[92]." Das Senate Appropriations Committee betrachtet sich daher gleichsam als Berufungsgericht und befaßt sich im wesentlichen nur mit den Budgetstreichungen und -kürzungen durch das House Appropriations Committee und hier im großen und ganzen nur mit solchen, gegen die sich die betroffene Verwaltungsbehörde oder Interessentengruppe besonders energisch zur Wehr setzt[93]. *Wildavsky*[94] zitiert hierfür das Wort eines Senators: "We all know that almost since the inception of the Government, the Senate Appropriations Committee has served as an appeal body and has heard requests ... that deal principally with items that have been changed or reduced or eliminated ..." In Übereinstimmung mit seiner Rolle neigt das Senate Appropriations Committee dazu, vorzuschlagen, die Budgetstreichungen und -kürzungen durch das House Appropriations Committee jedenfalls teilweise wieder rückgängig zu machen.

Der Antagonismus zwischen den Fachausschüssen und dem House Appropriations Committee wiederum ist nicht zu verstehen, ohne den historischen Hintergrund zu beleuchten, vor dem dieser Ausschuß als Gegengewicht zu den legislative committees geschaffen worden ist, und ohne die funktionelle Strukturierung dieses Ausschusses im Vergleich zu der der legislative committees zu umreißen. Andererseits ist die personelle Besetzung dieses Ausschusses, verglichen mit der des Senate Appropriations Committee, zu erhellen, soll der Gegensatz zwischen dem Bewilligungsausschuß im Senat und dem House Appropriations Committee verständlich werden.

1. Der historische Hintergrund für die Einsetzung des House Appropriations Committee

Heute beraten allein die Bewilligungsausschüsse beider Häuser des Kongresses, ob und in welcher Höhe Bundesmittel zur Vollziehung von Gesetzen bereitgestellt werden, deren Annahme bereits durch die einzelnen Fachausschüsse im Repräsentantenhaus und im Senat mit Erfolg empfohlen worden ist[95].

---

92 *A. Wildavsky*, a.a.O., S. 51.

93 *E. S. Griffith*, Congress, its Contemporary Role (4. Aufl. 1967), S. 103 sowie die in Anm. 90 und 91 zit. Lit.

94 *A. Wildavsky*, a.a.O., S. 52.

95 *E. Fraenkel*, a.a.O. (s. Anm. 40), S. 328. Die Zuständigkeit der appropriations committees ist allerdings ausgeschlossen, wenn Bundesbehörden oder -unternehmen mit Mitteln unterhalten werden, die das Treasury Department

Nahezu von Anbeginn seiner Tätigkeit hatte der Kongreß diese Trennung im amerikanischen Ausschußwesen zwischen appropriations und legislative committees etabliert. Im Repräsentantenhaus wurde ausschließlich dem House Ways and Means Committee und im Senat allein einem ähnlichen Ausschuß die Aufgabe übertragen, die Steuergesetzentwürfe, darüber hinaus aber auch sämtliche appropriations bills zu beraten, während die Beratung der übrigen Gesetzentwürfe den jeweils zuständigen legislative committees oblag. Diese Aufgabenteilung verfestigte sich, als in der Mitte des 19. Jahrhunderts dem House Ways and Means Committee und dem entsprechenden Senatsausschuß die Aufgabe, die appropriations bills zu beraten, entzogen und auf Ausschüsse übertragen wurde, die bereits damals den Namen appropriations committees trugen. Und schon zu jener Zeit erfüllte das House Appropriations Committee die ihm übertragene Aufgabe im Sinne seines heutigen Selbstverständnisses. „Within a short time", schreibt *Joseph P. Harris*[96] hierzu, „the House Appropriations Committee had made itself thoroughly unpopular. Members of the other committees ... were ... frustrated by its resistance to their attempts to increase funds for agencies they favored and for projects in their own districts."

Etwa zwanzig Jahre später wurde die Arbeitsteilung zwischen appropriations und legislative committees aufgehoben: In der Mehrzahl der Verwaltungszweige, auf die sich die jeweiligen appropriations bills bezogen, ging die Zuständigkeit zu deren Beratung, die bisher allein bei den appropriations committees gelegen hatte, auf die für diese Verwaltungszweige zuständigen legislative committees über, die nun auch über die Geldbewilligungen für „ihre" Gesetzesvorhaben entschieden[97].

Die Folge dieser Verschiebung der Zuständigkeiten war, daß die Ausgaben erheblich anstiegen. Jetzt wurde deutlich, daß die legislative committees dazu neigen, „die Bundeskasse als ein unerschöpfliches Reservoir zu betrachten"[98]. *Lucius Wilmerding*[99] hat diese Phase der

---

kreditweise bereitstellt (z. B. bei der Rural Electrification Administration), die über Bundesanleihen aufgebracht werden (z. B. bei der Tennessee Valley Authority), die die Unternehmen selbst aufbringen (z. B. Federal Reserve Banks, Export-Import Bank) oder die von der jeweiligen Klientel bereitgestellt werden (z. B. Board of Governors of the Federal Reserve System, Farm Credit Administration, Federal Deposit Insurance Corporation). *H. C. Mansfield*, The Congress and Economic Policy, in: D. B. Truman (Hrsg.), The Congress and America's Future (1965), S. 133.

[96] a.a.O. (s. Anm. 42), S. 51—60 (57—58).

[97] *J. P. Harris*, a.a.O., S. 51—60.

[98] *E. Fraenkel*, a.a.O., S. 328.

[99] The Spending Power (1943), S. 143—44.

von den appropriations committees ungehemmten Ausgabefreudigkeit im einzelnen geschildert:

"... the grasp which the Committee on Appropriations alone could keep upon the purse strings was relaxed; the spending committees (gemeint sind die legislative committees), having intimate and for the most part cordial relations each with a particular department, launched out into unrestrained competition for appropriations, the one striving to surpass the other in securing greater recognition and more money for its special charge. In these circumstances it is not surprising that executive dereliction passed almost unnoticed and that the department heads and bureau chiefs came to look upon themselves rather than upon Congress as the ultimate arbiters of expenditure."

Dennoch aber dauerte es etwa ein halbes Jahrhundert, bis der Kongreß im Zuge seiner Budgetreform, die in dem Budget and Accounting Act gipfelte, hieraus die Konsequenzen zog. 1920 übertrugen das Repräsentantenhaus und zwei Jahre später der Senat die Beratung sämtlicher appropriations bills jeweils einem Appropriations Committee[100].

Mit dieser Lösung machte sich der Kongreß die Erfahrungen zunutze, die er während dieser etwa fünfzig Jahre mit der freigebigen Budgetpolitik der legislative committees gesammelt hatte, und kehrte zu einer Lösung zurück, die er bereits am Anfang seiner Tätigkeit praktiziert hatte. Er übertrug die Budgetkontrolle ein weiteres Mal einem Ausschuß, von dem infolge seiner Distanz zu den von den legislative committees beratenen Gesetzen und seines daraus herrührenden Abstandes zu den in den einzelnen Verwaltungszweigen durchgeführten Programmen erwartet wird, daß er „die Interessen der Steuerzahler nicht aus dem Auge"[101] verliert.

2. Die funktionelle Strukturierung des House Appropriations Committee im Vergleich zu den Fachausschüssen

Der Antagonismus zwischen den legislative committees und dem House Appropriations Committee ist also historisch gewachsen. Er findet sich auch in der funktionellen Strukturierung des House Appropriations Committee im Vergleich zu der der Fachausschüsse verankert. Zwei Umstände sind dafür von entscheidender Bedeutung. Einmal: die Zuständigkeiten des Bewilligungsausschusses im Repräsentantenhaus und der Fachausschüsse sind strikt voneinander getrennt. Zum anderen und besonders: das House Appropriations Committee kann sich grundsätzlich weigern, Mittelbewilligungen auch für solche Vorhaben zu empfehlen, die bereits gesetzlich autorisiert sind.

100 *J. P. Harris*, a.a.O., S. 67—68.
101 *E. Fraenkel*, a.a.O., S. 328.

Nach der Geschäftsordnung des Repräsentantenhauses ist es dessen Bewilligungsausschuß verwehrt, in die appropriations bills materiellrechtliche Bestimmungen einzufügen, während umgekehrt die Fachausschüsse daran gehindert sind, in die von ihnen beratenen Gesetzesentwürfe Appropriationsklauseln aufzunehmen[102].

Von *dieser* Regelung her gesehen, sind die Fachausschüsse daran gehindert, in den Zuständigkeitsbereich des House Appropriations Committee einzudringen, ebenso wie es umgekehrt diesem Ausschuß unmöglich gemacht ist, Aufgaben der legislative committees zu usurpieren. Insofern also vermögen die Fachausschüsse nicht die Rolle des House Appropriations Committee zu beschneiden. Zugleich aber scheint auf diese Weise das Gleichgewicht zwischen Fach- und Bewilligungsausschüssen gewährleistet zu sein. Eine andere Regelung indessen verschiebt dieses Gleichgewicht zugunsten des House Appropriations Committee: Einer allgemein anerkannten Übung zufolge ist das Repräsentantenhaus grundsätzlich berechtigt, die Bewilligung von Mitteln auch für solche Vorhaben zu verweigern, die bereits durch Gesetz autorisiert sind[103].

Von *dieser* Regelung her gesehen, vermag der Bewilligungsausschuß im Repräsentantenhaus tief in den Zuständigkeitsbereich der Fachausschüsse einzudringen, ja, die Prärogative des Kongresses als ganzem in Frage zu stellen. Denn nach dieser Regelung kann er sich über die von den Fachausschüssen empfohlenen und von dem Kongreß beschlossenen Gesetze hinwegsetzen, deren finanzielle Verwirklichung eine entsprechende Empfehlung des House Appropriations Committee zur Voraussetzung hat. Dadurch vermag der Ausschuß sein Selbstverständnis entscheidend zu verfestigen.

Diese Komponente im Ausschußsystem des Kongresses veranlaßt Mitglieder der Fachausschüsse zu ständiger beredter Klage. In den Beratungen des Joint Committee on the Organization of the Congress war sie ein oft diskutiertes Problem: „We certainly agree", führte in den Hearings des Ausschusses einer der Zeugen aus, „that Appropriations Committees of each House should review each appropriation request carefully and that they should provide the funds which are actually necessary to accomplish the purposes of the program authorized by Congress. We do not believe, however, that an Appropriations Committee should decide that a program should not have been authorized and, therefore thwart the will of a legislative committee and Congress as a whole by failure to recommend the appropriation of authori-

[102] Rule XXI, Rules of the House of Representatives. Vgl. dazu *E. Fraenkel*, a.a.O., S. 327—29.

[103] *Ders.*, a.a.O., S. 325—26. Zu den Ausnahmen siehe *H. C. Mansfield*, The Congress and Economic Policy, a.a.O. (s. Anm. 95).

zed funds. This procedure makes a mockery of the legislative process . . ."[104]

3. Die personelle Strukturierung des House Appropriations Committee im Vergleich zum Senate Appropriations Committee

Der Antagonismus zwischen dem Senate Appropriations Committee und dem Bewilligungsausschuß im Repräsentantenhaus ergibt sich aus der personellen Strukturierung des Bewilligungsausschusses im Repräsentantenhaus im Vergleich zu der des Senate Appropriations Committee.

Der Umstand, daß dem House Appropriations Committee annähernd um die Hälfte mehr Mitglieder angehören als dem entsprechenden Gremium im Senat[105], vermag den Gegensatz zwischen beiden Ausschüssen nicht zu erklären, zumal die größere bzw. geringere Mitgliederzahl der Ausschüsse durch ihre zahlenmäßig annähernd gleich starken Mitarbeiterstäbe einen gewissen Ausgleich erfährt[106]; dieser Umstand vermag allenfalls zu erklären, warum der Senatsausschuß gezwungen ist, sich nur als Berufungsinstanz mit den „streitigen" Budgettiteln zu befassen; dabei wäre jedoch denkbar, daß der Ausschuß sich ebenso wie das House Appropriations Committee von dem Wunsch nach Budgetstreichungen und -kürzungen leiten ließe, also das gleiche Selbstverständnis an den Tag legte wie das House Appropriations Committee.

Ausschlaggebend für den Gegensatz zwischen den beiden Ausschüssen sind vielmehr andere Faktoren: Einmal die im Senat und Repräsentantenhaus jeweils verschiedenen Methoden, mit der die Ausschußmitglieder in die Bewilligungsausschüsse berufen werden, zum anderen die im Senat anders als im Repräsentantenhaus bestehende Übung, die Ausschußmitglieder des Bewilligungsausschusses auch noch weiteren Ausschüssen angehören zu lassen.

Im House Appropriations Committee berufen der Vorsitzende des Ausschusses und das ranking minority member die Ausschußmitglieder der Parteimehrheit bzw. Parteiminderheit in die einzelnen Unterausschüsse. Im Senate Appropriations Committee dagegen richtet sich die Mitgliedschaft in den Unterausschüssen nach dem Anciennitätsprinzip, so daß das Mitglied als erstes den von ihm gewünschten Unterausschuß wählen darf, das die längste Dauer am Committee gedient hat. Das erklärt, warum im House Appropriations Committee die Mit-

---

[104] Joint Committee Hearings, a.a.O. (s. Anm. 2), S. 1050. **Ebenso ebd.**, S. 26—27, 323, 331—32, 647, 952—53.

[105] *Joint Committee on the Organization of the Congress*, Organization of Congress, Final Report, S. Rep. No. 1414, 89th Cong., 2d Sess. (1966), S. 60—61, im folgenden: Joint Committee Final Report.

[106] Joint Comittee Final Report, a.a.O., S. 75.

glieder gewöhnlich derart auf die einzelnen Unterausschüsse verteilt werden können und verteilt werden, daß sie bei der Beratung der appropriations bills ihres Zuständigkeitsbereichs nicht in Konflikt mit den Interessen des Wahldistrikts geraten, den sie repräsentieren. Im Senate Appropriations Committee hingegen suchen sich die Mitglieder selbst regelmäßig gerade die Unterausschüsse aus, in deren Zuständigkeit die Beratung von appropriations bills fallen, die eben für die Einzelstaaten von vitalem Interesse sind, die sie in den Senat entsandt haben. House Committee members also können es sich leisten, die Rolle des „guardian of the public purse" zu spielen, da sie weitgehend unbeeinflußt von den Interessentengruppen ihres Wahldistrikts sind: "... subcommittee members do not quaver at the thought of substantial reductions[107]." Senate Committee Mitglieder hingegen legen das Gewand des „verantwortungsbewußten Gesetzgebers" an, wenn sie Budgetstreichungen und -kürzungen widersprechen, die „ihren" Einzelstaat betreffen, und auf diese Weise den Auswirkungen des Selbstverständnisses des House Appropriations Committee Schranken setzen: "... they tend ... certainly to oppose cuts in programs dear to the hearts of their constituents[108]."

Für den Gegensatz zwischen den beiden Bewilligungsausschüssen ist noch ein weiterer Gesichtspunkt verantwortlich: Wegen der immensen Arbeitslast (die appropriations subcommittees weisen die bei weitem größte Zahl von Ausschußsitzungen auf[109]) gehören die Mitglieder des House Appropriations Committee nur in extremen Ausnahmefällen zugleich einem legislative committee an[110] (in der ersten Session des 91. Kongresses in keinem Fall[111]), eine Übung, die natürlich nur angesichts der 435 Mitglieder[112] im Repräsentantenhaus durchführbar ist. Diese Exklusivität des Bewilligungsausschusses im Repräsentantenhaus bringt es mit sich, daß seine Mitglieder frei von dem Einfluß der legislative committees, die in ihrer politischen Verhaltensweise auf die finanzielle Verwirklichung der von ihnen erarbeiteten Gesetzgebungsprogramme drängen, ihr mit jener Verhaltensweise kollidierendes Selbstverständnis entwickeln und verfestigen können, das im wesentlichen von der Zielvorstellung sparsamer Budgetpolitik bestimmt wird. Die Mitglieder des Senate Appropriations Committee hingegen gehören trotz der immensen Arbeitslast (auch dort weisen

[107] Joint Committee Hearings, a.a.O. (s. Anm. 2), S. 1419.
[108] Ebd.
[109] Joint Committee Final Report, a.a.O., S. 65.
[110] *E. S. Griffith*, a.a.O. (s. Anm. 93), S. 101.
[111] U.S. Congress (Hrsg.), Congressional Directory, 91th Cong., 1st Sess. (1969), im folgenden: 91th Cong., 1st Sess. Directory.
[112] U.S. Department of Commerce, Bureau of the Census (Hrsg.), Statistical Abstract of the United States 1968 (1968), S. 365, im folgenden: Statistical Abstract 1968.

die appropriations subcommittees die bei weitem größte Anzahl von Ausschußsitzungen auf[113]) in der Regel auch noch einem oder mehreren Fachausschüssen an[114] (in der ersten Session des 91. Kongresses in allen Fällen[115]), eine Übung, die bei 100 Mitgliedern[116] im Senat auch kaum vermeidbar ist. Diese Übung bringt es mit sich, daß regelmäßig der Fachbereich zumindest eines Fachausschusses, dem die Senatoren angehören, identisch ist mit dem Fachbereich zumindest eines appropriations subcommittee, dem sie ebenfalls angehören[117]. Auf diese Weise werden die Fachausschüsse des Senats in dessen Bewilligungsausschuß integriert, was mit sich bringt, daß seinen Mitgliedern — personengleich mit denen der Fachausschüsse — eine mit den Zielvorstellungen der Fachausschüsse kongruente politische Verhaltensweise eigen ist, also regelmäßig bestimmt ist von dem Wunsch, die von ihnen empfohlenen Gesetzgebungsprogramme auch finanziell in die Tat umzusetzen. Dieser Wunsch wiederum trägt zu ihrer gewöhnlich abwehrenden Haltung gegenüber Budgetstreichungen und -kürzungen bei und damit zu ihrer Tendenz, gegenüber den Auswirkungen des Selbstverständnisses des House Appropriations Committee Schranken aufzurichten[118].

---

113 Joint Committee Final Report, a.a.O. (s. Anm. 105), S. 65.

114 *R. F. Fenno*, a.a.O. (s. Anm. 81), S. 561.

115 Statistical Abstract 1968, a.a.O.

116 91th Cong., 1st Sess. Directory.

117 Im folgenden werden neben den Namen der betreffenden Senatoren die Bezeichnungen der Fachausschüsse und appropriations subcommittees genannt, die in ihrem jeweiligen Fachbereich identisch sind: Richard B. Russel: Armed Services — Defense; John L. McClellan: Judiciary — State, Justice, and Commerce, the Judiciary, and Related Agencies; Spessard L. Holland: Agriculture and Forestry — Agriculture and Related Agencies; John Stennis: Armed Services — Defense; John O. Pastore: Commerce — State, Justice, and Commerce, the Judiciary, and Related Agencies; Alan Bible: Interior and Insular Affairs — Interior and Related Agencies; Robert C. Byrd: Agriculture and Forestry — Agriculture and Related Agencies; Mike Mansfield: Foreign Relations — State, Justice, and Commerce, the Judiciary and Related Agencies; Ralph Yarborough: Post Office and Civil Service — Treasury and Post Office and Executive Office; Milton R. Young: Armed Services — Defense, Public Works — Public Works; Margaret Chase Smith: Armed Services — Defense; Roman L. Hruska: Judiciary — State, Justice, and Commerce, the Judiciary, and Related Agencies; Clifford P. Case: Foreign Relations — State, Justice, and Commerce, the Judiciary, and Related Agencies; J. Caleb Boggs: Agriculture and Forestry — Agriculture and Related Agencies, Post Office and Civil Service — Treasury and Post Office and Executive Office. 91th Cong., 1st Sess. Directory, sowie Auskunft des United States Senate, Committee on Appropriations.

118 Hinzu kommt noch ein Detail, das den Einfluß der Fachausschüsse im Senat auf das Senate Appropriations Committee über das schon gegebene Maß verstärkt: Je drei Mitglieder von acht Fachausschüssen des Senats (von insgesamt fünfzehn) gehören ex officio dem Bewilligungsausschuß im Senat an. Obwohl sie nicht stimmberechtigt sind, können sie also immerhin die von ihnen empfohlenen Gesetzgebungsprogramme im Appropriationsausschuß unterstützen. "Possibly, sometimes", beklagte sich ein Zeuge vor dem Joint Committee on the Organization of the Congress, "their presence

Es ist nur folgerichtig, daß das House Appropriations Committee, das sich als „guardian of the public purse" versteht und daher mit einer rigiden Budgetkontrolle eine ebenso strenge Finanzkontrolle verknüpft, dabei mit einer Finanzkontrollbehörde eng zusammenarbeitet, die sich als Hilfsorgan der Legislative versteht. Im übrigen wird diese Zusammenarbeit durch zwei Faktoren gefördert: Einmal ist der Bewilligungsausschuß im Repräsentantenhaus auf die Feststellungen des General Accounting Office angewiesen. „It is clear", meinte ein Ausschußmitglied zu bestimmten Feststellungen der Finanzkontrollbehörde, „that if GAO (General Accounting Office) had not come up with this, nothing would have happened"[119]. Und zum anderen sind diese Feststellungen eine verläßliche Grundlage für seine eigene Finanzkontrolle. „Congress feels", bemerkte hierzu der Vorsitzende eines Unterausschusses des House Appropriations Committee, „whenever it wants exact information, the cold facts without bias or prejudice, that type of information where the chips will fall where they may, we can always depend upon the reports and investigations and the invaluable help of the General Accounting Office"[120]. Dieses Vertrauen, das das House Appropriations Committee offenbar in die Tätigkeit der Finanzkontrollbehörde setzt, wird dadurch wesentlich gefördert, daß sich das General Accounting Office als legislatives Hilfsorgan versteht und vom Kongreß auch so verstanden wird. Das macht zum Beispiel der folgende Dialog zwischen einem Vertreter des Department of Defense und einem Mitglied des zuständigen appropriations subcommittee deutlich:

General *Gerrity*. This is not the first time we have come to a different position than the GAO (General Accounting Office), where there are matters of judgment involved, Mr. Chairman. In this case, we just do not agree with GAO.

Mr. *Flood*. GAO impresses us very much. *It is an agency that belongs to us and not the executive branch of the Government. This is our baby. We gave birth to it. We look upon it as a very favorite fair-haired boy in this investigation*[121].

---

makes it very difficult to cut down on the appropriation ... They are there to see that we do not cut it. I think we would be better off if we did not have any ex officio members serving on the Appropriations Committee." Joint Committee Hearings, a.a.O. (s. Anm. 2), S. 624. Vgl. auch S. 26, 1267 sowie Rule XVI, Rules of the Senate.

119 Hearings Before the Subcommittee of the House Committee on Appropriations, Department of Defense Appropriations for 1965, 88th Cong., 2d Sess. (1964), Teil 3, S. 18, im folgenden: Department of Defense Appropriations Hearings (House) for 1965.

120 Hearings Before the Subcommittee of the House Committee on Appropriations, Independent Offices Appropriations for 1958, 85th Cong., 1st Sess. (1957), Teil 1, S. 1930, im folgenden: Independent Offices Appropriations Hearings (House) for 1958.

121 Department of Defense Appropriations Hearings (House) for 1965, a.a.O., S. 82. Hervorhebung von mir.

Zweites Kapitel

Einflußnahmen auf den Prozeß der Finanzkontrolle

I. Das General Accounting Office: Einflußnahmen auf die Behörde

Eine Finanzkontrollbehörde, die sich als Hilfsorgan der Legislative betrachtet, muß mit dem Einfluß des Kongresses auf den Prozeß der Finanzkontrolle rechnen; sie wird auch geneigt sein, diesem Einfluß nachzugeben.

Während der *Durchführung* der Finanzkontrolle durch das General Accounting Office freilich ist die Behörde allem Anschein nach frei von irgendwelchem Druck, eine in Angriff genommene Untersuchung aufzugeben oder ihr eine andere Richtung zu geben[122]. Das liegt daran, daß sich (wie im einzelnen zu zeigen sein wird) Einflußnahmen auf den Prozeß der Finanzkontrolle schon auf die *Auswahl* der einzelnen Kontrollbereiche durch die Finanzkontrollbehörde konzentrieren: Zweckmäßigerweise werden bereits dort interessierte Gruppen ihnen mißliebige bzw. erwünschte Untersuchungen des General Accounting Office zu verhindern bzw. zu initiieren suchen, anstatt den viel schwierigeren Versuch zu unternehmen, erst dessen schon in Angriff genommene Untersuchungen zu blockieren bzw. in eine bestimmte Richtung zu weisen.

Bei dieser Auswahl der einzelnen Kontrollbereiche durch die Finanzkontrollbehörde steht die Behörde unter dem bestimmenden Einfluß der Kongreßausschüsse. Hierbei ist bemerkenswert, daß sich kein Fall gefunden hat, in dem das House Appropriations Committee einen solchen Einfluß ausgeübt hat. Das bestätigt jedoch nur dessen besondere Stellung in dem Verhältnis zwischen General Accounting Office und Kongreß: Einerseits dürfte dem Ausschuß jedenfalls in der Regel kaum daran gelegen sein, eine bestimmte Untersuchung durch die Finanzkontrollbehörde zu blockieren; das widerspräche seinem Selbstverständnis und seinem daraus herrührenden Interesse an einer rigorosen Finanzkontrolle. Andererseits dürften Versuche des Ausschusses, das General Accounting Office zu einer bestimmten Untersuchung zu bewegen, kaum nach außen zu Tage treten; das ist angesichts der beson-

[122] Allenfalls bitten die Mitarbeiter des House Appropriations Committee in den schon erwähnten Informationssitzungen mit Mitgliedern der Finanzkontrollbehörde darum, bestimmte vom General Accounting Office gerade in Angriff genommene Untersuchungen zu beschleunigen, weil deren Ergebnisse für die jährlichen appropriations hearings von Interesse sein könnten. Comptroller General Report 1967, S. 9.

ders engen Kontakte zwischen der Finanzkontrollbehörde und dem House Appropriations Committee wenig wahrscheinlich.

Angesichts seines umfangreichen Kontrollbereichs muß und darf sich das General Accounting Office auf selektive Prüfungen beschränken. Welche Verwaltungsbereiche die Behörde im einzelnen für ihre Kontrolle auswählt, ist von Gesetzes wegen ihrer freien Entscheidung überlassen[123].

Für diese Entscheidung hat das General Accounting Office bestimmte Prioritäten gesetzt, die wiederum auf bestimmte Eigenarten der einer Kontrolle unterliegenden Verwaltungsbereiche zurückgeführt werden können: Die Finanzkontrollbehörde unterzieht vorrangig solche Verwaltungsbereiche ihrer Prüfung, in denen beträchtliche Geldmittel ausgegeben werden, in denen neuartige Verwaltungsprogramme ausgeführt werden oder in denen sie schon früher auf grobe Verwaltungsmängel gestoßen war[124]. In Hinblick auf jene Verwaltungsbereiche also, die die Finanzkontrollbehörde unter diesen Gesichtspunkten zu untersuchen entscheidet, prägte der frühere Comptroller General Campbell eine durchaus zutreffende Formel, wenn er sagte: "... our program generally is our own program[125]."

Andererseits untersucht das General Accounting Office, wenn notwendig, auch unabhängig von den von ihm gesetzten Prioritäten bestimmte Verwaltungsbereiche vorrangig, wenn hierfür in den Kongreßausschüssen ein Interesse besteht[126]. Umgekehrt verzichtet die Finanzkontrollbehörde ebenfalls, wenn notwendig, ungeachtet der von ihr gesetzten Prioritäten, darauf, bestimmte Verwaltungsbereiche zu kontrollieren, wenn eine solche Untersuchung in Kongreßausschüssen auf Widerstand stoßen könnte. Angesichts dieses ausschlaggebenden Einflusses der Kongreßausschüsse also, unter dem die Finanzkontrollbehörde die von ihr zu kontrollierenden Verwaltungsbereiche auswählt, übertrieb der jetzige Assistant Comptroller General nicht, wenn er vor einem Unterausschuß des House Appropriations Committee sagte: "Our audit and accounting directors do not plan any of their programs without taking your needs and wants and the interests of all the congressional committees into consideration ...[127]"

[123] Budget and Accounting Procedures Act von 1950, 31 U.S.C. § 67 (a) (1964).

[124] Legislative Branch Appropriations Hearings (House) for 1965, a.a.O. (s. Anm. 78), S. 22—23; Joint Committee Hearings, a.a.O. (s. Anm. 2), S. 1371—72; Hearings Before the Subcommittee of the House Committee on Appropriations, Independent Offices Appropriations for 1967, 89th Cong., 2d Sess. (1966), S. 1058.

[125] Legislative Branch Appropriations Hearings (House) for 1965, a.a.O., S. 23.

[126] Siehe die in Anm. 124 zit. Hearings.

Beispiele hierfür sind der *Surveyor Project Fall*[128] und der *commissary stores-Fall*[129]:

1965 stellte das Subcommittee on NASA Oversight of the House Committee on Science and Astronautics nach einer Untersuchung kritisch fest[130], daß das Raumfahrtprojekt „Surveyor" als Folge seiner unzulänglichen Planung ungewöhnlich zahlreiche und grundlegende Änderungen erfahren habe: Da die damals entwickelte Atlas/Centaur Rakete, mit der das unbemannte Raumschiff „Surveyor" eine „weiche" Mondlandung vornehmen sollte, eine geringere Schubkraft aufzubringen vermochte als ursprünglich geplant, mußte das Gewicht des Raumschiffs und damit auch das Gewicht der in ihm installierten Forschungsinstrumente verschiedene Male schließlich um ein erhebliches Maß herabgesetzt werden.

Diese Feststellung verfolgte das General Accounting Office in einer Untersuchung über die wissenschaftliche Entwicklung der Forschungsinstrumente für den „Surveyor", „... because of the interest expressed in the Surveyor project, as indicated by the Subcommittee on NASA Oversight, Committee on Science and Astronautics, House of Representatives, which issued a report dated October 8, 1965, entitled Project Surveyor ..." Die Untersuchung ergab, daß die NASA nach wie vor an der Entwicklung bestimmter ursprünglich für den „Surveyor" gedachter Forschungsinstrumente festhielt, obwohl sie ihres insgesamt zu hohen Gewichts wegen nicht mehr installiert werden konnten.

Der Fall zeigt, daß sich die Finanzkontrollbehörde bei ihrer Auswahl der einzelnen Kontrollbereiche dem Interesse der Kongreßausschüsse an bestimmten Untersuchungen anpaßt. Das verlangt nicht (wenn es auch die Regel ist[131]), daß sich der Ausschuß gegenüber dem General Accounting Office ausdrücklich an einer solchen Untersuchung interessiert zeigt. Wenn vielmehr ein Kongreßausschuß anläßlich einer eigenen Kontrolle eines Verwaltungsbereichs eine kritische Haltung

---

127 Hearings Before the Subcommittee of the House Committee on Appropriations, Independent Offices Appropriations for 1962, 87th Cong., 1st Sess. (1961), Teil 1, S. 314.

128 *Comptroller General of the United States*, Review of Development of Certain Scientific Instruments for the Surveyor Project, B-158625 (1966).

129 *Ders.*, Failure to Curtail Operations at Government Expense of Military Commissary Stores in Continental United States Where Adequate Commercial Facilities are Available, B-146875 (1964).

130 *Subcommittee on Nasa Oversight of the House Committee on Science and Astronautics*, Project Surveyor, 89th Cong., 1st Sess. (Comm. Print, Serial J, 1965).

131 Siehe die in Anm. 124 zit. Hearings.

gegenüber dem dort geübten Verwaltungsgebaren an den Tag legt (unzulängliche Planung des Raumfahrtprojekts „Surveyor"), dann vermag allein dies die Finanzkontrollbehörde zu veranlassen, auf eigene Initiative Fragen weiter zu verfolgen, die bei der Kontrolle dieses Verwaltungsbereichs durch den Kongreßausschuß offen geblieben sind (sind für die Entwicklung jener Forschungsinstrumente die notwendigen Konsequenzen gezogen worden?).

Das zweite Beispiel ist der *commissary stores-Fall:* Das Department of Defense betreibt in der Nähe von militärischen Basen sog. commissary stores, in denen die Angehörigen der drei Waffengattungen (Heer, Luftwaffe und Marine), gleichgültig ob sie im aktiven Dienst stehen, der Reserve angehören oder Veteranen sind, Lebensmittel und Haushaltsartikel zu verbilligten Preisen erwerben können. Infolge dieses Kundenkreises waren 1963 269 dieser Läden mit einem Umsatz von insgesamt 730 Millionen Dollar in Betrieb und nahmen damit zu jenem Zeitpunkt unter den Einzelhändlern der Vereinigten Staaten den zwölften Rang ein[132].

Unter dem daher verständlichen Druck zahlreicher Einzelhandelsorganisationen mußte sich bereits im Jahr 1949 ein Unterausschuß des House Committee on Armed Services mit der Unterhaltung der commissary stores beschäftigen. Der Ausschuß weigerte sich jedoch, die commissary stores in größerem Umfang schließen zu lassen und dadurch ein für die Besoldung des Militärpersonals bedeutsames Privileg zu verkürzen. Der Ausschuß gab sich vielmehr mit einem vage formulierten Kompromißvorschlag des Assistant Secretary of the Navy zufrieden, wonach commissary stores nur dort aufgelöst werden sollten, wo die in diesen Läden angebotenen Waren auch anderenorts in „annehmbarer Entfernung" zu „annehmbaren Preisen" erworben werden konnten[133], beides Kriterien, die so eng ausgelegt werden konnten und ausgelegt wurden, daß kaum ein commissary store geschlossen werden mußte[134].

---

[132] *Subcommittee on Defense Procurement of the Joint Economic Committee,* Impact of Military Supply and Service Activities on the Economy, 88th Cong., 1st Sess. (Joint Comm. Print 1963), S. 16, im folgenden: Subcommittee on Defense Procurement Report.

[133] Hearings Before a Special Subcommittee of the House Committee on Armed Services, Resale Activities of the Armed Services, 81st Cong., 1st Sess. (1949), S. 3789, im folgenden: Resale Activities Hearings. Seit dem Defense Appropriations Act von 1954, § 624, 67 Stat 353, sind diese Kriterien gesetzlich fixiert.

[134] Diese Preise wurden dann als „nicht annehmbar" angesehen, wenn sie 20 % über dem Einkaufspreis lagen. Die 20 %-Spanne stützte sich indessen auf Durchschnittsdaten aus dem Jahr 1947. In den Jahren 1961/62 betrug die durchschnittliche Spanne zwischen Einkaufs- und Verkaufspreis 28 %. Der Comptroller General bemerkte dazu in seinem späteren Bericht: "The

Angesichts des Umfangs und der Art, in der commissary stores betrieben werden, mußte das Department of Defense zu deren Unterhaltung jährlich etwa 150 Millionen Dollar beitragen. Außerdem wendete das Department ungefähr 100 000 Dollar im Jahr allein dafür auf, festzustellen, ob etwa einige dieser Läden geschlossen werden müßten, weil dort angebotene Waren auch anderswo „in annehmbarer Entfernung" zu „annehmbaren Preisen" angeboten würden. Hinzu kam, daß in diesen Läden etwa 3000 aktiv dienende Angehörige der drei Waffengattungen beschäftigt wurden, wozu später ein Kongreßausschuß bemerkte: "We are not drafting men to be grocery clerks[135]."

Diese Umstände indessen ließ das General Accounting Office jedenfalls für die nächsten vierzehn Jahre unaufgehellt, die auf die Untersuchung durch den Unterausschuß des House Committee on Armed Services folgten. Angesichts des offenkundigen Widerstandes in diesem Ausschuß, die commissary stores in größerem Umfang schließen zu lassen, entschied die Behörde, deren Betrieb aus ihrer Kontrolle auszuklammern. Wie es einer ihrer Mitarbeiter ausdrückte, empfand man das Problem als „zu heiß", denn eine Untersuchung, so glaubte man, könnte zu einem Konflikt mit dem Kongreßausschuß führen, war es doch möglich, daß sie eine dort unerwünschte Schließung der commissary stores in größerem Umfang empfehlen müßte.

Im Jahre 1963 jedoch befaßte sich ein Unterausschuß des Joint Economic Committee erneut mit der Frage der Unterhaltung von commissary stores. Gleich bei Beginn seiner (nicht nur auf die commissary stores konzentrierten) Untersuchungen beauftragte er das General Accounting Office, den Betrieb der commissary stores zu untersuchen und dem Ausschuß hierüber zu berichten[136]. Die Finanzkontrollbehörde kam diesem Auftrag nach und legte einen Bericht vor, in dem sie die verschiedenen hier bereits skizzierten Umstände des Betriebs von commissary stores darstellte.

continued use of this obsolete markup factor of 20 percent ... virtually assures the continuance of commissary stores." Die Entfernungen wurden als „nicht annehmbar" angesehen, wenn sie mehr als 10 Minuten Fahrzeit von der Militärbase betrugen. 80 % der Kunden von commissary stores lebten jedoch außerhalb der Militärbasen, so daß die die Entfernung betreffende Richtlinie nur für die Bequemlichkeit vergleichsweise weniger Militärangehöriger relevant war. Der Comptroller General sagte dazu: "... even if prices at commercial stores were considered reasonable, commissary stores would then be available for the use of the comparatively large number of nonresident customers."

135 Hearings Before the Subcommittee on Defense Procurement of the Joint Economic Committee, Impact of Military Supply and Service Activities on the Economy, 88th Cong., 1st Sess. (1963), S. 66.

136 Subcommittee on Defense Procurement Report, a.a.O. (s. Anm. 132), S. 17.

Der Fall macht deutlich, daß sich die Finanzkontrollbehörde bei ihrer Auswahl der einzelnen Kontrollbereiche auch dem Widerstand der Kongreßausschüsse gegenüber bestimmten Untersuchungen fügt. Das setzt nicht voraus (es ist im Gegenteil eher unwahrscheinlich), daß sich der Ausschuß gegenüber dem General Accounting Office ausdrücklich gegen eine solche Untersuchung ausspricht. Wenn vielmehr ein Kongreßausschuß gelegentlich einer eigenen Kontrolle eines Verwaltungsbereichs aus seiner wohlwollenden Haltung gegenüber dem dort geübten Verwaltungsgebaren kein Hehl macht (die commissary stores sollen nicht in größerem Umfang geschlossen werden), dann kann allein das die Finanzkontrollbehörde daran hindern, auf eigenen Entschluß Fragen weiter zu verfolgen, die bei der Kontrolle dieses Verwaltungsbereichs durch den Kongreßausschuß offen geblieben sind (sind „annehmbarer Preis" und „annehmbare Entfernung" brauchbare Kriterien?). Dabei klammerte die Behörde einen Verwaltungsbereich selbst dann aus ihrer Kontrolle aus, wenn er nach den von ihr aufgestellten Richtlinien an sich hätte vorrangig kontrolliert werden müssen (das Department of Defense gibt für die commissary stores nicht unbeträchtliche Geldmittel aus).

Auf der anderen Seite fügt sich das General Accounting Office nur so lange dem Widerstand eines Kongreßausschusses gegenüber einer bestimmten Untersuchung, bis an eben dieser Untersuchung ein anderer Ausschuß Interesse zeigt, so daß die Finanzkontrollbehörde bei ihm gegenüber dem ersten Ausschuß Rückendeckung finden kann.

Die Bereitschaft des General Accounting Office, sich bei seiner Auswahl der einzelnen Kontrollbereiche dem Einfluß der Kongreßausschüsse zu fügen, ist dem Selbstverständnis der Behörde als Hilfsorgan der Legislative angepaßt: Diesen Funktionen entsprechend verzichtet sie darauf, neben dem Kongreß eine eigenständige politische Rolle dadurch zu spielen, daß sie sich bei der Auswahl der von ihr zu kontrollierenden Verwaltungsbereiche allein nach den von ihr gesetzten Leitlinien richtet, ohne hierbei auf den Kongreß Rücksicht zu nehmen.

II. Die Kongreßausschüsse: Einflußnahmen auf diese Gremien

Wenn sich bei der Auswahl der einzelnen Kontrollbereiche durch die Finanzkontrollbehörde die Behörde dem Einfluß der Kongreßausschüsse fügt, dann müssen sich auf sie mittelbar auch die Einflüsse auswirken, unter denen wiederum die einzelnen Kongreßausschüsse stehen. Hierbei ist wiederum bemerkenswert, daß sich kein Fall gefunden hat, in dem auf das House Appropriations Committee irgendwelche Einflüsse ausgeübt wurden, die sich der Finanzkontrollbehörde mitgeteilt hätten. Das unterstreicht jedoch nur die besondere Stellung dieses Ausschusses im Kongreß: Einmal ist er selbst weitgehend unberührt von den Einwirkungen der Interessentengruppen. Zum anderen steht er auch nicht unter der Einwirkung der Fachausschüsse, so daß die Interessentengruppen auch über diese kaum Einfluß auf ihn zu gewinnen vermögen[137].

Die Einflüsse, unter denen die Kongreßausschüsse stehen und die sich auf das General Accounting Office auswirken, sollen beispielhaft erläutert werden anhand des Parteieinflusses auf die einzelnen Ausschußmitglieder, der Lobby, die an der jeweiligen Tätigkeit der Ausschüsse interessiert ist, sowie der Klientel, die mit den Ausschüssen verbunden ist.

George B. Galloway und *Daniel M. Berman* haben die Gemeinsamkeiten und Unterschiede im jeweiligen Verhältnis der Lobby und Klientel gegenüber den Kongreßausschüssen umrissen: „Organized interest groups“, beschreibt *Galloway*[138] die Lobby und Klientel gemeinsamen Beziehungen zu den Ausschüssen und die ihnen gemeinschaftliche Wirkungsweise vor den Kongreßausschüssen, „... seek to influence the ... committees ... which are in a strategic position to weigh ... conflicting claims and to formulate legislative policy ... The ... committee is often used (by them) ... to expose and attack rival groups and practices ...“ Andererseits weist *Berman*[139] auf die der Klientel eigene und sie von der bloßen Lobby unterscheidende besonders enge Bindung an die Kongreßausschüsse und ihre daher gegenüber der normalen Lobby in der Regel effizientere Wirkungsweise vor den Ausschüssen hin: “Congressional committees ... have established an intimate clientele relationship *with the interest groups that dominate their sphere of activity.*“

Wie sich Bindungen und Wirkungsweise der Lobby und Klientel gegenüber den Kongreßausschüssen auf die Auswahl der einzelnen Kontrollbereiche durch die Finanzkontrollbehörde auswirken, zeigt der bereits geschilderte *commissary stores-Fall:*

Bei Beginn der Hearings durch den Unterausschuß des House Committee on Armed Services machte dessen Assistent deutlich, auf welche Weise der Ausschuß zu dieser Untersuchung bestimmt worden war: Unterstützt durch „ihren“ Kongreßabgeordneten[140] beabsichtigten die

---

137 Siehe dazu oben S. 85 ff.

138 a.a.O. (s. Anm. 63), S. 486—87.

139 In Congress Assembled (1964), S. 81. Hervorhebung von mir.

140 Siehe dazu folgenden Dialog in den Resale Activities Hearings, a.a.O. (s. Anm. 133), S. 3533:

Vertreter der Einzelhandelsorganisationen ihre Vorwürfe gegen die commissary stores vorzubringen. Auf der anderen Seite jedoch gedächten die Repräsentanten der drei Waffengattungen die Vorteile dieser Läden zu verteidigen:

"The committee is aware of the fact that serious criticism has been directed against these activities (der commissary stores) on the basis that they constitute unfair competition with private business.

More than 20 businessmen and representatives of retail organizations from 10 States and the District of Columbia have been scheduled as witnesses to explain those criticisms. The services are prepared to defend[141, 142]."

Die Einzelhandelsorganisationen vermochten sich jedoch mit ihrer Argumentation gegen die des Militärs nicht durchzusetzen. Die drei Waffengattungen waren der ständige Arbeitsbereich des House Committee on Armed Services; beide standen daher zueinander in dem erwähnten besonders engen Klientel-Ausschuß-Verhältnis, während die Einzelhandelsorganisationen zu dem House Committee on Armed Services in einem bloßen Lobby-Ausschuß-Verhältnis standen; mit Problemen des Einzelhandels hatte sich der Ausschuß nur augenblicklich zu befassen. Die Argumente des Militärs hatten also von vornherein ein ungleich größeres Gewicht als es die Einzelhandelsorganisationen mit ihren Darlegungen in die Waagschale zu werfen vermochten.

Die Weigerung des Ausschusses, die commissary stores in größerem Umfang schließen zu lassen, ist daher vor dem Hintergrund der Tatsache zu verstehen, daß die drei hiergegen opponierenden Waffengattungen vor diesem Ausschuß die Rolle der Klientel spielten. Klam-

---

Mr. *Philbin*. ...

I would like to recognize the gentleman from Texas, my esteemed colleague.

Mr. *Kilday*. Mr. Chairman, I appreciate the consideration you have given my constituents here. Of course, I am here more or less as a guest. I am not a member of the subcommittee, but I would like to say before these gentlemen testify that they are all very highly regarded and highly respected gentlemen from my district. I have known all of them for many years. I will vouch for anything they say.

141 Ebd.

142 Beide Parteien legten dann ihren Fall vor dem Ausschuß dar: Die commissary stores verkauften teilweise unter Großhandelspreis, der Wettbewerb mit ihnen sei verzerrt, weil sie keine Steuern zu zahlen brauchten, sie verkauften auch an andere als die zum Kaufen berechtigten Kunden, kurz: Einige Einzelhändler „have already approached the point where they are going to go out of business ...". Resale Activities Hearings, a.a.O., S. 3673. Die Einzelhandelsorganisationen forderten daher, die commissary stores in größerem Umfang zu schließen. Die Vertreter der drei Waffengattungen traten dem entgegen: Commissary stores machten den Dienst im Militär allgemein attraktiver, sie trügen zu freiwilligen Verlängerungen des Militärdienstes bei, sie stärkten die „Moral der Truppe", denn: "The days of a Spartanlike Army and Navy are things of the past." Resale Activities Hearings, a.a.O., S. 3729.

merte also wegen dieser Haltung des Ausschusses die Finanzkontrollbehörde die commissary stores aus ihrer Kontrolle aus, dann ist diese Entscheidung des General Accounting Office zumindest auch auf den Einfluß der Klientel im Rahmen der gegebenen Konstellation in dem Kräftefeld Lobby-Klientel-Ausschuß zurückzuführen.

Diese Konstellation änderte sich jedoch später. „Der Umstand", bemerkt *Ernst Fraenkel*[143], „daß die Ausschüsse des Kongresses zwar sämtlich die gleiche parteipolitische Mehrheit aufweisen, jedoch ihrer Interessengruppenbindung nach verschieden zusammengesetzt sind, ermöglicht es ihnen, sich gegenseitig zu hemmen und auszugleichen ..." Der *commissary stores-Fall* macht das in seiner weiteren Entwicklung deutlich.

Als nämlich ein Unterausschuß des Joint Economic Committee die Frage der Unterhaltung von commissary stores aufgriff, widmete sich ein Ausschuß diesem Problem, zu dessen wenn schon nicht ständigem, so doch vertrauten Arbeitsbereich der Einzelhandel als ein Segment der Privatwirtschaft gehört, während die für die Besoldung des Militärs bedeutsamen Privilegien nur hier und jetzt zu seinem Tätigkeitsbereich gehörten. Während die Militärs daher vor diesem Ausschuß von der Position einer Lobby her zu operieren hatten, befanden sich die Einzelhandelsorganisationen hier in der vergleichsweise einflußreicheren Position der Klientel. Daher konnten sie hier mit mehr Entgegenkommen rechnen als die Vertreter der drei Waffengattungen.

Die Entscheidung des Ausschusses, den Vorwürfen der Einzelhandelsorganisationen gegen die commissary stores im einzelnen nachzugehen und deswegen das General Accounting Office mit der Untersuchung dieser Läden zu beauftragen, ist daher in Zusammenhang mit der Tatsache zu sehen, daß die Einzelhandelsorganisationen in die Rolle einer Klientel hinübergewechselt waren. Unterzog jetzt der Aufforderung des Ausschusses entsprechend die Finanzkontrollbehörde die commissary stores ihrer Prüfung, so ist diese Untersuchung des General Accounting Office jedenfalls auch mit dem Einfluß der Klientel im Rahmen der diesmal anders gearteten Konstellation in dem Kräftefeld Lobby-Klientel-Ausschuß zu erklären.

Die Einflußnahmen auf die Kongreßausschüsse sollen außerdem anhand des Parteieinflusses auf die einzelnen Ausschußmitglieder gezeigt werden. Zwar ist die Parteizugehörigkeit der Kongreßmitglieder gegenüber ihren Bindungen an die verschiedenen Interessengruppen für ihr Verhalten nur von beschränkter Relevanz, doch läßt sich ... (nicht) übersehen, „daß ein Minimum von Partei-‚Treue' stets vorhanden war

---

143 a.a.O. (s. Anm. 40), S. 301. Siehe auch S. 307.

und das Verhalten zumindesten einiger Mitglieder des Kongresses beeinflußt hat und heute noch beeinflußt"[144].

Wie sich der Parteieneinfluß über die Mitglieder der Kongreßausschüsse auf die Auswahl der einzelnen Kontrollbereiche durch die Finanzkontrollbehörde auswirken kann, zeigt der *lobbying activities-Fall*[145].

1950 wurde das House Select Committee on Lobbying Activities, das nach seinem Vorsitzenden benannte Buchanan Committee, eingesetzt, um den gesamten Bereich der Einflußnahmen auf die Bundesgesetzgebung zu untersuchen, sowohl also die Einflußnahmen von privater Seite als auch die (möglicherweise von ihrer Klientel dazu ermutigt oder bestimmt) von seiten der Bundesbehörden. In diesem zweiten Bereich der Untersuchung konzentrierte sich das Buchanan Committee auf mögliche Verstöße gegen eine bestimmte Vorschrift des Bundesstrafrechts. Dieser Vorschrift zufolge dürfen die Angehörigen der Bundesverwaltung zwar im Kongreß ihre Forderungen zur Bundesgesetzgebung anmelden („through the proper official channels"), es ist ihnen jedoch verwehrt, diesen Forderungen unter Verwendung von Steuergeldern durch Werbeaktionen irgendwelcher Art Nachdruck zu verleihen, es sei denn natürlich, der Kongreß hätte sie hierzu in einem Appropriationsgesetz ermächtigt[146]. Vor diesem Hintergrund forderten zwei der insgesamt drei republikanischen Mitglieder des House Select Committee on Lobbying Activities[147], eine bestimmte Unternehmung

---

[144] *E. Fraenkel*, a.a.O., S. 340. Vgl. auch S. 59 ff.

[145] *Comptroller General of the United States*, Report of Investigation of Production and Marketing Administration Meeting, St. Paul, Minn., April 3 and 4, 1950 (1950), abgedruckt in: Legislative Activities of Executive Agencies Hearings, a.a.O. (s. Anm. 76), S. 84—100.

[146] Legislative Activities of Executive Agencies Hearings, a.a.O., S. 59—63. Die erwähnte Vorschrift lautet vollständig: No part of the money appropriated by any enactment of Congress shall, in the absence of express authorization by Congress, be used directly or indirectly to pay for any personal service, advertisement, telegram, telephone, letter, printed or written matter, or other device, intended or designed to influence in any manner a Member of Congress, to favor or oppose, by vote or otherwise, any legislation or appropriation by Congress, whether before or after the introduction of any bill or resolution proposing such legislation or appropriation; but this shall not prevent officers or employees of the United States or of its departments or agencies from communicating to Members of Congress on the request of any Member or to Congress, through the proper official channels, requests for legislation or appropriations which they deem necessary for the efficient conduct of the public business.

Whoever, being an officer or employee of the United States or of any department or agency thereof, violates or attempts to violate this section, shall be fined not more than $ 500 or imprisoned not more than one year, or both; and after notice and hearing by the superior officer vested with the power of removing him, shall be removed from office or employment. 18 U.S.C. § 1913 (1964).

des damaligen einer demokratischen Administration angehörenden Secretary of Agriculture, Charles F. Brannan, zu untersuchen. Brannan hatte an einer Farmertagung im Mittelwesten teilgenommen, die nach dem Verdacht der beiden Republikaner mit Steuergeldern finanziert worden sein sollte[148] und vor der Brannan ihrer Behauptung zufolge ein nach ihm benanntes Farm-Programm propagiert haben sollte. Der erklärte Zweck des Brannan-Planes war, den Farmern ein stabiles Einkommen zu garantieren. Das Programm sah in seinem Kern vor, die Produktionserlöse für Agrarprodukte dann zu schützen, wenn sie für einen gewissen Zeitraum unter die Stufe eines nach einer bestimmten Formel berechneten „angemessenen" Entgeltes gesunken waren. In diesem Fall würde den Farmern die Differenz zwischen dem tatsächlich erzielten Durchschnittserlös und dem als „angemessen" anerkannten Entgelt erstattet[149].

„As soon as the proposals were made public", schrieb der damalige Präsident Truman zu den Vorschlägen seines Secretary of Agriculture, „a great hue and cry was raised ..."[150] Die republikanische Partei warnte, der Brannan-Plan werde die Farmer reglementieren und in ihrer Freiheit beschränken[151]. „The program", sagte etwa ein Sprecher der republikanischen Partei, „will make the phrase 'creeping socialism' obsolete and overly conservative"[152].

Angesichts dieses heftigen Widerstandes der republikanischen Partei gegen den Brannan-Plan liegt die Vermutung nahe, daß der Wunsch der beiden republikanischen Mitglieder des Ausschusses, die näheren Umstände dieser Tagung in ihre Untersuchung einzubeziehen, von parteipolitischen Motiven getragen war. „I regret to see", bedauerte denn auch einer der demokratischen Mitglieder des Ausschusses[153], „that, apparently, the Republican members of this committee are seeking ... to inject into the investigation political matters or, at least, political overtones ..."[154]

147 Charles A. Halleck und Clarence J. Brown. Hearings Before the House Select Committee on Lobbying Activities, The Role of Lobbying in Representative Self-Government, Housing Lobby, 81st Cong., 2d Sess. (1950), Teil 2, S. 4—7, fortan: Housing Lobby Hearings. Vgl. dazu U.S. Congress (Hrsg.), Congressional Directory, 81st Cong., 2d Sess. (1950), S. 163—70, fortan: 81st Cong., 2d Sess. Directory.

148 Housing Lobby Hearings, a.a.O.

149 *H. S. Truman*, Years of Trial and Hope, Memoirs (1956), Bd. 2, S. 264—67.

150 a.a.O., S. 267.

151 Facts on File (1949), S. 116 k.

152 Ebd.

153 Henderson Lanham. Housing Lobby Hearings, a.a.O. (s. Anm. 147), S. 6. Vgl. dazu 81st Cong., 2d Sess. Directory, a.a.O. (s. Anm. 147).

154 Housing Lobby Hearings, a.a.O., S. 6.

Der demokratische[155] Ausschußvorsitzende gab indessen der Forderung seiner beiden republikanischen Kollegen nach, indem er das General Accounting Office mit der Untersuchung des Falles betraute.

Die Entscheidung des Buchanan Ausschusses, die Vorwürfe gegen Brannan im einzelnen zu prüfen und das General Accounting Office mit der Untersuchung der Farmer-Tagung zu beauftragen, ist daher als Resultat des auf eine solche Untersuchung gerichteten parteipolitisch akzentuierten Drucks zweier Mitglieder anzusehen. Die Untersuchung der Tagung durch die Finanzkontrollbehörde ist also auf Parteieinfluß, repräsentiert durch Mitglieder eines Kongreßausschusses, zurückzuführen.

Was also die *Auswahl* der einzelnen Kontrollbereiche durch die Finanzkontrollbehörde anlangt, so stehen die Kongreßausschüsse unter verschiedenen Einflüssen, die sich auf die Finanzkontrollbehörde auswirken; bei der *Auswertung* der Kontrollergebnisse durch die Kongreßausschüsse hingegen sind die Ausschüsse allem Anschein nach frei von irgendwelchen Pressionen, von der Behandlung eines General Accounting Office-Berichts Abstand zu nehmen: Interessierte Kreise werden ihnen ungelegene Untersuchungen des General Accounting Office bereits bei der Auswahl der Kontrollbereiche durch die Finanzkontrollbehörde zu verhindern suchen, anstatt den viel schwierigeren Versuch zu unternehmen, die Behandlung einer schon abgeschlossenen Untersuchung in den Kongreßausschüssen zu unterbinden.

Drittes Kapitel

Das Vorgehen im Prozeß der Finanzkontrolle

I. Das General Accounting Office: sein Vorgehen

Eine Finanzkontrollbehörde, die sich als Hilfsorgan der Legislative betrachtet, wird ihr Verhalten gegenüber dem Kongreß übereinstimmend mit diesem Selbstverständnis einzurichten versuchen. Tatsächlich bemüht sie sich, sowohl mögliche Konflikte mit dem Kongreß zu vermeiden als auch die Zusammenarbeit mit ihm möglichst intensiv und fruchtbar zu gestalten.

[155] 81st Cong., 2d Sess. Directory, a.a.O. Eine Ablehnung wäre auch wenig sinnvoll gewesen; denn die republikanischen Ausschußmitglieder allein hätten das General Accounting Office mit einer Untersuchung beauftragen können. Siehe dazu oben S. 64.

1. Das Bemühen um Selbstbeschränkung gegenüber Kongreß und Verwaltung

Das General Accounting Office bemüht sich angeblich, in den Wertungen, die es aus Anlaß seiner Kontrolle der verschiedenen Verwaltungsbereiche und -programme über das dort angetroffene Verwaltungsgebaren vornimmt, die Wertsetzungen nicht nur des Kongresses, sondern auch der Verwaltung nicht anzuzweifeln, die dieser Verwaltungsführung zugrundeliegen: „... we try", sagte der amtierende Assistant Comptroller General anläßlich der Hearings des Joint Committee on the Organization of the Congress, „to maintain a policy of not getting into policy matters. We feel that these matters are between the Congress and the executive branch, that Congress sets the major policies, and that these policies are then carried out by the executive branch and the various departments ..."[156] Beispiele zeigen jedoch, daß dieses Bemühen der Finanzkontrollbehörde um Selbstbeschränkung, sollte es, so weitgehend formuliert, überhaupt ernst gemeint gewesen sein, jedenfalls teilweise ohne Erfolg bleiben muß.

Der *employment services-Fall*[157] etwa macht deutlich, daß die Finanzkontrollbehörde auch bestimmte politische Wertsetzungen des Kongresses unter dem Gesichtspunkt einer möglichst wirtschaftlichen Verwaltungsführung in Zweifel zieht: Das Bureau of Employment Security im Department of Labor hat in den verschiedensten Programmen Erwerbslose zu schulen und umzuschulen und für sie Arbeitsplätze zu beschaffen. Diese Aufgaben erfüllt die Behörde heute auch dort, wo ihre Funktionen jedenfalls teilweise schon durch andere Institutionen, wie z. B. durch Schulen, Arbeitsorganisationen oder Gewerkschaften, ausgeübt werden oder bisher ausgeübt wurden. Das General Accounting Office hingegen mißbilligte diese Verwaltungspraxis und empfahl dem Secretary of Labor, die staatliche Arbeitslosenfürsorge auf solche Gebiete zu begrenzen, in denen diese Aufgabe nicht schon durch andere Institutionen „angemessen" wahrgenommen werde. Damit widersprach die Finanzkontrollbehörde jedoch nicht nur der Ansicht der zuständigen Verwaltungsbehörde, sondern auch der mehrerer Kongreßausschüsse. So hatte der für die Arbeitslosenfürsorge zuständige Fachausschuß im Senat (Subcommittee on Employment and Manpower of the Senate Committee on Labor and Public Welfare) nach einer Untersuchung unterstrichen, daß das Arbeitslosenproblem so komplex sei, daß ihm nur eine umfassende Arbeitslosenfürsorge (Schulung und Umschulung sowie Arbeitsplatzbeschaffung) gerecht werden könne, wofür aber wie-

---

156 Joint Committee Hearings, a.a.O. (s. Anm. 2), S. 1401.

157 *Comptroller General of the United States*, Unnecessary Costs to the Federal Government as a Result of Supplanting Existing Employment Services by Federally Financed Services, B-133182 (1964).

derum nur eine Verwaltungsbehörde Sorge tragen könne. Außerdem hatten die Bewilligungsausschüsse beider Häuser des Kongresses in ihren Hearings die verschiedenen Programme des Bureau of Employment Security und deren Durchführung stets gebilligt[158].

Zeigte dieser Fall, daß die Finanzkontrollbehörde auch mit den politischen Wertsetzungen des Kongresses in Konflikt gerät, so veranschaulichen andere Fälle, daß sie auch die politischen und gelegentlich die fachmännischen Wertsetzungen der Verwaltung unter dem Gesichtspunkt eines möglichst ökonomischen Verwaltungsgebarens in Frage stellt. Im *food-donation-Fall*[159] etwa hatte die Agency for International Development im Department of State der Vereinigten Arabischen Republik eine Weizenhilfe im Wert von nahezu 24 Mill. Dollar gewährt, um dort eine Hungersnot zu bekämpfen, die als Folge einer Mißernte drohen werde, wie von der VAR — fälschlich, so stellte sich später heraus — behauptet worden war. Das General Accounting Office warf der Behörde vor, versäumt zu haben, die Behauptungen der VAR auf ihren Wahrheitsgehalt zu prüfen. Demgegenüber vertrat das Department of State die Ansicht, daß die Weizenhilfe ungeachtet einer drohenden oder nicht drohenden Hungersnot gedacht und geeignet gewesen sei, die politischen Beziehungen zu der VAR zu verbessern. Und im *Mississippi River construction-Fall*[160] beispielsweise hatte das Corps of Engineers (Civil Functions) im Department of the Army Uferbefestigungen am unteren Mississippi einer ständigen Übung gemäß auch in regelmäßiger Überstundenarbeit ausgeführt und hierfür Überstundenlöhne von über einer halben Million Dollar aufgewandt. Das General Accounting Office lastete der Behörde an, die Befestigungsarbeiten nicht nur ausnahmsweise in Überstunden ausgeführt zu haben. Dementgegen vertrat die zuständige Lower Mississippi Valley Division des Corps of Engineers den Standpunkt, die Uferböschungen nur bei niedrigem Wasserstand befestigen zu können, wenn die Sicherheit der Arbeiter gewährleistet sein sollte. Da man wiederum nur während einer verhältnismäßig kurzen Zeit bei niedrigem Wasserstand arbeiten könne, sei regelmäßige Überstundenarbeit unvermeidlich.

Freilich sind Konflikte zwischen den Wertungen der Finanzkontrollbehörde und denen des Kongresses, so wie sie im *employment services-*

---

158 Hearings Before the Subcommittee of the House Committee on Appropriations, Department of Labor etc. Appropriations for 1966, 89th Cong., 1st Sess. (1965), S. 157—58, im folgenden: Department of Labor Appropriations Hearings (House) for 1966.

159 *Comptroller General of the United States*, Questionable Grant of Corn to the United Arab Republic Under Title II, Agricultural Trade Development and Assistance Act of 1954, B-146820 (1965).

160 *Ders.*, Opportunity for Savings by Reducing Overtime on Revetment Construction and Maintenance on the Lower Mississippi River, B-118634 (1966).

Fall zu Tage traten, selten: Versteht sich die Behörde als Hilfsorgan der Legislative, dann erfordert dies und erklärt zugleich, daß sie in den Beurteilungen, die sie bei ihrer Kontrolle der verschiedenen Verwaltungsbereiche und -programme über das dort angetroffene Verwaltungsgebaren vornimmt, die dieser Verwaltungsführung zugrundeliegenden Wertsetzungen des Kongresses grundsätzlich nicht unter dem Gesichtspunkt einer ökonomischen Verwaltungsführung in Frage stellt, kurz, daß sie keine Kontrolle der Verwaltung *gegen* den Kongreß vornimmt. In der Regel also bemüht sich das General Accounting Office mit Erfolg um Selbstbeschränkung gegenüber dem Kongreß. Im übrigen aber, das wird anhand des *employment services-Fall* noch zu zeigen sein[161], läuft die Behörde auch Gefahr, vom Kongreß nachdrücklich in die Grenzen ihrer erklärten Selbstbeschränkung verwiesen zu werden, sollte sie tatsächlich einmal die Wertsetzungen des Kongresses in Frage stellen.

Konflikte zwischen den Wertungen des General Accounting Office und denen der Verwaltung hingegen, so wie sie in den beiden anderen Fällen auftraten, sind üblich.

Der Grund hierfür ist, daß das Selbstverständnis der Behörde sie nicht zu derselben Zurückhaltung gegenüber der Verwaltung wie gegenüber dem Kongreß zwingt, ganz im Gegenteil: als Hilfsorgan der Legislative sieht sich die Finanzkontrollbehörde aufgerufen, in den Beurteilungen, die sie anläßlich ihrer Kontrolle der einzelnen Verwaltungsbereiche und -programme über das dort vorgefundene Verwaltungsgebaren vornimmt, die dieser Verwaltungsführung zugrundeliegenden Wertsetzungen der Verwaltung unter dem Blickwinkel einer möglichst wirtschaftlichen Verwaltungsführung grundsätzlich in Zweifel zu ziehen, kurz, eine rigorose Kontrolle der Verwaltung *für* den Kongreß durchzuführen. Demnach aber kann sich das General Accounting Office gar nicht mit Erfolg um Selbstbeschränkung gegenüber der Verwaltung bemühen. Im übrigen, das wird anhand des *food donation-Falles* und des *Mississippi River construction-Falles* später zu zeigen sein[162], läuft die Behörde auch kaum Gefahr, vom Kongreß in die Grenzen ihrer angeblichen Selbstbeschränkung verwiesen zu werden, wenn sie die Wertsetzungen der Verwaltung in Zweifel zieht.

Auf das Bemühen der Behörde um Selbstbeschränkung in dem für die Finanzkontrollbehörde jedenfalls zum Teil heiklen Bereich der möglichen Konflikte mit dem Kongreß und der Verwaltung bezog sich die Wendung des amtierenden Assistant Comptroller General: "We

---

161 Siehe unten S. 118 ff.

162 Siehe unten S. 119 ff.

try to maintain a policy of not getting into policy matters." Generalisiert man diese Wendung indessen, dann fragt man sich, ob sich das General Accounting Office nicht auch darum bemüht, in den Wertungen, die es anläßlich seiner Kontrolle der Verwendung von Bundeszuschüssen in den Einzelstaaten über das hierbei angetroffene einzelstaatliche Verwaltungsgebaren vornimmt, die Wertsetzungen der einzelstaatlichen Behörden nicht anzuzweifeln, die deren Verwaltungsgebaren zugrundelagen. Denn hier tut sich für die Finanzkontrollbehörde des Bundes ein im Vergleich zu den möglichen Konflikten mit dem Kongreß oder der Verwaltung nicht minder heikler Bereich der möglichen Konflikte mit den *Einzelstaaten* auf, angesichts deren ein Bemühen der Behörde um Selbstbeschränkung einleuchtend wäre: „Die mit der Wahrnehmung einer jeden Auftragsverwaltung notwendigerweise verbundene Kontrolle der einzelstaatlichen Exekutive durch den Bund", schreibt *Ernst Fraenkel*[163] in einem anderen, aber hier wegen des Gesichtspunktes der Kontrolle der einzelstaatlichen Exekutive durch den Bund relevanten Zusammenhang, „wäre ... in USA als unerträgliche Beeinträchtigung der ‚Souveränität' der Einzelstaaten empfunden worden und stößt auch in der Gegenwart auf einen fast unüberwindbaren Widerstand".

Dessen ungeachtet läßt es sich indessen die Finanzkontrollbehörde durchaus nicht angelegen sein, eine derartige Selbstbeschränkung zu üben. Zwar besteht dem amtierenden Assistant Comptroller General zufolge innerhalb der Behörde Klarheit darüber, daß sie sich hier in dem Bereich der möglichen Konflikte mit den Einzelstaaten bewegt: "There has been an emphasis on not interfering with the administration of these programs (erg. in denen Bundeszuschüsse vergeben werden) at the State level ...[164]" Aber dennoch hält sie es nicht für notwendig, die geschilderte Selbstbeschränkung zu üben, im Gegenteil: "In an effort to avoid undue interference, in the past I feel there was an underemphasis on the necessary fiscal ... controls ... For several years ... we have (been) trying to get a better grip for Congress, through the GOA (General Accounting Office) audit, on what is going on[165]."

Dementsprechend bemüht sich die Finanzkontrollbehörde, der von Gesetzes wegen grundsätzlich versagt ist, die Verwendung von Bundeszuschüssen in den Einzelstaaten zu kontrollieren[166], in zweiseitigen Vereinbarungen mit den Einzelstaaten eine solche Kontrollkompetenz zu begründen. Derartige Vereinbarungen sind beispielsweise in den

[163] a.a.O. (s. Anm. 40), S. 132.
[164] Joint Committee Hearings, a.a.O. (s. Anm. 2), S. 1401.
[165] Ebd.
[166] Siehe dazu oben Anm. 32.

Bereichen der highway programs, der slum clearance and urban renewal programs und der health, education and welfare programs geschlossen worden, für deren Durchführung die Einzelstaaten jeweils Bundeszuschüsse erhalten[167].

In dem letzten der genannten Bereiche etwa ist der *school-lunch program-Fall*[168] ein Beispiel dafür, wie die Finanzkontrollbehörde auf der Basis einer solchen Vereinbarung die Verwendung von Bundeszuschüssen in den Einzelstaaten kontrolliert. Zugleich zeigt er, wie die Behörde anläßlich dieser Kontrolle Wertungen über die hierbei vorgefundene einzelstaatliche Verwaltungsführung vornimmt, die unter dem Gesichtspunkt einer möglichst wirtschaftlichen Verwendung der Bundeszuschüsse Wertsetzungen der einzelstaatlichen Verwaltungsbehörde anzweifeln, die dieser Verwaltungsführung zugrundeliegen: Der Bund gewährt den Einzelstaaten einen Bundeszuschuß, in deren Schulen täglich ein Mittagessen an die Schüler ausgegeben wird. Anläßlich seiner Kontrolle der Verwendung dieses Bundeszuschusses mißbilligte das General Accounting Office insbesondere zwei Aspekte der einzelstaatlichen Verwaltungspraxis bei der Durchführung des school-lunch programs. Dabei implizierte es zugleich gegenüber der für die Vergabe dieses Bundeszuschusses zuständigen Bundesbehörde, dem Department of Agriculture, den Vorwurf, sie hätte die Verwendung dieses Bundeszuschusses durch die einzelstaatlichen Behörden nicht mit der nötigen Entschiedenheit beaufsichtigt: Die meisten Einzelstaaten gewährten allen ihren Schulen, in denen jenes Mittagessen ausgegeben werde, gleich hohe Zuschüsse (und damit gleich hohe Bundeszuschüsse), anstatt nach der verschiedenen Bedürftigkeit der gemeindlichen Schulträger zu differenzieren; und die Abfallverwertung, deren Erlöse wieder in das Programm zurückfließen (und damit die Bundeszuschüsse aufstocken) sollten, werde nicht gründlich genug gehandhabt. Gegenüber diesen beiden Feststellungen vertraten die betroffenen einzelstaatlichen Behörden den Standpunkt, daß eine derartige Differenzierung bzw. eine noch gründlichere Abfallverwertung für sie einen unangemessen hohen Verwaltungsaufwand mit sich bringen würde. Das Department of Agriculture verteidigte sich damit, daß es die einzelstaatlichen Verwaltungen mit der gebotenen Zurückhaltung zu beaufsichtigen habe.

Konflikte zwischen den Wertungen des General Accounting Office und denen der einzelstaatlichen Verwaltungsbehörden, so wie sie in dem *school-lunch program-Fall* zu Tage traten, sind üblich: Die Be-

[167] Statutory Restrictions Compilation, a.a.O. (s. Anm. 32), S. 4, 9, 31.

[168] *Comptroller General of the United States*, Student Lunch Payments in Computing Contributions to States Under National School Lunch Act, B-119054 (1954).

gründung hierfür ist wiederum, daß sich die Finanzkontrollbehörde nach ihrem Selbstverständnis nicht zu derselben Zurückhaltung gegenüber den einzelstaatlichen Verwaltungen wie gegenüber dem Kongreß genötigt sieht, im Gegenteil: als Hilfsorgan der Bundeslegislative fühlt sich das General Accounting Office eher berufen, in den Beurteilungen, die es bei der Kontrolle der Verwendung von Bundeszuschüssen in den Einzelstaaten über die hierbei vorgefundene einzelstaatliche Verwaltungspraxis vornimmt, die dieser Verwaltungsführung zugrundeliegenden Wertsetzungen der einzelstaatlichen Behörden unter dem Gesichtswinkel einer möglichst ökonomischen Verwendung dieser Bundesmittel grundsätzlich in Frage zu stellen, also eine rigorose Kontrolle der einzelstaatlichen Verwaltungen zugunsten der Bundeslegislative durchzuführen. Andererseits aber, das wird anhand des *school-lunch program-Falles* noch darzustellen sein[169], muß die Finanzkontrollbehörde damit rechnen, daß der Kongreß ihr eine gewisse Zurückhaltung gegenüber den einzelstaatlichen Verwaltungen nahelegt, sollte sie deren Wertsetzungen so weitgehend anzweifeln, daß diesen nur noch ein sehr eingeengter Ermessensbereich verbliebe.

2. Das Bemühen um Kooperation mit Kongreß und Verwaltung

Die Finanzkontrollbehörde bemüht sich intensiv um die Kooperation mit dem Kongreß. Dem gab sie insbesondere durch eine Ergänzung ihrer Organisationsform Ausdruck, als sie 1957 innerhalb der Behörde das sog. Office of Legislative Liaison einrichtete: „As a means of maintaining a closer relationship between our office and the Congress", sagte der amtierende Assistant Comptroller General gelegentlich der Hearings des Joint Committee on the Organization of the Congress, „... we established an Office of Legislative Liaison. Under this arrangement, members of the liaison staff are continuously in touch with the committees and individual Members"[170].

Das ist allerdings übertrieben. In den erwähnten Hearings jedenfalls beklagte sich eines der Ausschußmitglieder bitter über die mangelnde Kooperation zwischen Finanzkontrollbehörde und einem von ihm geleiteten Kongreßausschuß:

"In the 6 years I have been in Congress I have never received a call from the GAO (General Accounting Office). I am chairman of a subcommittee of the Science and Astronautics Committee which has handled billions of dollars of work, yet at no time has any member of GAO's staff indicated to me, even in a hearing, the ways in which GAO could be helpful. ... Much of our time as Members of Congress, ..., is spent on thinking about how we

[169] Siehe unten S. 120 f.

[170] Joint Committee Hearings, a.a.O. (s. Anm. 2), S. 1381; *Comptroller General of the United States*, Annual Report 1957 (1957), S. 9.

can ask the right questions. If GAO could take more of the initiative and point out what it can do, what it can supply — ask a member in a committee, 'Shouldn't we be looking into this; we understand you are interested in that?' — I think that the relationship would be better, and I believe the support and assistance that GAO could give to Congress would be greatly improved[171]."

Immerhin: gedacht ist es so, daß das Office of Legislative Liaison die Kongreßausschüsse über die laufenden Untersuchungen der Finanzkontrollbehörde informiert, das Interesse der Ausschüsse an bestimmten Untersuchungen registriert ebenso wie vermutlich auch deren Widerstand gegen bestimmte Untersuchungen der Behörde verzeichnet[172]. Denn: "The Office of Legislative Liaison has a twofold purpose. It is responsible for seeing that the committees of the Congress are kept advised of information generated through our operations which is germane to the ... oversight interests of the committees and for ascertaining the areas of interest of committees in order that such interests may be reflected in programs of the Office[173]."

Die Finanzkontrollbehörde bemüht sich indessen nicht minder intensiv um die Kooperation mit der Verwaltung. Sie strebt nämlich regelmäßig an, mit der betroffenen Verwaltungsbehörde ihre Einwendungen gegen deren Verwaltungsgebaren zu diskutieren und sie, wenn möglich, zu den entsprechenden Korrekturen zu bewegen, ohne sich hierfür der Hilfe des Kongresses bedienen zu müssen. Auf diese Weise aber vermag die Finanzkontrollbehörde zugleich die Zusammenarbeit mit dem Kongreß fruchtbarer zu gestalten; einmal kann sie dieser Kooperation den Bereich ihrer bedeutsameren, insbesondere streitigen Kontrollergebnisse vorbehalten, zum anderen kann sie dem Kongreß auch über die zustimmenden oder ablehnenden Ansichten der betroffenen Verwaltungsbehörde berichten: "It gives the congressional committee a complete story of the pros and the cons in the report[174]."

Dementsprechend berichtet das General Accounting Office dem Kongreß erst gar nicht über die weniger signifikanten und im übrigen unstreitigen Kontrollergebnisse. Denn: "... we don't want to flood the congressional committees with so many reports that they can't read them[175]." Die Finanzkontrollbehörde sendet vielmehr etwa die doppelte

---

[171] Joint Committee Hearings, a.a.O., S. 1396—97.

[172] Siehe dazu *Comptroller General of the United States*, Annual Report 1958 (1958), S. 13.

[173] Joint Comittee Hearings, a.a.O., S. 1381.

[174] Hearings Before a Subcommittee of the House Committee on Government Operations, Comptroller General Reports to Congress on Audits of Defense Contracts, 89th Cong., 1st Sess. (1965), S. 141, im folgenden: Comptroller General Reports Hearings.

[175] Joint Committee Hearings, a.a.O., S. 1393.

Zahl ihrer Berichte an den Kongreß (im Jahr 1967 beispielsweise 331)[176] unmittelbar an die jeweils betroffenen Verwaltungsbehörden (im Jahr 1967 625)[177], die die notwendigen Korrekturen in ihrer Verwaltungsführung vornehmen, ohne daß die Kongreßmitglieder jene Berichte jemals zu Gesicht bekämen.

Diese Praxis der Finanzkontrollbehörde begegnet innerhalb des Kongresses keinerlei Mißtrauen, daß das General Accounting Office im Einverständnis mit der Verwaltung etwa schwerwiegende Mißstände verdecken könnte, im Gegenteil: „... it is not necessary for the GAO (General Accounting Office)", heißt es in einem Bericht eines Unterausschusses des House Committee on Government Operations, „to persuade the Congress of its industry ... by piling up reports on bits and pieces of governmental activities"[178]. Hier wirkt sich offenbar aus, daß die Finanzkontrollbehörde, wie anhand des *commissary stores-Fall* geschildert[179], ihrem Selbstverständnis als Hilfsorgan der Legislative entsprechend nicht versucht, eine eigenständige politische Rolle zu spielen: sie verfügt im Kongreß über genügend Vertrauenskapital, um dort nicht den Verdacht einer Kollusion mit der Verwaltung aufkommen zu lassen.

Aber auch über die bedeutsameren, insbesondere streitigen Kontrollergebnisse berichtet die Finanzkontrollbehörde dem Kongreß erst, nachdem sie die Entwürfe ihrer Berichte zunächst den betroffenen Verwaltungsbehörden vorgelegt, mit ihnen diskutiert und möglicherweise revidiert, sie zu den etwa notwendigen Verbesserungen in ihrer Verwaltungsführung zu bewegen versucht und das positive oder negative Ergebnis dieser Verhandlungen mit den Verwaltungsbehörden in den endgültigen Bericht an den Kongreß aufgenommen hat.

Auch mit dieser Praxis befindet sich das General Accounting Office generell im Einklang mit dem Kongreß; verschiedentlich allerdings ist diese Praxis dort auch auf Unbehagen gestoßen. In den Hearings eines Unterausschusses des House Committee on Government Operations etwa ließ ein Ausschußmitglied dem damaligen Comptroller General Campbell gegenüber die Befürchtung anklingen, die Finanzkontrollbehörde könnte in die Kontrollprärogative des Kongresses eindringen, indem sie auf Grund der Entwürfe ihrer Kontrollberichte Verbesserungen in der Verwaltungsführung der betroffenen Behörde durchsetze, ohne dazu vorher den Kongreß zu konsultieren:

---

[176] Siehe oben S. 65.

[177] Comptroller General Report 1967, a.a.O. (s. Anm. 30), S. 2.

[178] *House Committee on Government Operations*, Defense Contract Audits, H. R. Rep. No. 1344, 89th Cong., 2d Sess. (1966), S. 5.

[179] Siehe oben S. 92 ff.

Mr. *Roback.* Mr. Campbell, let us discuss for a moment the draft reports.

... Now, it is a fact, is it not, that many recommendations are effected through draft reports without necessarily coming to the Congress, or at least the actions are taken before the Congress knows about it.

Mr. *Campbell.* Yes, sir.

Mr. *Roback.* Do you construe your authority, and there has been legislative history or other indications by the Congress to that effect, that you can call deficiencies and excesses to the attention of an agency without necessarily reporting in the first instance to the Congress?

Mr. *Campbell.* That is correct.

Mr. *Roback.* Now, the question then is, do you make recommendations which in effect you try to enforce through your own authority?

... In other words, you become a self-enforcing agency for recommendations and then report those to the Congress which you do not have any success with.

Mr. *Campbell.* I do not know any occasion where we have attempted to enforce our recommendations on an agency. I do not think we have that authority.

Mr. *Roback.* Well, you are enforcing recommendations on an agency all the time, are you not? At least you are trying to get agencies to comply.

Mr. *Campbell.* Yes, sir. Oh, yes, we are trying to get them to comply. But I do not think that we can make them comply.

Mr. *Roback.* And when an agency does not comply, then you take steps to report that to the Congress, would you say?

Mr. *Campbell.* We would report whether they complied or not, yes.

Mr. *Roback.* I mean, if they complied, you would report it, and if they did not you would also, but in any case there would be many preliminary attempts on the part of the General Accounting Office to get its recommendations effected on its own initiative and on the basis of the recommendations as made by itself without necessarily going through a process of congressional review of approval as to the validity of the recommendations.

Mr. *Campbell.* I think that is a fair statement; yes, sir.

Mr. *Roback.* You feel that you have delegated authority from the Congress to make and try to get compliance with recommendations?

Mr. *Campbell.* Yes, sir[180].

Das Unbehagen des Kongresses gegenüber der Praxis der Finanzkontrollbehörde, auf Grund der Entwürfe ihrer Berichte zu versuchen, gegenüber der betroffenen Verwaltungsbehörde die etwa erforderlichen Verbesserungen in deren Verwaltungsführung durchzusetzen, ist jedoch, soweit ersichtlich, nur dieses eine Mal in der Befürchtung angeklungen, das General Accounting Office könnte danach trachten, die Kontrollfunktion des Kongresses zu usurpieren. Ganz abgesehen davon, daß sich, wie noch zu zeigen sein wird[181], die betroffenen Ver-

---

[180] Comptroller General Reports Hearings, a.a.O. (s. Anm. 174), S. 138—39.

[181] Siehe unten S. 116 ff.

waltungsbehörden gegen die Forderungen der Finanzkontrollbehörde zu wehren wissen, so daß die Kongreßausschüsse hier ohnehin das letzte Wort zu sprechen haben, geht der Kongreß in der Regel davon aus, daß das General Accounting Office seinem Selbstverständnis als Hilfsorgan der Legislative gemäß keine eigenständige Finanzkontrolle betreibt, sondern in Einklang mit den Intentionen des Kongresses gleichsam in arbeitsteiligem Zusammenwirken *dessen* Finanzkontrolle ausübt; auch darauf wird noch einzugehen sein[182].

Öfter jedoch zielt das verschiedentlich geäußerte Unbehagen des Kongresses gegenüber der geschilderten Praxis der Finanzkontrollbehörde auf einen anderen Aspekt ab: In der Sitzung eines Unterausschusses des House Appropriations Committee gab ein Mitglied des Ausschusses dem Comptroller General gegenüber die mehrmals geäußerte Besorgnis wieder, jene Praxis sei der „Wahrheitsfindung" durch die Ausschüsse nicht gerade förderlich:

Mr. *Steed*. I heard some discussion of the fact that in certain types of investigations where you have prepared a report on a given agency and its activities, especially of a critical nature, you first submit that to the agency for its comment before it comes to the Congress.

...

Some have felt that in certain cases that gives the agency a prior warning, and by the time the subcommittees get the reports the agency is at an advantage it would not have if it did not have access to your report before the committee did.

...

... it has been reported to be a handicap to the subcommittees in trying to get the root of things if an agency had had an opportunity to cover its tracks, so to speak, before the matter is brought up[183].

Dem hielt der Comptroller General sogleich entgegen, daß es um die „Wahrheitsfindung" durch die Kongreßausschüsse weit schlechter bestellt sein werde, wenn die Finanzkontrollbehörde von dieser Praxis abgehe. Dann nämlich würden sich die Vertreter der betroffenen Verwaltungsbehörden vor den Ausschüssen darauf berufen können, nichts von den Kontrollergebnissen der Finanzkontrollbehörde zu wissen und daher nicht auf sie antworten zu können. „‚We don't know what you are talking about'", nahm der Comptroller General deren vermutliche Antwort auf Vorhalte aus seinen Berichten vorweg, „‚We haven't heard about that'"[184]. Habe die Kontrolle im übrigen auf Ersuchen eines Kongreßausschusses stattgefunden, dann würden deren Ergebnisse ohnehin nicht der betroffenen Verwaltungsbehörde mitgeteilt[185].

---

[182] Siehe unten S. 112 ff.

[183] Legislative Branch Appropriations Hearings (House) for 1965, a.a.O. (s. Anm. 78), S. 18.

[184] Dies., a.a.O., S. 47.

[185] Dies., a.a.O., S. 18.

Besonders aber richtet sich die hier und da laut gewordene Unzufriedenheit des Kongresses mit jener Praxis des General Accounting Office auf einen anderen Gesichtspunkt. In einem Bericht des House Committee on Government Operations über die Tätigkeit der Finanzkontrollbehörde wurde besonders hervorgehoben, daß infolge der Praxis des General Accounting Office, die Entwürfe seiner Berichte zunächst an die betroffenen Verwaltungsbehörden zu senden, sie mit ihnen zu diskutieren und möglicherweise daraufhin wieder zu revidieren, die Zustellung der endgültigen Berichte an den Kongreß und damit deren Auswertung durch dessen Ausschüsse unerträglich verzögert werde[186].

Die Finanzkontrollbehörde versucht dieser unerwünschten Nebenfolge ihres Bemühens um Kooperation mit der Verwaltung entgegenzuwirken. Im *India report-Fall*[187] beispielsweise hatte das General Accounting Office im Januar 1959 der International Cooperation Administration (heute: Agency for International Development) im Department of State den Entwurf ihres Berichts über die von dieser Behörde gelenkte Auslandshilfe an Indien vorgelegt. Vier Monate später hatte die Verwaltungsbehörde auf den ihr in Entwurfsform vorliegenden Bericht des General Accounting Office noch immer nicht geantwortet. Die Finanzkontrollbehörde entschied daraufhin, auf die Antwort der International Cooperation Administration nicht länger zu warten, sondern dem Bericht die endgültige Form zu geben und ihn dem Kongreß zu übermitteln. Im übrigen aber führte sie, wie anhand dieses Falles im einzelnen noch zu zeigen sein wird[188], vor dem zuständigen Unterausschuß des House Appropriations Committee beredte Klage über die mangelnde Bereitschaft der International Cooperation Administration, mit ihr zusammenzuarbeiten.

186 *House Committee on Government Operations*, The General Accounting Office, H. R. Rep. No. 2264, 84th Cong., 2d Sess. (1956), S. 3: "... reports issued by the General Accounting Office ... seem to indicate that too much consideration may have been given to revisions of draft reports in response to the views of the agencies before reports are issued and transmitted to the Congress." Im folgenden: General Accounting Office Report. Vgl. auch Comptroller General Reports Hearings, a.a.O. (s. Anm. 174), S. 140—41.

187 *Comptroller General of the United States*, Economic and Technical Assistance Program: India (1955—59), 114845 (1959); Hearings Before the Subcommittee of the House Committee on Appropriations, Mutual Security Appropriations for 1960, 86th Cong., 1st Sess. (1959), S. 230, im folgenden: Mutual Security Appropriations Hearings (House) for 1960.

188 Siehe unten S. 115 f.

II. Das House Appropriations Committee: sein Vorgehen

Ein Kongreßausschuß, der sich als „guardian of the taxpayer's money" versteht und aus diesem Grund mit einer rigorosen Budgetkontrolle eine ebenso strenge Finanzkontrolle verknüpft, wird entsprechend diesem Selbstverständnis die Finanzkontrollbehörde gegenüber der Verwaltung unterstützen und damit auch die eigene Finanzkontrolle stärken. Denn eine Finanzkontrollbehörde, deren Position gegenüber der Verwaltung besonders gefestigt ist, wird dem Ausschuß bei dessen Finanzkontrolle um so wirksamer behilflich sein können. Tatsächlich unterstützt das House Appropriations Committee das General Accounting Office in drei Richtungen: indem es der Finanzkontrollbehörde bei ihrem Bemühen um Zusammenarbeit mit der Verwaltung zur Seite steht, indem es umgekehrt die jeweils betroffenen Verwaltungsbehörden bei ihren Meinungsverschiedenheiten mit dem General Accounting Office in einem im großen und ganzen nur sehr geringen Maß unterstützt, und schließlich und hauptsächlich, indem es die Berichte der Finanzkontrollbehörde regelmäßig zum Gegenstand seiner Budgetberatungen macht.

1. Die Unterstützung der Finanzkontrollbehörde gegenüber der Verwaltung

Angesichts des umfangreichen Bereichs der Verwaltungs- und Wirtschaftsführung des Bundes, den das House Appropriations Committee anläßlich der Budgetberatungen seiner Finanzkontrolle unterwirft[189], muß der Ausschuß diese Aufgabe an das General Accounting Office als das Hilfsorgan des Kongresses und insbesondere dieses Ausschusses teilweise delegieren können. Der Ausschuß ist aus diesem Grund daran interessiert, daß die Finanzkontrollbehörde in Übereinstimmung mit dem jeweiligen Konzept des Kongresses, so wie es zum Beispiel in den appropriations acts, vor allem aber in den Ausschußsitzungen und Ausschußberichten niedergelegt worden ist, gegenüber der jeweils betroffenen Verwaltungsbehörde die etwa erforderlichen Verbesserungen in deren Verwaltungsführung durchzusetzen sucht, ohne hierfür stets nach der Hilfe des Kongresses und insbesondere dieses Ausschusses rufen zu müssen. Dem Ausschuß ist also an einer wohl funktionierenden Kooperation zwischen General Accounting Office und Verwaltung gelegen. Er unterstützt daher energisch die Finanzkontrollbehörde in ihrem auf diese Zusammenarbeit gerichteten Bemühen.

Vor diesem Hintergrund sind Fragen wie die eines Mitgliedes des House Appropriations Committee an den vor einem seiner Unteraus-

[189] Insofern wird der Bereich der Finanzkontrolle durch den der Budgetkontrolle bestimmt.

schüsse erschienenen Repräsentanten des Department of the Army zu verstehen: "Do you have a satisfactory working relationship with the General Accounting Office?[190]"

Die Antwort auf diese Frage: "Yes, sir; we have had a very excellent relationship, ... We find that their recommendations are helpful[191]", darf man nicht als bloßes Lippenbekenntnis verstehen, vorgebracht, um den Bewilligungsausschuß für das Department geneigt zu machen. Sie drückt vielmehr die allgemein vorherrschende Konstellation in der Zusammenarbeit zwischen Finanzkontrollbehörde und Verwaltung aus, was selbst von Mitgliedern des House Appropriations Committee oder auch vom Comptroller General bestätigt wird: „In the vast majority of the cases ...", meinte der Vorsitzende eines Unterausschusses des House Appropriations Committee, „in 85 or 90 percent of the criticisms that the General Accounting Office has made, the agencies will say 'I think they have something. The point is well taken'"[192]. Oder: „In fairness to the great number of agencies in Government," unterstrich der frühere Comptroller General Campbell, „my experience has been that we have received full cooperation[193]".

Es wäre verfehlt, diese im großen und ganzen gedeihliche Zusammenarbeit der Verwaltung mit der Finanzkontrollbehörde allein dem entsprechenden Druck des Kongresses und insbesondere des House Appropriations Committee zuzuschreiben. Das den Spitzen der Verwaltungsbehörde generell eigene Bemühen um effiziente und zugleich wirtschaftliche Verwaltungsführung und damit um eine auf dieses

---

190 Hearings Before the Subcommittee of the House Committee on Appropriations, Department of the Army Appropriations for 1958, 85th Cong., 1st Sess. (1957), S. 33, im folgenden: Department of the Army Appropriations Hearings (House) for 1958. In diesen Zusammenhang sind auch zwei Reformvorschläge des Joint Committee on the Organization of Congress zu stellen, wonach das Bureau of the Budget ebenso wie die einzelne Verwaltungsbehörde ihren Budgetvoranschlägen und -rechtfertigungen Berichte anfügen sollen, in denen über ihre Verbesserungen in der Verwaltungsführung auf der Grundlage der General Accounting Office-Kontrollen berichtet wird. *Joint Committee on the Organization of the Congress*, Organization of Congress, Second Interim Report, S. Rep. No. 948, 89th Cong., 2d Sess. (1966), S. 19; Joint Committee Final Report, a.a.O. (s. Anm. 105), S. 35. Vgl. dazu auch oben Anm. 29.

191 Department of the Army Appropriations Hearings (House) for 1958, a.a.O., S. 33—34. Das volle Zitat lautet: "As you know, in our normal procedure we work with them during the processing of their reports. We review the drafts. Our people sit down with them and discuss the various aspects of their findings. We then initiate necessary corrective action with which they are familiar and it is a day-by-day working relationship which, I think, is moving in the right direction and in conformance with the intention of their mission."

192 Independent Offices Appropriations Hearings (House) for 1958, a.a.O. (s. Anm. 120), S. 1931.

193 Mutual Security Appropriations Hearings (House) for 1960, a.a.O. (s. Anm. 187), S. 212.

Ziel gerichtete Zusammenarbeit mit der Finanzkontrollbehörde ist nämlich auf zwei grundverschiedene Motivationen zurückzuführen: einmal tatsächlich auf einen außerhalb der Behörde initiierten Druck wie den der Zentralbehörde (Bureau of the Budget), interessierter Gruppen (die Klientel der Behörde) oder eben der Legislative (etwa seitens des House Appropriations Committee), zum anderen aber auf das persönliche Interesse der Behördenspitzen an einer effizienten und zugleich ökonomischen Verwaltungsführung, die für ihre Autorität innerhalb und außerhalb ihrer Behörde von ausschlaggebender Bedeutung ist[194]. Aus diesem Blickwinkel gesehen, liegt es für die Spitzen der vom General Accounting Office kontrollierten Verwaltungsbehörden näher, sich aus eigenem Interesse mit ihm in dem Ziel der effizienten und zugleich wirtschaftlichen Verwaltungsführung zu verbünden, als ihm gegenüber grundsätzlich in inkooperativer Gegnerschaft zu verharren. „After all", gab dem ein Repräsentant einer Verwaltungsbehörde vor einem Unterausschuß des House Appropriations Committee Ausdruck, „the General Accounting Office should be looked at as a management tool of government and we should use the General Accounting Office to help us rather than to get into war with the General Accounting Office"[195].

Ein gutes Beispiel für eine solche Haltung bietet der frühere Secretary of Defense Robert S. McNamara, „the managerial type par excellance"[196], der nach seinem eigenen Urteil[197], aber auch nach dem der Finanzkontrollbehörde[198] mit ihr außergewöhnlich gut kooperierte. Er ging in die-

---

[194] Vgl. dazu *A. Downs*, Inside Bureaucracy (1967), S. 139.

[195] Hearings Before the Subcommittee of the House Committee on Appropriations, Independent Offices Appropriations for 1967, 89th Cong., 2d Sess. (1966), Teil 1, S. 1322.

[196] *N. Sheehan*, You Don't Know Where Johnson Ends And McNamara Begins, The New York Times Magazine, October 22, 1967, S. 29 ff. (S. 30).

[197] In den Hearings Before the Senate Committee on Appropriations on H. R. 9033, 87th Cong., 1st Sess. (1961), S. 148 bemerkte McNamara hierzu: "To improve the administration of the program, I have given major weight to past criticisms by the Congress, to the reports of the General Accounting Office and to our own internal audits. As a result of my study of these findings — which have aided me greatly in informing myself about the program — I have taken certain specific actions since coming into office. Not all of these wholly new, but in total they represent, I think, a significant emphasis.

I have directed that clear, prompt, and positive remedial action should be taken on every GAO report and that all Department of Defense personnel, both in Washington and in the field, should give every possible cooperation to representatives of the Comptroller General preparing these reports. I have myself reviewed GAO reports sent to the Department of Defense in the last year."

[198] In den Comptroller General Reports Hearings, a.a.O. (s. Anm. 174), S. 140 sagte der Vertreter des General Accounting Office: "When Secretary McNamara came in, that was the story, we had some draft reports which

ser Zusammenarbeit so weit, daß zugleich deren Grenzen offenbar wurden: Als er die Finanzkontrollbehörde ersuchte, das cost reduction program des Defense Department aufbauen zu helfen, lehnte der Comptroller General dieses Ersuchen in Hinblick auf seine Funktion als legislatives Hilfsorgan ab[199].

Dort jedoch, wo sich die Verwaltungsbehörde nur zögernd zur Kooperation mit dem General Accounting Office bereit findet, gerät sie unter den entschiedenen Druck des House Appropriations Committee. In dem schon geschilderten *India report-Fall*[200] beispielsweise rief die Finanzkontrollbehörde den zuständigen Unterausschuß des House Appropriations Committee an und wies darauf hin, daß sie nicht länger auf die immer noch ausstehende Antwort der International Cooperation Administration auf den ihr in Entwurfsform zugesandten Bericht warten könne, sondern den Bericht fertigstellen und an den Kongreß übersenden werde. Das, so vergaß sie nicht hinzuzufügen, mindere natürlich seinen Informationswert für die interessierten Kongreßausschüsse, da der Bericht die Ansicht der Verwaltungsbehörde nicht wiedergeben könne[201].

Die zum Teil schonungslosen Bemerkungen, mit denen auf diese Beschwerde hin verschiedene Mitglieder des Ausschusses die Vertreter der International Cooperation Administration bedachten, werfen ein bezeichnendes Licht auf die energische Unterstützung, mit der das House Appropriations Committee der Finanzkontrollbehörde bei ihrem Bemühen um Zusammenarbeit mit der Verwaltung zur Seite steht:

---

were as much as 18 months to 2 years old. Upon his taking office he reviewed 80 or 90 of our reports and requested an audience as to how we operated."

199 In den Hearings Before the Subcommittee of the Senate Committee on Appropriations and the Senate Committee on Armed Services on H. R. 10939, 88th Cong., 2d Sess. (1964), Teil 1, S. 229 berichtete McNamara hierüber: "... we asked the Comptroller General to audit this whole program for us. He has met with us roughly once a quarter in the last 2 or 3 years, along with some others with whom we have discussed our cost-reduction program in order to obtain their advice and counsel. *He thought,* and I presume he was correct, *that it would be inappropriate for him to take on this function,* since it was not part of his charter." Hervorhebung von mir.

200 Siehe oben S. 111.

201 Mutual Security Appropriations Hearings (House) for 1960, a.a.O. (s. Anm. 187), S. 220. "This whole business of dealing with them on comments and on our report has been unsatisfactory. In some instances it has run 6 months. ... It has not been a good operation. We have reached the point on India now where I have requested my staff to go ahead and finalize it and send it out. We will simply have to say in the report we could not wait for the agency's comments. We do not like to do that because we think a report which contains their reactions and views is much more valuable to any of the committees of Congress than it would be without. On the other hand, we are faced with the problem of time, and we cannot let these reports lie around. That is our problem."

Mr. *Gary*. If the average business firm took as much time in assembling information on its audits, a lot of times their officials would be sent to the penitentiary before their explanations were made; is that correct?

...

... I feel you should cooperate with them to the greatest possible extent in trying to get these comments back to them in time to enable them to publish their reports within a reasonable length of time.

Mr. *Passman*. The Defense Department, which is the largest Department of Government, gives General Accounting Office cooperation across the board. Even the Defense Department requires only an average of 6 weeks to get its comments back on an audit report.

Mr. *Taber*. I just do not understand why it takes you so long to make your statements to the General Accounting Office. It seems to me that if you had a check on these people and what was going on in these countries that you could make the answers almost right away[202].

Dabei spielt für die Entschiedenheit der Unterstützung eine wesentliche Rolle, daß das General Accounting Office als Hilfsorgan des Kongresses verstanden wird. In einem dem *India report-Fall* gleich gelagerten Fall bemerkte ein Mitglied des zuständigen Unterausschusses des House Appropriations Committee zu der mangelnden Zusammenarbeit des Department of State mit dem General Accounting Office:

"Such indifference on the part of anyone cannot be tolerated. The General Accounting Office is an arm of the Congress, established to safeguard and to protect the expenditure of funds, and I trust that some action will be taken in the State Department from a very high level to see that such does not occur again[203]."

2. Die Unterstützung der Verwaltung gegenüber der Finanzkontrollbehörde

Aus Anlaß der Versuche der Finanzkontrollbehörde, gegenüber der von ihr kontrollierten Verwaltungsbehörde die etwa notwendigen Verbesserungen in deren Verwaltungsführung durchzusetzen, muß es zwischen General Accounting Office und Verwaltungsbehörde naturgemäß gelegentlich zu Spannungen kommen. Diese Meinungsverschiedenheiten werden regelmäßig vor dem House Appropriations Committee ausgetragen. Denn dort auf die Berichte des General Accounting Office angesprochen, legt die betroffene Verwaltungsbehörde ihre Divergenzen mit dem General Accounting Office dar und versucht, den Ausschuß zu bewegen, ihren Standpunkt gegen den der Finanzkontrollbehörde zu unterstützen. Dazu findet sich das House Appropriations Committee

---

[202] Mutual Security Appropriations Hearings (House) for 1960, a.a.O., S. 261, 380, 381—82.

[203] Hearings Before the Subcommittee of the House Committee on Appropriations, Department of State Appropriations for 1957, 84th Cong., 2d Sess. (1956), S. 381.

jedenfalls in der Regel nicht bereit, womit es nicht unwesentlich dazu beiträgt, die Position des General Accounting Office gegenüber der Verwaltung zu stärken.

Wie schon geschildert[204], kommt es zwischen Finanzkontrollbehörde und Verwaltung gewöhnlich dann zu Konflikten, wenn die von einer möglichst ökonomischen Verwaltungsführung her bestimmten Wertungen der Finanzkontrollbehörde auf entgegenstehende Wertsetzungen der Verwaltung stoßen. Die hierzu berichteten Fälle wurden daher sämtlich vor dem House Appropriations Committee besprochen.

Im *employment services-Fall* bezog der Vertreter des Department of Labor den Standpunkt, daß nur Verwaltungsbehörden den Anforderungen einer umfassenden Arbeitslosenfürsorge gerecht werden könnten. Hierin einig mit drei Kongreßausschüssen, darunter dem House Appropriations Committee, waren seine Ausführungen entsprechend bestimmt:

"I simply limit myself to stating categorically that there is no exercise or function by the Employment Service which would otherwise be exercised effectively. That is enough[205]."

Im *food donation-Fall* und im *Mississippi River construction-Fall* wiesen die beiden betroffenen Verwaltungsbehörden auf die geschilderten politischen bzw. fachmännischen Implikationen dieser Fälle hin[206]. Die Fällen wie diesen zugrundeliegenden Konflikte zwischen den Wertungen der Verwaltungsbehörde und denen des General Accounting Office sind dann besonders tief und der vor dem Bewilligungsausschuß vorgetragene Widerspruch der Verwaltungsbehörde gegen die Wertungen und hierauf beruhenden Empfehlungen der Finanzkontrollbehörde dann besonders heftig, wenn es sich um Fälle wie z. B. den *food donation-Fall* handelt, die sich mit der Verwaltungsführung in einem von der Behörde durchgeführten „crash" program befassen. Darunter sind unerprobte und im übrigen unter großen Schwierigkeiten auszuführende Verwaltungsprogramme, wie zum Beispiel Auslandshilfeprogramme, zu verstehen, deren Ausführung von vornherein die Gefahr einer unökonomischen Verwaltungsführung in sich birgt. Der Leiter der für den *food donation-Fall* verantwortlichen Agency for International Development machte vor dem zuständigen Unterausschuß

---

[204] Siehe oben S. 101 ff.

[205] Department of Labor Appropriations Hearings (House) for 1966, a.a.O. (s. Anm. 158), S. 172.

[206] Hearings Before the Subcommittee of the House Committee on Appropriations, Foreign Assistance and Related Agencies Appropriations for 1967, 89th Cong., 2d Sess. (1966), Teil 2, S. 201—02; Hearings Before the Subcommittee of the House Committee on Appropriations, Public Works Appropriations for 1967, 89th Cong., 2d Sess. (1966), Teil 1, S. 814—15, im folgenden: Public Works Appropriations Hearings (House) for 1967.

des House Appropriations Committee auf diesen Gesichtspunkt aufmerksam, wenn er sagte: "... because we (are) working all around the world with governments who are inefficient and whose accounts are poor, and in situations where the facts are not there to make judgments on, because of that, it is natural that there are margins of error and, indeed, errors and substantial waste[207]."

Im *school-lunch program-Fall* schließlich gab der Vertreter des für die Verteilung des Bundeszuschusses zuständigen Department of Agriculture die von der des General Accounting Office abweichenden Ansichten der betroffenen einzelstaatlichen Verwaltungsbehörden wieder. Was den Vorwurf der zu wenig strengen Beaufsichtigung der einzelstaatlichen Verwaltungen anlangte, so wies er auf die gebotene Zurückhaltung gegenüber den einzelstaatlichen Verwaltungen hin, deren sich seine Behörde zu befleißigen habe, während sie die Verwendung dieses Bundeszuschusses beaufsichtige:

"I think the GAO (General Accounting Office) feels we should be more strict and try to have a uniform operation.

Here ... we run into the principle or the basic policy for administering this program ... That is, that as nearly as possible, we turn the administration of the program over to the States and with the minimum amount of Federal regulation, rules, checking, and so on, we expect them to administer the program in the best manner possible.

It has been our policy, to try to meet the States halfway in those cases where it is perfectly apparent that they are trying to do a straightforward job and the difference is one of a different attitude and policy on the part of the State and the United States Government, rather than something involving fraud.

... our responsibility has been to meet with the States and correct through persuasion rather than through threats. A statement 'We will cut off this and this and this if you don't meet these particular standards' will not work[208]."

Die Reaktion im House Appropriations Committee auf von den einzelnen Verwaltungsbehörden vorgetragene Meinungsverschiedenheiten mit dem General Accounting Office war verschieden. Im *employment services-Fall* zunächst fand das Department of Labor für seinen Standpunkt die entschiedene Unterstützung des Ausschusses gegen das General Accounting Office:

Mr. *Fogarty*. You mentioned in your statement that you consider the GAO (General Accounting Office) errroneously interpreted the intent of Congress

[207] Hearings Before the Subcommittee of the House Committee on Appropriations, Foreign Assistance and Related Agencies Appropriations for 1966, 89th Cong., 1st Sess. (1965), S. 633.

[208] Hearings Before the Subcommittee of the House Committee on Appropriations, Department of Agriculture Appropriations for 1957, 84th Cong., 2d Sess. (1956), Teil 3, S. 925—26, im folgenden: Department of Agriculture Appropriations Hearings (House) for 1957.

in a report they made a few months ago on the employment service. I think you show admirable restraint in your comments. I think they are not only wrong, but I think this is just another instance where they have set themselves up as knowing more about how programs should be run than either the executive or legislative branches. It wouldn't surprise me if they start criticizing court decisions next.

...

I don't think when Congress created this agency that it was intended to be a critic of the legislative branch. And I think they are completely out of line when they distort the legislative intent to fit their own ideas as, in my opinion, they did in the case you cited[209].

Im *food donation-Fall* hingegen wurden die Ausführungen der Verwaltungsbehörde im Ausschuß kommentarlos übergangen, während sie im *Mississippi River construction-Fall* bei einigen Ausschußmitgliedern wenigstens auf Verständnis stießen, wie sich aus folgendem Dialog zwischen dem Repräsentanten des Corps of Engineers und Ausschußmitgliedern ergibt:

General *Davis.*

...

It is true we could start off with a 40-hour week and then if we saw we were hard pressed, try to finish the work on a 60-hour week. This is a possibility, but certainly not one that ought to be laid down by someone in Washington, or far removed from the site of the work.

In my opinion, it ought to be left to the decision of the man on the ground.

Mr. *Whitten.* You sound like an old-fashioned general when you say the local people ought to know a bit more about local affairs. I thought that idea had gone out of style. I regret it.

Mr. *Rhodes.* Do you mean let the commander in the field pick the targets?

Mr. *Whitten.* I want to congratulate him on that viewpoint.

Mr. *Rhodes.* Let me congratulate him too[210].

Im *school-lunch program-Fall* schließlich ging der Ausschuß zwar nicht auf die Gesichtspunkte der einzelstaatlichen Verwaltungsbehörden ein, er machte jedoch aus seiner Zustimmung zu der zurückhaltenden Politik des Department of Agriculture gegenüber diesen Behörden kein Hehl:

Mr. *Marshall.* Mr. Wells, I would not want anyone to get the impression that this committee has felt that the school lunch program has not been properly administered.

This committee at times in the past has expressed its opinion with regard to the administration of the program, and it has felt that it had been well administered[211].

---

[209] Department of Labor Appropriations Hearings (House) for 1966, a.a.O. (s. Anm. 158), S. 171. Hervorhebung von mir.

[210] Public Works Appropriations Hearings (House) for 1967, a.a.O. (s. Anm. 206), S. 814—15.

Die verschiedenen Wirkungen, die die Verwaltungsbehörden mit ihren Angriffen auf die Finanzkontrollbehörde erzielten, zeigen, daß schon besondere Umstände vorliegen müssen, wenn der Bewilligungsausschuß im Repräsentantenhaus in den Meinungsverschiedenheiten zwischen General Accounting Office und Verwaltungsbehörde den Standpunkt der letzten einnehmen soll:

Kann sich die Verwaltungsbehörde, wie beispielsweise im *employment services-Fall*, bei ihren Meinungsverschiedenheiten mit der Finanzkontrollbehörde über ihre Verwaltungsführung auf eben diese Verwaltungsführung diktierende politische Wertvorstellungen innerhalb des Kongresses stützen, dann kann sie mit der Unterstützung des Ausschusses gegen die Finanzkontrollbehörde rechnen.

Allerdings, so ist sogleich einzuschränken, wird der *employment services-Fall* dadurch gekennzeichnet, daß sich die Verwaltungsbehörde nicht nur auf die betreffenden politischen Wertvorstellungen des zuständigen Fachausschusses im Senat, sondern auch auf die des House Appropriations Committee stützen konnte. Ohne diese besondere Lage des Falles wäre es angesichts des Selbstverständnisses des Bewilligungsausschusses im Repräsentantenhaus als „guardian of the taxpayer's money" und angesichts seines hierauf zurückzuführenden Antagonismus zu den Fachausschüssen im Kongreß durchaus vorstellbar gewesen, daß sich der Ausschuß den Standpunkt der Finanzkontrollbehörde zu eigen gemacht und dem Department of Labor jede Unterstützung gegen diese versagt hätte, obwohl sich das Department mit seiner Verwaltungsführung auf den zuständigen Fachausschuß im Senat berufen konnte; kurz, dann wäre es denkbar gewesen, daß sich das House Appropriations Committee ein weiteres Mal den Vorwurf zugezogen hätte, „(to) thwart the will of a legislative committee ..."[212]

Kann sich also, so ist hieraus zu folgern, die Verwaltungsbehörde bei ihren Auseinandersetzungen mit dem General Accounting Office über ihr Verwaltungsgebaren auf die gerade dieses Verwaltungsgebaren fordernden politischen Wertvorstellungen des House Appropriations Committee berufen, dann ist ihr die Unterstützung des Ausschusses gegen die Finanzkontrollbehörde sicher. Er wird die Finanzkontrollbehörde dann nachdrücklich in die Grenzen ihrer erklärten Selbstbeschränkung gegenüber dem Kongreß verweisen.

Weiterhin ist zumindest wahrscheinlich, daß das House Appropriations Committee dem General Accounting Office eine gewisse Zurückhaltung gegenüber den einzelstaatlichen Verwaltungen nahelegen

[211] Department of Agriculture Appropriations Hearings (House) for 1957, a.a.O. (s. Anm. 208), S. 927.

[212] Joint Committee Hearings, a.a.O. (s. Anm. 2), S. 1059.

wird, wenn es deren Wertsetzungen so weitgehend in Frage stellt, daß diesen nur noch ein recht schmaler Ermessensbereich bleibt. Kann sich die Verwaltungsbehörde nämlich, das klang im *school-lunch program-Fall* wenigstens an, bei ihren Meinungsverschiedenheiten mit der Finanzkontrollbehörde über ihre Verwaltungsführung mit einer gerade diese Verwaltungsführung erforderlichen politischen Rücksichtnahme gegenüber den einzelstaatlichen Verwaltungen rechtfertigen, dann werden sie und mittelbar auch die einzelstaatlichen Verwaltungen auf die Unterstützung des Ausschusses gegen das General Accounting Office zählen können. Dafür spricht im übrigen folgendes:

„Wenn die Einzelstaaten bis auf den heutigen Tag", schreibt *Ernst Fraenkel*[213], „bedeutsame Träger politischer Macht ... geblieben sind, beruht dies nicht zuletzt auf dem Umstand, daß (der) Zentralisierungsprozeß (erg. in der gesetzgebenden und verwaltenden Tätigkeit von einzelstaatlicher hin zu bundesstaatlicher Ebene) die Parteien in sehr viel geringerem Umfang ergriffen hat als die Organe der öffentlichen Gewalt. Der Schwerpunkt des Parteilebens liegt nach wie vor bei den einzelstaatlichen ... Parteiverbänden. Die Abhängigkeit der Kongreßmitglieder von ihren regionalen ... Parteiorganisationen bewirkt, daß die zentripetalen Tendenzen der ständig ihre Macht und ihren Einfluß erweiternden Bundesregierung in Schach gehalten werden durch die zentrifugalen Tendenzen, die im Bundesparlament ... in Erscheinung treten. Der Kongreß ist heute der wahre Hüter der Lebenskraft der Einzelstaaten ..." Sind also die Kongreßmitglieder, mithin auch die des House Appropriations Committee, abhängig von den einzelstaatlichen Parteiorganisationen, dann wird es ihnen nicht gleichgültig sein, wenn einzelstaatliche Interessen dadurch berührt werden, daß die Finanzkontrollbehörde des Bundes die Wertsetzungen der einzelstaatlichen Verwaltungsbehörden so weitgehend in Frage stellt, daß ihnen nur noch ein recht enger Ermessensspielraum bleibt.

In der Mehrzahl der Fälle jedoch kann sich die Verwaltungsbehörde bei ihren Divergenzen mit dem General Accounting Office über ihre Verwaltungsführung weder, wie im *employment services-Fall*, auf die politischen Wertvorstellungen insbesondere des House Appropriations Committee berufen, noch, wie im *school-lunch program-Fall* mit politischer Rücksichtnahme gegenüber den einzelstaatlichen Verwaltungsbehörden rechtfertigen. In diesen Fällen, die wie der *food donation-Fall* und der *Mississippi-River construction-Fall* gelagert sind, kann die Verwaltungsbehörde in der Regel nicht auf Unterstützung des House Appropriations Committee gegen die Finanzkontrollbehörde zählen.

---

213 a.a.O. (s. Anm. 40), S. 105.

Die überdies recht zurückhaltende Unterstützung, die der Ausschuß im *Mississippi River construction-Fall* dem Corps of Engineers der Finanzkontrollbehörde gegenüber zuteil werden ließ, obwohl jene beiden oben geschilderten Gesichtspunkte nicht vorlagen, steht dem nicht entgegen, weil er nicht verallgemeinert werden kann. Denn dieser Fall wird dadurch charakterisiert, daß der Standpunkt des General Accounting Office gegenüber dem des Corps of Engineers derart einseitig von dem Gesichtspunkt einer sparsamen Verwaltungsführung (Überstundenarbeit nur in Ausnahmefällen) bestimmt war und dabei die zwingenden fachmännischen Gesichtspunkte (regelmäßig Überstundenarbeit der Arbeitsbedingungen wegen) derart gröblich vernachlässigte, daß er sich schlechterdings nicht rechtfertigen ließ und das House Appropriations Committee gar nicht anders konnte, als der Ansicht der Verwaltungsbehörde zuzustimmen.

Bezeichnender ist insoweit vielmehr die mangelnde Unterstützung, die die Agency for International Development im *food donation-Fall* seitens des Ausschusses gegenüber der Finanzkontrollbehörde erfuhr. Denn zwar ist hier der Standpunkt des General Accounting Office, die fragliche Weizenhilfe sei nur bei einer Hungersnot in der VAR gerechtfertigt gewesen, nicht ohne Überzeugungskraft. Aber auch das hiergegen vorgebrachte Argument der Verwaltungsbehörde, die fragliche Weizenhilfe sei ganz unabhängig von einer Hungersnot aus außenpolitischen Gründen zu rechtfertigen gewesen, ist immerhin der Diskussion wert, ebenso wie ihr generell für solche Fälle vorgetragener Gesichtspunkt, „crash" programs wie die Auslandshilfeprogramme trügen von vornherein die Gefahr einer unökonomischen Verwaltungsführung in sich. Nichtsdestoweniger wurde die Verwaltungsbehörde damit im House Appropriations Committee nicht gehört, was die mit seinem Selbstverständnis konforme Betrachtungsweise dieses Ausschusses deutlich macht. Ebenso wie die Finanzkontrollbehörde betrachtet er die Durchführung eines Verwaltungsprogramms in erster Linie aus dem Blickwinkel einer möglichst ökonomischen Verwaltungsführung. Er wird daher genau so wie die Finanzkontrollbehörde bei einer Abwägung zwischen ökonomischer Verwaltungsführung und anderen für die Durchführung eines Verwaltungsprogramms relevanten fachmännischen und politischen Gesichtspunkten dem des ökonomischen Verwaltungsgebarens regelmäßig den Vorzug geben. Auf diese Weise wird der Ausschuß regelmäßig den Standpunkt der Finanzkontrollbehörde beziehen und dem der Verwaltungsbehörde die Unterstützung versagen.

Diese einseitige Betrachtungsweise des House Appropriations Committee ist indessen nicht ohne Problematik. Zwar ist gegen sie vom Standpunkt einer rigorosen Finanzkontrolle nichts einzuwenden; denn sie zwingt die Verwaltung, den Gesichtspunkt der ökonomischen Verwaltungsführung gegenüber etwa entgegenstehenden politischen und fachmännischen Gesichtspunkten nicht zu vernachlässigen. Vom Standpunkt eines umfassend sachgerechten Verwaltungsgebarens hingegen kann sich diese Betrachtungsweise des Ausschusses mitunter als fragwürdig erweisen. Denn sie kann die Verwaltung zu Entscheidungen verleiten, die den politischen und fachmännischen Implikationen des jeweiligen Verwaltungsvorganges nicht gerecht werden (keine umfassende Arbeitslosenfürsorge, obwohl das Arbeitslosenproblem dies verlangt; keine Weizenhilfe, obwohl die außenpolitischen Umstände sie erfordern). Insofern muß also die Verwaltung nach einer das House Appropriations Committee hemmenden Kraft im Kongreß suchen, die mögliche Gegensätze zwischen dem Interesse des Ausschusses an einer entschiedenen Handhabung der Finanzkontrolle und dem der Verwaltung an einer umfassend sachgerechten Erledigung ihrer Aufgaben auszugleichen vermag.

In den Fachausschüssen des Kongresses findet die Verwaltung diese hemmende und zugleich ausgleichende Kraft nicht. Im *veterans life insurance-Fall*[214] zum Beispiel hielt das General Accounting Office die Verwaltungspraxis der Veterans Administration beim Abschluß von Lebensversicherungen für wehrdienstuntaugliche Veteranen für gesetzwidrig. Nach Auffassung der Finanzkontrollbehörde war das hier zugrundeliegende Gesetz so auszulegen, daß die Veterans Administration nur mit solchen Veteranen hätte Lebensversicherungen abschließen dürfen, die auf Grund ihres Leidens keine private Lebensversicherung eingehen konnten. Nach Ansicht der Veterans Administration hingegen war sie auf Grund jenes Gesetzes berechtigt, mit allen Veteranen Lebensversicherungen abzuschließen, wenn sie nur wehrdienstuntauglich waren. Hierzu berief sich die Verwaltungsbehörde auf die gleichlautende Interpretation des Fachausschusses, in dem das fragliche Gesetz beraten worden war. Dieser Hinweis war indessen nicht geeignet, den zuständigen Unterausschuß des House Appropriations Committee, vor dem der General Accounting Office-Bericht behandelt wurde, besonders zu beeindrucken. „With all due respect to the legislative committee", so bemerkte ein Mitglied des Ausschusses. "I do not think it is constituted to interpret the legal effect of the statute[215]."

Dieser Fall zeigt, auf welche Weise sich das Verhältnis zwischen den Fachausschüssen und dem House Appropriations Committee auf die Stellung der Verwaltungsbehörden auswirkt, die der Finanzkontrolle

---

[214] *Comptroller General of the United States*, Improper Insurance of Service-Disabled Veterans Life Insurance, B-114859 (1964).

[215] Hearings Before the Subcommitte of the House Committe on Appropriations, Independent Offices Appropriations for 1966, 89th Cong., 1st Sess. (1965), Teil 3, S. 317.

des Bewilligungsausschusses im Repräsentantenhaus unterliegen. Zwar können sich die Verwaltungsbehörden den Gegensatz zwischen diesen Ausschüssen zunutze machen, indem sie vor dem House Appropriations Committee auf den Standpunkt der Fachausschüsse verweisen, der oftmals mit dem ihren identisch ist. Aber auf der anderen Seite sind die Fachausschüsse gegenüber dem House Appropriations Committee zu schwach, als daß die Verwaltungsbehörden in ihnen eine hemmende und ausgleichende Gegenkraft gegen die einseitig vom Gesichtspunkt einer wirtschaftlichen Verwaltungsführung her bestimmte Betrachtungsweise des House Appropriations Committee finden könnten. Wie indessen noch im einzelnen zu zeigen sein wird[216], finden sie diese Kraft im Senate Appropriations Committee.

3. Die Auswertung der Berichte des General Accounting Office

Ohne den Rückhalt des Kongresses vermag die Finanzkontrollbehörde den Ergebnissen ihrer Kontrolle der Verwaltung und damit auch den Vorschlägen zu bestimmten Verbesserungen in deren Verwaltungsführung keine Geltung zu verschaffen. Die Wendung des früheren Comptroller General: „... I do not think that *we* can make them comply“[217] ist eine zutreffende Charakterisierung der Position des General Accounting Office. Ohne die Unterstützung des Kongresses und besonders des House Appropriations Committee wäre die Finanzkontrollbehörde einer Verwaltungsbehörde gegenüber gänzlich hilflos, die sich ihren Kontrollergebnissen gegenüber indifferent und ihren Verbesserungsvorschlägen gegenüber intransigent verhielte. „The GAO (General Accounting Office)“, so unterstrich dies ein Mitglied des Repräsentantenhauses vor dem Joint Committee on the Organization of the Congress, „... has no way to enforce its reports. It is up to ... the Congress ... to see that they are implemented“[218].

Es ist für die Intensität dieser Unterstützung bezeichnend, daß sich die Finanzkontrollbehörde zu einer von der Verwaltung derart beachteten Kontrollinstanz entwickeln konnte, daß sie allein durch ihre Existenz eine kontrollierende Wirkung auf deren Verwaltungsführung auszuüben vermag. „The mere fact“, so umschrieben zwei Mitglieder des Senate Appropriations Committee dieses Phänomen Vertretern der Finanzkontrollbehörde gegenüber, „that some of these people are conscious of the fact you might make an investigation, that is deterrent ... The very fact that you are breathing down the neck of Govern-

---

216 Siehe unten S. 133 ff.

217 Comptroller General Reports Hearings, a.a.O. (s. Anm. 174), S. 139. Hervorhebung von mir.

218 Joint Committee Hearings, a.a.O. (s. Anm. 2), S. 662.

ment officials who spent large sums of public money is the best thing that could happen"[219]. Wenn die Position der Finanzkontrollbehörde in ihrem Verhältnis zur Verwaltung von dem Rückhalt des Kongresses und besonders des House Appropriations Committee abhängig ist, dann läßt ihre offenbar gewichtige Autorität gegenüber der Verwaltung auf die entschiedene Unterstützung seitens dieses Ausschusses schließen.

Insoweit ist soeben gezeigt worden, daß der Bewilligungsausschuß im Haus die Finanzkontrollbehörde in zweierlei Weise unterstützt: einmal dadurch, daß er der Verwaltung die Kooperation mit dem General Accounting Office nachdrücklich nahelegt, zum anderen aber auch dadurch, daß er der Verwaltung bei ihren Meinungsverschiedenheiten mit der Finanzkontrollbehörde im großen und ganzen kaum zur Seite steht. Beides spielt für das Ansehen der Finanzkontrollbehörde gegenüber der Verwaltung sicher eine wesentliche Rolle; beides allein vermag jedoch nicht zu erklären, warum das General Accounting Office jenes Maß an Autorität gegenüber der Verwaltung hat akkumulieren können. Allein dadurch nämlich, daß sich die Verwaltung zur Kooperation mit der Finanzkontrollbehörde bereitfindet und sich ihrer gegenüber dem General Accounting Office schwächeren Position im Bewilligungsausschuß des Hauses bewußt werden muß, muß sie sich noch nicht gezungen sehen, aus den Kontrollergebnissen der Finanzkontrollbehörde die notwendigen Konsequenzen zu ziehen und insbesondere anhand von deren Verbesserungsvorschlägen Veränderungen in ihrer Verwaltungsführung einzuführen, geschweige denn, ihr Verwaltungsgebaren von vornherein auf die mögliche Kontrolle durch das General Accounting Office einzurichten.

Um das zu erreichen, müßte vielmehr hinzukommen, daß der Bewilligungsausschuß im Repräsentantenhaus in seinen jährlichen Hearings, in denen er anhand der appropriations bills über die Budgetforderungen der einzelnen Verwaltungszweige berät, auch die Ergebnisse der Finanzkontrolle durch das General Accounting Office auswertet, d. h. im einzelnen: die vor ihm erschienenen Vertreter der betroffenen Verwaltungsbehörden zu den Konsequenzen befragt, die sie aus den Kontrollergebnissen des General Accounting Office gezogen hätten oder in der Zukunft zu ziehen gedächten, und insbesondere zu den Veränderungen hört, die sie den Empfehlungen der Finanzkontrollbehörde entsprechend in ihrer Verwaltungsführung eingeführt hätten oder zukünftig einführen wollten. Das House Appropriations Committee müßte also im Rahmen seiner Budgetkontrolle eine eigene kontinuierliche und rigorose Finanzkontrolle auf der Grundlage der Berichte

[219] Hearings Before the Subcommittee of the Senate Committee on Appropriations on H. R. 14921, 89th Cong., 2d Sess. (1966), Teil 1, S. 505.

der Finanzkontrollbehörde durchführen. Besonders weil sich auf diese Weise der Druck möglicher Budgetkürzungen auch auf die Finanzkontrolle erstreckte, würde eine derart angelegte, mit der Budgetkontrolle verknüpfte Finanzkontrolle der Verwaltung gegenüber deutlich machen, daß die Ergebnisse der Finanzkontrolle durch das General Accounting Office keine Quantité négligeable sind, sondern das Material, auf Grund dessen das House Appropriations Committee die administrativen Funktionsträger zur Verantwortung zieht; sie würde der Verwaltung gegenüber ebenfalls deutlich machen, daß die Verbesserungsvorschläge zu deren Verwaltungsführung nicht als unverbindliche Empfehlungen zu verstehen sind, sondern als Leitlinien, anhand deren der Bewilligungsausschuß im Repräsentantenhaus die zukünftige Verantwortlichkeit der administrativen Funktionsträger festlegt. Auf diese Weise könnte der Ausschuß zugleich das Gewicht des General Accounting Office derart stärken, daß die Finanzkontrollbehörde jene gleichsam aus sich selbst heraus weiter wirkende Autorität gegenüber der Verwaltung entwickeln und verfestigen könnte.

Daß die Finanzkontrollbehörde offenbar tatsächlich jene Autorität gegenüber der Verwaltung gewinnen konnte, läßt vermuten, daß das House Appropriations Committee seine Finanzkontrolle in der skizzierten Weise anlegt. Vertreter des General Accounting Office jedenfalls stützen diese Vermutung. Als der frühere Comptroller General Campbell anläßlich eines Hearings gefragt wurde: "And in those cases where you do not succeed in getting compliance, by reporting to the Congress you hope that that will contribute to the more effective compliance or a greater measure of compliance?" antwortete er, allerdings in einer allgemein formulierten, nicht nur auf das House Appropriations Committee bezogenen Wendung: "Yes. We hope that a committee ... would take note of it and help us obtain compliance, yes[220]."

Demgegenüber deutet allerdings die herbe Kritik, die im Kongreß selbst an seiner eigenen und damit auch an der vom House Appropriations Committee durchgeführten Finanzkontrolle geübt wird, darauf hin, daß sich der Comptroller General mit seiner Bemerkung zumindest zum Teil einem Trugschluß hingab. „I have had", bemerkte beispielsweise ein Mitglied des Repräsentantenhauses anläßlich der Hearings des Joint Committee on the Organization of the Congress, „rather close contact with reports of the General Accounting Office during the past 2 years, and it has disturbed me to note how few of these reports result in congressional investigations or other congressional action. Only a few of the many reports receive the careful attention which almost all of these studies deserve"[221]. In der Tat greift auch das House Appro-

---

[220] Comptroller General Reports Hearings, a.a.O., S. 139.
[221] Joint Committee Hearings, a.a.O., S. 57. Ein weiteres Mitglied des

priations Committee in den jährlichen appropriations hearings nach offiziellen Zählungen nur etwa ein Drittel, nach eigenen Zählungen nur etwa ein Sechstel der vom General Accounting Office vorgelegten Berichte auf, um auf ihrer Grundlage eine eigene Finanzkontrolle auszuüben[222]. Zwar ließe sich aus der zahlenmäßig geringen Verwertung der Berichte des General Accounting Office durch den Bewilligungsausschuß im Repräsentantenhaus allein kein Einwand gegen die Art und Weise seiner Handhabung der ihm obliegenden Finanzkontrolle herleiten. Im Gegenteil, dieser Umstand könnte vielmehr darauf hindeuten, daß der Ausschuß lediglich die zwischen Verwaltungs- und Finanzkontrollbehörde streitigen Fälle aufgriffe. Eine solche Methode aber würde einem arbeitsteiligen Zusammenwirken zwischen dem House Appropriations Committee und dem General Accounting Office als seinem Hilfsorgan erst gerecht. Tatsächlich aber greift der Bewilligungsausschuß im Repräsentantenhaus nicht nur jene streitigen Fälle auf, sondern in offenbar gänzlich wahlloser Mischung die streitigen und unstreitigen[223]. Obwohl also die Finanzkontrolle, die das House Appropriations Committee auf der Grundlage der Berichte des General Accounting Office durchführt, weder vollständig noch methodisch bedenkenfrei ist, weist sie immerhin jenes Maß an Kontinuität und Entschiedenheit auf, das notwendig und offenbar auch ausreichend ist, um die Finanzkontrollbehörde jene gewichtige Autorität gegenüber der Verwaltung entwickeln und verfestigen zu lassen. Für die Kontinuität der Finanzkontrolle ist der Beweis die Zahl der General Accounting Office-Berichte, die das House Appropriations Committee in seinen jährlichen appropriations hearings aufgreift, mag sie auch gegenüber

Repräsentantenhauses sagte vor dem Joint Committee on the Organization of the Congress aus: "... the lack of powerful and consistent congressional backing for the GAO (General Accounting Office) and for the implementation of its reports weakens the GAO and its relations with the Executive and, whether we recognize it or not, also undermines the position of the Congress itself." Joint Committee Hearings, a.a.O., S. 662.

222 Auf die etwa 300 Berichte im Jahr, die das General Accounting Office dem Kongreß übermittelt (siehe dazu oben S. 65 und Anm. 35), soll das Hause Appropriations Committee nach dem Joint Committee on the Organization of the Congress vorliegenden Statistiken 1962 (87. Kongreß, 2. Sitzungsperiode) in 68 Fällen, 1963/64 (88. Kongreß, 1. und 2. Sitzungsperiode) in 239 Fällen und 1965 (89. Kongreß, 1. Sitzungsperiode) in 88 Fällen Bezug genommen haben. Joint Committee Hearings, a.a.O., S. 1652. Diese Angaben scheinen indessen weit überhöht zu sein. Denn nach eigenen Zählungen hat der Appropriationsausschuß im Repräsentantenhaus die Berichte der Finanzkontrollbehörde 1961/62 (87. Kongreß, 1. und 2. Sitzungsperiode) in nur 18 Fällen, 1963/64 (88. Kongreß, 1. und 2. Sitzungsperiode) in 26 Fällen und 1965/66 (89. Kongreß, 1. und 2. Sitzungsperiode) in immerhin 45 Fällen aufgegriffen.

223 Von den 45 Fällen beispielsweise, die der 89. Kongreß während der 1. und 2. Sitzungsperiode aufgriff, waren mir 38 zugänglich, von denen wiederum 25 zwischen General Accounting Office und der betroffenen Verwaltungsbehörde unstreitig, 13 hingegen streitig waren.

der im Joint Committee on the Organization of the Congress erhobenen Forderung nach einem „powerful and consistent congressional backing for the GAO (General Accounting Office)“[224] zu gering sein. Den Erweis für die Entschiedenheit der Finanzkontrolle liefern die folgenden Beispiele aus den appropriations hearings:

Befragen die Mitglieder des Bewilligungsausschusses im Repräsentantenhaus die dort erschienenen Vertreter der Verwaltungsbehörden über bestimmte Berichte, die das General Accounting Office über die Verwaltungsführung dieser Behörden vorgelegt hat, dann müssen deren Repräsentanten damit rechnen, den Ausschußmitgliedern ihre Antwort unmittelbar während des Hearings geben zu müssen und sie nicht damit vertrösten zu können, diese erst für die schriftliche Aufzeichnung des Hearings (record) nachzuschieben; ein späterer Zeitpunkt steht ohnehin nicht zur Debatte. Das macht der folgende Dialog zwischen einem General der Luftwaffe und Mitgliedern des für das Department of Defense zuständigen Unterausschusses des House Appropriations Committee deutlich:

General *Gerrity*. I would like to furnish for the record the information ...

Mr. *Flood*. You cannot plead surprise on this. The staff told you this question was going to come up, and despite your being alerted to this, this is a most unsatisfactory answer to an obvious issue.

Mr. *Ford*. It would seem to me the better part of wisdom in these cases; ..., was to have some kind of statement available for this hearing. You know these things do have a way of popping up in the hearings, and it would seem to me that you should have been prepared with some information about this instance[225].

Die Angehörigen des Bewilligungsausschusses im Repräsentantenhaus gehen jedoch nicht nur davon aus, daß die Vertreter der Verwaltungsbehörden sogleich eine Antwort auf ihre Fragen zu den Berichten des General Accounting Office haben. Die Fragen selbst, die sie den Behördenvertretern zu Berichten stellen, in denen die Finanzkontrollbehörde bei der Verwaltungsführung dieser Behörden besonders schwerwiegende Mängel festgestellt hat, können mit schonungsloser Offenheit, ätzender Schärfe und zielstrebiger Hartnäckigkeit gestellt sein. Im *maintenance activities-Fall*[226] beispielsweise hatte das General Accounting Office die unzureichende Wartung von Panzern und leichteren Kampffahrzeugen durch ein bestimmtes Panzerbataillon bemän-

---

[224] Joint Committee Hearings, a.a.O., S. 662. Siehe dazu oben Anm. 221.

[225] Department of Defense Appropriations Hearings (House) for 1965, a.a.O. (s. Anm. 119), S. 82, 25.

[226] *Comptroller General of the United States*, Maintenance of M48 and M48A1 medium tanks, Fort Bragg, N.C. (Secret), 146716 (1962), auszugsweise in: *Comptroller General of the United States*, Annual Report 1962 (1962), S. 103—04.

gelt. Die Finanzkontrollbehörde hatte dabei unter anderem festgestellt, daß die Aufzeichnungen über die jeweils anfallenden Wartungsdienste vollkommen unzulänglich geführt worden waren. Darüber entspann sich zwischen dem Vertreter der Armee und Mitgliedern des für das Department of Defense zuständigen Unterausschusses des House Appropriations Committee folgende Debatte:

Mr. *Flood.* ... The reports were not only not accurate, they were misleading. They were falsified. They were deliberate. There is basis enough for court-martial in one paragraph here for a whole Army corps.

The information sent in, ... was inaccurate, misleading, bad false. Do you know that?

Colonel *McElheny.* The report indicates — you are speaking of the battalion reports, not the depot reports?

Mr. *Flood.* That is right.

Colonel *McElheny* ... They were misleading.

Mr. *Flood.* Misleading?

Colonel *McElheny.* Yes, sir.

Mr. *Flood.* That is a careful understatement. Call a spade a spade here. We do.

... you were way beyond the dateline and cutoff date. It did pertain and you were way beyond that; you know that.

Mr. *Sikes.* What is the present situation with respect to the reporting of deadline equipment, or reporting equipment needing more than field maintenance? What is the situation now?

I want to know whether today's equipment can get in the condition at this time that the equipment described in this report apparently was in.

...

Mr. *Flood.* We are back with the old story before this subcommittee that we go through with each branch of the service.

What action has been taken, if any, to hold responsible the responsible officers and people for this shocking dereliction.

I am sick and tired of the Department of Defense having officers responsible for these things, commit these errors of neglect and, worse, have the GAO (General Accounting Office) or this committee make an investigation and file a report, transfer the guy to Honolulu and that is the end of it; and the next time I see him he is in here as a brigadier general. I am sick and tired of this kind of thing.

It is all right to talk about what you have done now, and we are sorry for your trouble. I am fed up with this business of glossing over serious, fatal, bad dereliction in the performance of these things. This is a glaring one.

Mr. *Sikes.* This is one of the questions before you. What is the answer?

... Was disciplinary action taken against any individual or individuals as a result of this particular situation?

Colonel *McElheny.* I have no knowledge of any disciplinary action that was taken against any specific individual because of this particular situation.

Mr. *Sikes*. Are you telling us this is something that grew out of the system rather than a weakness on the part of individual officers?

Colonel *McElheny*. To the best of all the knowledge that I have, and this group has here, this is something that developed out of the system.

Mr. *Flood*. Failure to perform required duties, falsification of records and reports is part of the system? I do not believe it. I do not believe it.

Colonel *McElheny*. I know of no evidence here that indicates anyone has falsified a report.

Mr. *Flood*. What do you call it?

The reports that came up were false reports.

Colonel *McElheny*. We concur the reports were misleading and inaccurate, that they did not truly present the situation which we wanted reported.

Mr. *Flood*. What do you call that?

Colonel *McElheny*. I concur with the GAO in that the Fort Bragg reports were misleading and inaccurate.

Mr. *Flood*. Nonfeasance or malfeasance is just as serious ... as conspiracy to commit a crime[227].

Diese Szene ist deshalb mit einer solchen Ausführlichkeit wiedergegeben worden, weil sie in besonders plastischer Weise den rigorosen Stil deutlich macht, den die Befragungen der Behördenvertreter annehmen können, die das House Appropriations Committee anhand der General Accounting Office-Berichte durchführt. Mit besonderer Eindringlichkeit sind hierbei die Fragen nach den Konsequenzen formuliert, die die Verwaltungsbehörde aus den Kontrollergebnissen der Finanzkontrollbehörde gezogen habe. Das ist durchaus beispielhaft für die Art und Weise, in der das House Appropriations Committee die Berichte der Fianzkontrollbehörde auswertet. Mag auch, anders als in dem ersten Beispiel, der Bewilligungsausschuß im Repräsentantenhaus die Verwaltungsbehörde auf seine Fragen, die sich aus den General Accounting Office-Berichten ergeben, erst im record antworten lassen, mag auch, anders als in dem *maintenance activities-Fall*, der Ausschuß den Vertretern der Verwaltung gegenüber einen Bericht der Finanzkontrollbehörde nur oberflächlich streifen, regelmäßig wird er danach fragen, ob (oder warum nicht) die Verwaltungsbehörde aus den Kontrollergebnissen des General Accounting Office irgendwelche Konsequenzen gezogen habe, welche Konsequenzen das gewesen seien, insbesondere ob (oder warum nicht) sie den Empfehlungen der Finanzkontrollbehörde entsprechend ihre Verwaltungsführung verbessert habe und wie diese Verbesserungen im einzelnen ausgesehen hätten. Hierbei ist der folgende Wortwechsel beispielhaft:

---

[227] Hearings Before the Subcommittee of the House Committee on Appropriations, Department of Defense Appropriations for 1963, 87th Cong, 2d Sess. (1962), Teil 3, S. 873—74.

Mr. *Jonas.* Would you put in the record a statement containing or listing the number of recommendations or proposals by GAO (General Accounting Office) ... and how many you agreed with them on and how many you acted favorably on?

Mr. *Slayton.* In connection with this report?

Mr. *Jonas.* Yes.

Mr. *Slayton.* Yes, sir; I shall.

...

Mr. *Jonas.* I think in those that you show that you disagreed with the GAO, I think you should say why because the GAO is an arm of the Congress and we should like to know why you do not concur in their views ...

Mr. *Slayton.* There will bee a full explanation.

Mr. *Ostertag.* I think it might be well where you do agree that you show what you are doing about it.

Mr. *Slayton.* We will do that, too, sir[228].

An dieser Stelle ist freilich einzuschalten, daß sich das House Appropriations Committee, wenn es die General Accounting Office-Berichte in der geschilderten Weise behandeln will, nicht selten vor der Schwierigkeit sieht, daß die dort geschilderten Verwaltungsvorgänge lange zurückliegen. Die für sie Verantwortlichen sind dann mittlerweile abgelöst worden, und deren Nachfolger wissen weder über jene Feststellungen noch über die aus ihnen gezogenen Konsequenzen etwas auszusagen, mit der Folge, daß jene rigorose Art der Befragung ihnen gegenüber gänzlich unangebracht ist.

Zwar teilt die Finanzkontrollbehörde dem Kongreß ihre Kontrollergebnisse das ganze Jahr hindurch jeweils in Berichten mit, die sich nur mit einem Fall einer nicht gesetzmäßigen, nicht effizienten oder unökonomischen Verwaltungsführung oder jedenfalls nur mit einer Gruppe derartiger Fälle befassen[229]. Der Kongreß erfährt also jene Fälle nicht erst aus dem Jahresbericht des General Accounting Office, der die Kontrollergebnisse des vergangenen Jahres lediglich zusammenfaßt und die wichtigsten von ihnen noch einmal hervorhebt. Auf diese Weise berichtet die Finanzkontrollbehörde regelmäßig zwischen ein und zwei Jahren nach Abschluß der kontrollierten Verwaltungsvorgänge über sie[230]. Dennoch aber treten Fälle wie der *consulate general office building construction-Fall*[231] nicht selten auf. In diesem Fall

228 Hearings Before the Subcommittee of the House Committee on Appropriations, Independent Offices Appropriations for 1964, 88th Cong., 1st Sess. (1963), Teil 2, S. 1186.

229 Hearings Before a Subcommittee of the House Committee on Government Operations, Defense Contract Audit Agency, 90th Cong., 1st Sess. (1967), S. 20—22.

230 General Accounting Office Report, a.a.O. (s. Anm. 186), S. 27.

231 *Comptroller General of the United States,* Review of Construction of

hatte die Finanzkontrollbehörde 1964 darüber berichtet, daß sich die zuständige Abteilung im Department of State (Office of Foreign Buildings) einer grob unökonomischen Verwaltungsführung schuldig gemacht habe, als sie 1961 auf Tanger ein Konsulatsgebäude errichten ließ. Als der zuständige Unterausschuß des House Appropriations Committee diesen Bericht in den appropriations hearings von 1965 zur Sprache brachte, gedieh die Behandlung des Berichts nicht weiter als bis zu dem folgenden Wortwechsel zwischen einem Ausschußmitglied und dem Vertreter der betroffenen Verwaltungsbehörde:

Mr. *Rooney.* Do you have anybody here who was around at the time?

Mr. *Johnstone.* No, sir[232].

Auf der anderen Seite aber ist besonders zu unterstreichen, daß sich die Mitglieder des Bewilligungsausschusses im Repräsentantenhaus nicht damit begnügen, die Behördenvertreter zu einer sofortigen Stellungnahme zu den Kontrollergebnissen des General Accounting Office zu drängen, ihnen die Berichte der Finanzkontrollbehörde in ihrer mitunter schonungslosen Art vorzuhalten und von ihnen die Konsequenzen aus den Feststellungen der Finanzkontrollbehörde in Erfahrung zu bringen.

Im *International Educational Exchange-Fall*[233] zum Beispiel hatte das General Accounting Office die Verwaltungspraxis des International Educational Exchange Service im Department of State bei der Stipendienvergabe an aus- und inländische Studenten und Lehrkräfte scharf kritisiert. Beispielsweise seien Stipendienbewerbern gegenüber Verpflichtungen eingegangen worden, noch bevor das Auswahlverfahren beendet gewesen sei; Stipendien seien an Studenten vergeben worden, denen es an den sprachlichen oder sonstigen Qualifikationen gefehlt habe, oder an Lehrkräfte, die mit ihrer zukünftigen ausländischen Lehrstätte noch keine endgültige Lehrverpflichtung eingegangen seien; mitunter seien über den Rahmen der Stipendienvereinbarung hinaus Stipendienzuschüsse gezahlt worden; seitens der Behörde sei manchmal unterblieben, unrechtmäßig empfangene Stipendienbeträge zurückzufordern, kurz, die Finanzkontrollbehörde hatte beim International Educational Exchange Service Verwaltungsmängel aufgedeckt, die den Vorsitzenden des für das Department of State zuständigen Unterausschusses des House Appropriations Committee zu der Bemerkung ver-

---

Consulate General Office Building and Official Residence Tangier, Marocco, B-146798 (1964).

[232] Hearings Before the Subcommittee of the House Committee on Appropriations, Department of State Appropriations for 1966, 89th Cong., 1st Sess. (1965), S. 525.

[233] *Comptroller General of the United States*, International Educational Exchange Service (1955—57), 133129 (1958).

anlaßten: "I read the report last night, and what few hairs I have on my head just stood up[234]." Die Folge der Feststellungen der Finanzkontrollbehörde war, daß das House Appropriations Committee das Budget des International Educational Exchange Service um 375 000 Dollar zu kürzen empfahl. „A report", begründete der Ausschuß diese Empfehlung, „made to this Committee by the General Accounting Office ... indicated that an extremely loose fiscal policy had been pursued ... and demonstrated the need for much stronger supervision of financial and administrative practices"[235].

Dagegen, daß das House Appropriations Committee Budgetkürzungen als Sanktionsmittel der Finanzkontrolle verwendet, ist vom Standpunkt einer rigorosen Handhabung dieser Kontrolle nichts einzuwenden. Denn nur auf diese Weise kann es der Verwaltung „fühlbar" nahelegen, sich jedenfalls zukünftig um eine gesetzmäßige, effiziente und wirtschaftliche Verwaltungsführung zu bemühen. Von den durch diese Budgetkürzungen betroffenen Verwaltungsprogrammen aus gesehen, kann sich diese Methode jedoch als fragwürdig erweisen; die Ziele der Verwaltungsprogramme können dabei nur allzu leicht außer acht geraten. Diese Ziele nämlich mögen die finanziell ungeschwächte Weiterführung der Programme zwingend erfordern, ungeachtet irgendwelcher Mängel in deren bisheriger Ausführung. Eben diesen Gesichtspunkt unterstrich in einem dem *International Educational Exchange-Fall* gleich gelagerten Fall der Vertreter der von den Budgetkürzungen betroffenen Verwaltungsbehörde, wenn er sagte: "... it is sometimes said that because cases of inadequate administration have developed, the program should be cut, presumably as some sort of punishment of the administrators. This seems to make little sense to me. The ... program is neither a punishment nor a reward to its administrators. It is of vital national necessity[236]." Insofern muß also die Verwaltung ein weiteres Mal[237] nach einer das House Appropriations Committee hemmenden Kraft im Kongreß suchen, die einen möglichen Widerstreit zwischen dem Interesse des Ausschusses an einer strengen Handhabung seiner Finanzkontrolle und dem der Verwaltung (und seiner Klientel) an einer finanziell nicht geschwächten Weiterführung eines Verwaltungsprogramms auszugleichen vermag. Die Verwaltung findet diese

---

[234] Hearings Before the Subcommittee of the House Committee on Appropriations, Department of State Appropriations for 1960, 86th Cong., 1st Sess. (1959), S. 99.

[235] *House Committee on Appropriations*, Departments of State and Justice, the Judiciary, and Related Agencies Appropriations Bill, Fiscal Year 1960, H. R. Rep. No. 376, 86th Cong., 1st Sess. (1959), S. 8.

[236] Hearings Before the Subcommittee of the Senate Committee on Appropriations on H. R. 8385, 86th Cong., 1st Sess. (1959), S. 79.

[237] Siehe oben S. 122 f.

hemmende und zugleich ausgleichende Kraft im Senate Appropriations Committee.

Im *International Educational Exchange-Fall* beispielsweise bat der International Educational Exchange Service vor dem Bewilligungsausschuß im Senat, die durch das House Appropriations Committee empfohlenen und im House vorgenommenen Budgetkürzungen noch einmal zu überprüfen. Dabei verwies die Behörde darauf, daß auf Grund der einseitig vom Gesichtspunkt einer wirtschaftlichen Verwaltungsführung her bestimmten Betrachtungsweise des Bewilligungsausschusses im Repräsentantenhaus wichtige politische Gesichtspunkte vernachlässigt worden seien. So komme es beispielsweise bei der Stipendienvergabe nicht ausschließlich auf die sprachlichen oder sonstigen Qualifikationen der Bewerber an; mitunter spielten auch angesichts der Position des Bewerbers in seinem Heimatland die außenpolitischen Implikationen einer Stipendienvergabe oder -ablehnung eine nicht unwesentliche Rolle. Außerdem unterstrich sie, daß die auch von ihr nicht bestrittenen Verwaltungsmängel in der Zwischenzeit behoben worden seien, was auch von der Finanzkontrollbehörde in einem zweiten jüngeren Bericht über den International Educational Exchange Service festgestellt worden sei. Sie traf mit beiden Gesichtspunkten im Senate Appropriations Committee auf Verständnis, wie sich folgendem Dialog zwischen Behördenvertretern und Ausschußmitgliedern entnehmen läßt:

Mr. *Edgar.* Mr. Senator, we feel the selection should not be based on their knowledge of the language. It may be that their importance in the country is such that our Ambassador there feels the visit here is quite worthwhile ...

...

Senator *Mundt.* Do you think the individual from overseas gets as much value from the trip if he has no knowledge of the language as he would if he had some understanding of it?

Mr. *Edgar.* Perhaps the fact they do not have the language is an indication of the restrictions around their point of view and that they need the trip more.

Senator *Mundt.* These would be important people, you mean, in government or in some leadership or public opinion-formulating program over there?

Mr. *Edgar.* Yes, sir.

...

Senator *Fulbright.* Why is our attention focused upon the previous report which has been cured apparently?

Mr. *Edgar.* Your attention is focused upon it because of the attention the House committee gave it.

Senator *Fulbright.* Why do you think they focused their attention on the 1955 and 1956 report and practically ignored the 1958 report?

Mr. *Edgar.* The 1958 report is the newest report. Perhaps they had not received it.

Senator *Fulbright*. Perhaps they had not received it? Well, did you not bring it to their attention? You did in the hearings. Somebody did. Mr. Berding did. Mr. Hawkins. How do you explain that preoccupation with the old report where the last one in effect gave you a clean bill of health[238]?

Darüber hinaus empfahl der Bewilligungsausschuß im Senat, die Budgetkürzungen wieder rückgängig zu machen, ja, er schlug vor, das Budget des International Educational Exchange Service über den gekürzten Betrag hinaus um 195 000 Dollar zu erhöhen[239].

Diese Weiterentwicklung des *International Educational Exchange-Falles* zeigt, wie sich der Antagonismus zwischen dem House und dem Senate Appropriations Committee auf die Position der Verwaltungsbehörden auswirkt, die der Finanzkontrolle des Bewilligungsausschusses im Repräsentantenhaus unterliegen. Sie können aus diesem Gegensatz zwischen beiden Ausschüssen Nutzen ziehen, indem sie sich vor dem Bewilligungsausschuß im Senat gegen Budgetkürzungen wenden, mit denen das House Appropriations Committee sie wegen ihrer gesetzwidrigen, nicht effizienten oder unwirtschaftlichen Verwaltungsführung „bestrafen" wollte. Dabei haben sie Gelegenheit, dessen einseitig vom Gesichtspunkt einer wirtschaftlichen Verwaltungsführung her bestimmte Betrachtungsweise in Frage zu stellen. Entsprechend dem Selbstverständnis des Senate Appropriations Committee als „verantwortlicher Gesetzgeber" können sie dort auch mit einiger Wahrscheinlichkeit auf Unterstützung rechnen. Das ist jedenfalls dann zu erwarten, wenn das House Appropriations Committee bei der Würdigung des beanstandeten Verwaltungsgebarens tatsächlich wesentliche politische oder möglicherweise auch fachmännische Gesichtspunkte gegenüber dem der ökonomischen Verwaltungsführung vernachlässigt hat oder wenn die Verwaltungsbehörde in der Zwischenzeit die festgestellten Verwaltungsmängel behoben hat.

---

238 Hearings Before the Subcommittee of the Senate Committee on Appropriations on H. R. 7343, 86th Cong., 1st Sess. (1959), S. 238, 263—64.

239 *Senate Committee on Appropriations*, Departments of State and Justice, the Judiciary, and Related Agencies Appropriations Bill, 1960, S. Rep. No. 424, 86th Cong., 1st Sess. (1959), S. 5.

Dritter Abschnitt

Die Reformvorschläge für die Finanzkontrolle durch Bundestag und Bundesrat

I. Die legislative Finanzkontrolle in den Vereinigten Staaten als Ausgangspunkt

Anläßlich der Behandlung der Finanzkontrolle durch Bundestag und Bundesrat war bezweifelt worden, ob Aufgabenbereich, leitende Positionen und Arbeitsweise des Bundesrechnungshofes durchweg so strukturiert sind, daß die Finanzkontrollbehörde Bundestag und Bundesrat bei deren Finanzkontrolle wirksam unterstützen kann. Außerdem war die Art und Weise kritisiert worden, in der Bundestag und Bundesrat ihre Finanzkontrolle auf der Grundlage der Prüfungsergebnisse des Bundesrechnungshofes durchführen.

Vor diesem Hintergrund[1] sind verschiedene Elemente der legislativen Finanzkontrolle in den Vereinigten Staaten als Ausgangspunkt für Vorschläge zu einer Reform der legislativen Finanzkontrolle in der Bundesrepublik zu erwägen. Diese verschiedenen Elemente sind einmal in der Gestaltung der amerikanischen Finanzkontrollbehörde als eines Hilfsorgans der Legislative zu suchen. Sie liegen zum anderen in der Art und Weise begründet, in der beide Häuser des Kongresses ihre Finanzkontrolle auf der Grundlage der Untersuchungsergebnisse des General Accounting Office durchführen:

1. Die amerikanische Finanzkontrollbehörde steht hauptsächlich im Dienst des Kongresses. Insbesondere können der Kongreß und dessen Ausschüsse die Finanzkontrollbehörde beauftragen, einzelne Fälle einer gesetzwidrigen, nicht effizienten oder unökonomischen Verwaltungsführung zu untersuchen. Darüber hinaus können die Kongreßausschüsse das Personal des General Accounting Office für ihre eigenen Untersuchungen heranziehen. Allerdings ist die Finanzkontrollbehörde verpflichtet, dem Präsidenten und dem Bureau of the Budget über ihre Kontrollergebnisse zu berichten.

---

[1] Im einzelnen siehe dazu oben S. 52 f.

2. Der Senat übt auf die Besetzung der leitenden Positionen der amerikanischen Finanzkontrollbehörde einen bestimmenden Einfluß aus. Der Comptroller General und der Assistant Comptroller General werden zwar durch den Präsidenten ernannt, die Ernennung bedarf aber der Zustimmung des Senats. Weiterhin können beide Häuser des Kongresses, wenn auch nicht nach Belieben, die Kontinuität der Amtsführung der Behördenspitze bestimmen. Denn nur durch deren übereinstimmenden Beschluß können der Comptroller General und sein Stellvertreter bei Vorliegen bestimmter Entlassungsgründe abberufen werden, bevor ihre fünfzehnjährige Amtszeit abgelaufen ist.

3. Um einer einigermaßen aktuellen Berichterstattung willen teilt die amerikanische Finanzkontrollbehörde dem Kongreß (ebenso wie dem Präsidenten und dem Bureau of the Budget) ihre Kontrollergebnisse das ganze Jahr hindurch jeweils in Berichten mit, die sich immer nur mit einem Fall einer nicht gesetzmäßigen, nicht effizienten oder unökonomischen Verwaltungsführung oder jedenfalls nur mit einer Gruppe derartiger Fälle befassen.

4. Der unserem Haushaltsausschuß vergleichbare Bewilligungsausschuß im Repräsentantenhaus übt im Rahmen seiner Budgetkontrolle auf der Grundlage der Berichte der amerikanischen Finanzkontrollbehörde eine rigorose Finanzkontrolle aus. Der dem Finanzausschuß im Bundesrat vergleichbare Bewilligungsausschuß im Senat handhabt seine Finanzkontrolle ebenfalls im Rahmen seiner Budgetkontrolle, indem er als eine hemmende und ausgleichende Kraft einer allzu rigorosen Finanzkontrolle durch das House Appropriations Committee Schranken setzt.

II. Die einzelnen Reformvorschläge

1. Der Bundesrechnungshof als Hilfsorgan von Bundestag und Bundesrat

Wenn im folgenden jeweils unter Anlehnung an die verschiedenen Elemente der legislativen Finanzkontrolle in den USA einzelne Reformvorschläge für die Finanzkontrolle durch Bundestag und Bundesrat entwickelt werden, dann liegt in der Auseinandersetzung mit diesen Vorschlägen das Schwergewicht auf drei Gesichtspunkten: Einmal auf den verfassungsrechtlichen Verschiedenheiten des deutschen und des amerikanischen Regierungssystems, auf Grund deren es fraglich ist, ob sich verschiedene Elemente der amerikanischen Finanzkontrolle unverändert oder überhaupt in das deutsche Regierungssystem übertragen lassen; zum zweiten auf der besonderen „Ambiance“ der legislativen Finanzkontrolle in den Vereinigten Staaten, auf Grund deren zu überlegen ist, ob sich an eine (nach den Gegebenheiten des deutschen Regierungssystems zwar durchführbare) Übertragung bestimmter Elemente der amerikanischen Finanzkontrolle überhaupt die Hoffnung knüpfen läßt, daß hierdurch die Finanzkontrolle durch Bundestag und Bundesrat verbessert würde; drittens auf bestimmte Anforderungen, die (unabhängig von jenen spezifisch rechtsvergleichenden Fragestellungen) unmittelbar aus den Gegebenheiten des deutschen Regierungssystems an die deutsche Finanzkontrollbehörde gestellt werden können oder müssen und die entweder deren Umstrukturierung möglicherweise entgegenstehen oder sie gerade fordern[2].

Der erste Reformvorschlag, der hier zur Diskussion gestellt wird, sieht vor, den Bundesrechnungshof vorwiegend in den Dienst von Bundestag und Bundesrat zu stellen. Insbesondere sollen die legislativen Körperschaften und deren Ausschüsse den Bundesrechnungshof beauftragen können, einzelne Fälle einer gesetzwidrigen oder unökonomischen Verwaltungsführung zu untersuchen. Außerdem sollen die Bundestags- und Bundesratsausschüsse berechtigt sein, das Personal des Bundesrechnungshofes für ihre eigenen Untersuchungen zu verwenden. Der Bundesregierung gegenüber soll der Bundesrechnungshof nur über seine Kontrollergebnisse berichten müssen[3].

a) Soweit sich dieser Vorschlag dahin richtet, den Bundesrechnungshof vornehmlich in den Dienst von Bundestag und Bundesrat zu stellen, steht ihm nicht etwa entgegen, daß die Bundesregierung für ihre Verwaltungskontrolle der Hilfe des Bundesrechnungshofes ebenso bedarf wie Bundestag und Bundesrat dieser Hilfe für ihre Finanzkontrolle bedürfen. Denn dieser Vorschlag würde den Aufgabenbereich des Bundesrechnungshofes gegenüber der Bundesregierung, so wie er jetzt ausgestaltet ist, nur insofern schmälern, als die Finanzkontrollbehörde nicht mehr wie bisher die Bundesregierung oder einzelne Bundesminister zu beraten hätte[4]. Da aber schon heute diese Aufgabe dem Präsidenten des Bundesrechnungshofes in seiner speziellen Rolle als Bundesbeauftragter für Wirtschaftlichkeit in der Verwaltung zufällt[5], könnten die Bundesregierung oder deren Mitglieder nach wie vor diesen Bundesbeauftragten um derartige Beratungen ersuchen; überdies sollen sie, anders als nach der bisherigen Rechtslage, allein diese Möglichkeit haben, von der heute auch die legislativen Organe Gebrauch machen dürfen[6]. Denn wenn einerseits der Bundesrechnungshof in der

---

[2] Vgl. dazu *E. Fraenkel*, a.a.O. (s. S. 11, Anm. 6), S. 307, 242—43.
[3] Siehe dazu oben S. 31.
[4] Siehe dazu oben S. 31.
[5] Siehe dazu oben S. 31.
[6] Siehe dazu oben S. 31.

Hauptsache in den Dienst von Bundestag und Bundesrat gestellt würde, andererseits die Beratertätigkeit des Bundesbeauftragten für die Bundesregierung oder die einzelnen Bundesminister erhalten bleiben soll, müßte folgerichtig die Personalunion der Ämter des Präsidenten des Bundesrechnungshofes und des Bundesbeauftragten für Wirtschaftlichkeit aufgelöst werden, so daß der Bundesbeauftragte allein in den Dienst der Bundesregierung und ihrer Mitglieder gestellt werden könnte.

Demnach wäre gegen diesen Vorschlag aus dem Blickwinkel der Bundesregierung nur noch einzuwenden, daß sie nicht ebenso wie Bundestag, Bundesrat und deren Ausschüsse den Bundesrechnungshof für bestimmte Untersuchungen einsetzen oder sich dessen Personal für eigene Untersuchungen zunutze machen könnte.

Dafür kann indessen auf seiten der Bundesregierung gar kein Bedürfnis bestehen. An anderer Stelle[7] ist bereits dargelegt worden, daß und warum im Gesamtbereich des demokratischen Regierungsprozesses nicht nur der Vollzug, sondern auch die Bestimmung der Staatstätigkeit zunehmend auf der Exekutive lastet, während das Parlament im wesentlichen auf die Aufgabe der politischen Kontrolle über Regierung und Verwaltung verwiesen ist und parallel hierzu die Aufgaben des Bundesrates ebenfalls hauptsächlich in der kontrollierenden und korrigierenden Einflußnahme auf Bundesregierung und Bundesverwaltung (neben der auf das Bundesparlament) liegen. Infolgedessen hat die Regierung ihre Kraft darauf zu konzentrieren, die Regierungs- und Verwaltungsprogramme und den hierzu adäquaten Regierungs- und Verwaltungsstil zu konzipieren und zu koordinieren. Sie wird hingegen im großen und ganzen keine Mühe darauf verwenden, sich auch mit der Kontrolle der Verwaltung zu befassen; wenn sie das dennoch in Einzelfällen zu tun wünscht, kann sie sich hierfür auf die Berichte des Bundesrechnungshofes über dessen Kontrollergebnisse stützen, die ihr ja weiterhin zugeleitet werden sollen. Für diese Einzelfälle bedarf die Regierung nicht noch weiterer Hilfen der Finanzkontrollbehörde, wie der Möglichkeit, sie mit besonderen Untersuchungen zu betrauen oder auf ihr Personal für eigene Untersuchungen zurückgreifen. So läßt bereits der außerordentlich schwache Widerhall, den die Berichte des General Accounting Office beim Präsidenten und beim Bureau of the Budget finden[8], vermuten, daß die Regierung in der Regel schon nicht der richtige Adressat solcher Berichte ist. Erst recht wird sie dann nicht anderer, über jene Berichte hinausgehender Hilfen der Finanzkontrollbehörde bedürfen. Vor allem aber wäre dann ausgeschlossen, daß die Regierung die Kontrolltätigkeit der Finanzkontrollbehörde teilweise

---

[7] Siehe dazu oben S. 15 ff.

[8] Siehe dazu oben S. 61 f.

bestimmen und überdies personell schwächen und auf diese Weise deren Dienst zugunsten der legislativen Organe beeinträchtigen und sie von der Regierung abhängig machen kann.

Es spricht also nichts dagegen, die Finanzkontrollbehörde in erster Linie in den Dienst von Bundestag und Bundesrat zu stellen; es sprechen aber verschiedene Gründe für eine solche Regelung.

Zunächst lassen bestimmte Wesenszüge der legislativen Finanzkontrolle in den Vereinigten Staaten vermuten, daß infolge einer solchen Regelung auch der Bundesrechnungshof die legislativen Körperschaften bei deren Finanzkontrolle wirksamer als bisher unterstützen könnte und würde. So bemüht sich das General Accounting Office deswegen so intensiv um Kooperation mit dem Kongreß, weil sich die amerikanische Finanzkontrollbehörde als Hilfsorgan der Legislative versteht[9]. Umgekehrt trägt zu der Entschiedenheit der Unterstützung, die das House Appropriations Committee dem General Accounting Office zuteil werden läßt, wesentlich bei, daß die amerikanische Finanzkontrollbehörde als legislatives Hilfsorgan verstanden wird[10]. Diese Unterstützung des Bewilligungsausschusses im Repräsentantenhaus aber hat eine Wechselwirkung: sie stärkt die Position des General Accounting Office gegenüber der Verwaltung und erhöht damit die Wirksamkeit der Unterstützung, die die amerikanische Finanzkontrollbehörde der Finanzkontrolle durch das House Appropriations Committee zuteil werden lassen kann[11]. Schließlich wird das Vertrauen, das insbesondere das House Appropriations Committee in die Tätigkeit des General Accounting Office setzt, dadurch erheblich gefördert, daß die amerikanische Finanzkontrollbehörde als Hilfsorgan der Legislative verstanden wird[12]. Ein solches Vertrauen aber ist die unabdingbare Voraussetzung dafür, daß die amerikanische Finanzkontrollbehörde die Finanzkontrolle durch den Bewilligungsausschuß im Repräsentantenhaus wirksam unterstützen kann.

Ein weiterer Grund dafür, den Bundesrechnungshof in erster Linie in den Dienst von Bundestag und Bundesrat zu stellen, ist in seiner für die Finanzkontrolle der legislativen Organe notwendigen Zusammenarbeit mit der Verwaltung zu suchen.

In Anbetracht des umfangreichen Bereichs der Verwaltungsführung des Bundes, mit dem sich die zuständigen Ausschüsse in Bundestag und Bundesrat bei ihrer Finanzkontrolle zu befassen haben, müssen sie diese Aufgabe jedenfalls zum Teil an den Bundesrechnungshof dele-

---

9 Siehe dazu oben S. 89 ff.

10 Siehe dazu oben S. 116.

11 Siehe dazu oben S. 112.

12 Siehe dazu oben S. 88.

gieren können. Sie werden daher ebenso wie das House Appropriations Committee[13] daran interessiert sein, daß der Bundesrechnungshof gegenüber der jeweils betroffenen Verwaltungsbehörde die etwa notwendigen Verbesserungen in deren Verwaltungsführung durchzusetzen sucht, ohne hierfür immer nach dem Beistand der legislativen Körperschaften und insbesondere ihrer zuständigen Ausschüsse rufen zu müssen. Den Ausschüssen wird also an einer wohl funktionierenden Kooperation zwischen dem Bundesrechnungshof und der Verwaltung gelegen sein.

Diese unerläßliche Zusammenarbeit zwischen Bundesrechnungshof und Verwaltung ist indessen nur dann mit der Bundestag und Bundesrat eigenen Kontrollfunktion vereinbar, wenn man die Finanzkontrollbehörde allein in deren Dienst stellt. Innerhalb des Kongresses klang einmal die Befürchtung an[14], das General Accounting Office könnte angesichts seiner intensiven Zusammenarbeit mit der Verwaltung danach trachten, die Kontrollfunktion des Kongresses zu usurpieren, und dies, *obwohl* sich die amerikanische Finanzkontrollbehörde als Hilfsorgan der Legislative versteht. Um wieviel berechtigter also wäre es, wenn Bundestag und Bundesrat diese Befürchtung gegenüber einer Finanzkontrollbehörde hegten, die *nicht* wie das General Accounting Office überwiegend im Dienst der legislativen Körperschaften steht. Dies gilt jedenfalls dann, wenn Bundestag und Bundesrat die ihnen zufallende Aufgabe der Regierungs- und Verwaltungskontrolle so gewichtig nehmen, wie sie angesichts der geschilderten Funktionsverteilung zwischen den legislativen Körperschaften und der (Bundes)-exekutive ist.

Der wichtigste Grund aber dafür, den Bundesrechnungshof hauptsächlich in ein Hilfsorgan der Legislative umzugestalten, ist bereits angeklungen: Während die Bestimmung der Staatstätigkeit zunehmend von der Exekutive übernommen wird, fällt dem Parlament im wesentlichen die Aufgabe der politischen Regierungs- und Verwaltungskontrolle zu, ebenso wie die Aufgaben des Bundesrates in der Hauptsache in der kontrollierenden und korrigierenden Einwirkung auf Bundesregierung und Bundesverwaltung (neben der auf das Bundesparlament) liegen. Von dieser Aufgabenverteilung her gesehen, ist es nur folgerichtig, ein Kontrollorgan wie den Bundesrechnungshof, auf dessen wirksame Unterstützung die legislativen Körperschaften bei der Ausübung ihrer Finanzkontrolle als ein Segment der ihnen zufallenden Regierungs- und Verwaltungskontrolle angewiesen sind, auch vorwiegend in den Dienst der legislativen Organe zu stellen.

---

[13] Siehe dazu oben S. 112.

[14] Siehe dazu oben S. 108 f.

Daß eine derartige Regelung tatsächlich notwendig ist, wenn der Bundesrechnungshof die legislativen Organe bei der Durchführung ihrer Finanzkontrolle wirksamer als bisher unterstützen soll, zeigt ein Fall, der aus Anlaß der Behandlung der Finanzkontrolle durch Bundestag und Bundesrat beschrieben worden ist[15]. In diesem Fall hatte der Bundesrechnungshof bei einem bestimmten von ihm kritisierten Verwaltungsvorgang zwar die Seite beleuchtet, die für die verwaltungsinterne Verantwortlichkeit der für diesen Vorgang zuständigen Beamten relevant ist, nicht aber auch die Seite, die die politische Verantwortlichkeit des zuständigen Regierungsmitgliedes erhellt hätte. Dieser Fall macht das Dilemma deutlich, in das der Bundesrechnungshof offenbar geraten kann und weiter geraten wird, solange er sowohl im Dienst der legislativen Körperschaften als auch in dem der Bundesregierung steht: Will die Finanzkontrollbehörde bei einem von ihr mißbilligten Verwaltungsvorgang auch die politische Verantwortlichkeit des zuständigen Bundesministers klären, dann ist ein Konflikt mit der Bundesregierung nicht auszuschließen. Solange sie aber in deren Dienst ebenso steht wie in dem von Bundestag und Bundesrat, läßt es sich denken, daß sie sich wegen eben dieser Doppelfunktion bemühen wird, einen Konflikt mit der Bundesregierung zu vermeiden und aus diesem Grund vorziehen wird, bei der Untersuchung eines Verwaltungsvorgangs die Frage der politischen Verantwortlichkeit des zuständigen Bundesministers auszuklammern. Die Klärung gerade dieser Frage aber ist der Brennpunkt jeder Regierungs- und Verwaltungskontrolle und damit auch der Finanzkontrolle. „... die politische Verantwortlichkeit für aufgedeckte Mißstände (ist) dort festzunageln, wo sie allein hingehört: beim zuständigen Minister[16] ...“ Soll also sichergestellt werden, daß der Bundesrechnungshof Bundestag und Bundesrat in deren Finanzkontrolle insofern wirksamer als bisher unterstützt, als er in seinen Untersuchungen auch der Frage der politischen Verantwortlichkeit der jeweils zuständigen Regierungsmitglieder nachgeht, dann ist die Finanzkontrollbehörde von ihrer Doppelfunktion zu befreien und in den Dienst der legislativen Körperschaften zu stellen.

Allerdings gilt dies, jedenfalls was die Umstrukturierung des Bundesrechnungshofes in ein Hilfsorgan des *Bundestages* anlangt, nur unter einem Vorbehalt. Diese Einschränkung liegt in einem bestimmten Wesenszug des deutschen parlamentarischen Regierungssystems im Gegensatz zum amerikanischen präsidentiellen Regierungssystem begründet, den *Ernst Fraenkel*[17] besonders einprägsam herausgearbeitet hat: Der amerikanische Präsident wird nicht von der Kongreßmehrheit

---

[15] Siehe dazu oben S. 32 f.

[16] *H. Ehmke*, Untersuchungsausschüsse, a.a.O. (s. S. 12, Anm. 10), S. E 43.

[17] a.a.O. (s. Anm. 2), S. 281—82.

bestellt und ist auch nicht von deren Vertrauen abhängig. Umgekehrt sind daher deren Wahlchancen auch nicht vom Ansehen des Chefs der Exekutive und seinem Kabinett abhängig. Denn wenn die Kongreßmehrheit den Präsidenten weder bestellt noch zum Rücktritt zwingen kann, dann hat sie beim Wähler auch keinen Vertrauensschwund gegenüber ihrer eigenen Politik zu befürchten, wenn sie keinen Zweifel daran läßt, daß sie nur ein beschränktes Vertrauen zum Präsidenten und dessen Kabinett hat. Da sich deshalb die Kongreßmehrheit nicht mit dem Präsidenten und seinem Kabinett zu identifizieren braucht, wird „die Ausübung parlamentarischer ... Kontrolle nicht der ... ‚Opposition' überlassen", sondern „der Kongreß (empfindet sich) als ganzer als Kontrollinstanz der Regierung".

Zwar trifft dies auch auf den Bundesrat zu. Denn auch der Bundesrat als ganzer ist der Gegenspieler der Bundesregierung[18]. Etwas anderes gilt hingegen für den Bundestag.

Der Bundeskanzler wird von der Bundestagsmehrheit bestellt und ist von deren Vertrauen abhängig. Daher hängen deren Wahlchancen auch „von der Reputation der Regierung ab. Eine parlamentarische Mehrheitspartei, die die Regierung stellt", (und sie nicht zum Rücktritt zwingen kann, so ist zu ergänzen) „kann nicht erwarten, daß das Volk zu ihrer Politik Vertrauen hat, wenn sie den Eindruck erweckt, daß sie nicht uneingeschränktes Vertrauen zu der von ihr bestellten Regierung d. h. aber, zu sich selber hat"[19]. Da die Parlamentsmehrheit es sich aber aus diesem Grund nicht leisten kann, die von ihr gestellte Regierung im Wege der Regierungs- und Verwaltungskontrolle bloßzustellen, fällt diese Aufgabe in der Hauptsache der Parlamentsopposition zu[20].

Geht man hiervon aus, dann ist zu befürchten, daß sich die Zwangslage, in die der Bundesrechnungshof geraten kann, solange er sowohl im Dienst der legislativen Organe als auch in dem der Bundesregierung steht, nur verlagert, wenn man ihn von dieser Doppelfunktion befreit und ihn in ein Hilfsorgan (auch) des Bundestages umstrukturiert: Will dann nämlich die Finanzkontrollbehörde bei einem von ihr beanstandeten Verwaltungsvorgang auch die politische Verantwortlichkeit des zuständigen Bundesministers klarstellen, dann ist ein Konflikt mit der Bundestagsmehrheit nicht auszuschließen. Dann aber läßt es sich vorstellen, daß sich der Bundesrechnungshof bemühen wird, einen solchen Konflikt zu vermeiden und aus diesem Grund bevorzugen wird, bei der Untersuchung dieses Verwaltungsvorgangs die Frage der politi-

---

18 Siehe dazu oben S. 20 ff.

19 *E. Fraenkel*, a.a.O.

20 Vgl. dazu auch oben S. 17, Anm. 35.

schen Verantwortlichkeit des zuständigen Bundesministers hintanzustellen. Soll daher wirklich sichergestellt werden, daß die Finanzkontrollbehörde in ihren Untersuchungen auch der Frage der politischen Verantwortlichkeit des jeweils zuständigen Regierungsmitgliedes nachgeht, dann ist der Parlamentsopposition ein gewichtiger Einfluß auf die Kontrolltätigkeit des Bundesrechnungshofes einzuräumen. Darauf wird noch einzugehen sein[21].

b) Der hier erwogene Reformvorschlag richtet sich besonders dahin, Bundestag, Bundesrat und deren Ausschüssen zu ermöglichen, den Bundesrechnungshof mit Untersuchungen einzelner Fälle der Verwaltungsführung zu beauftragen und dessen Personal für ihre eigenen Untersuchungen zuzuziehen.

Hiergegen könnte man zunächst einwenden, daß sich eine solche Regelung zwar bruchlos in das amerikanische Regierungssystem einfügt, daß sie dem deutschen Regierungssystem aber zumindest dort fremd ist, wo sie sich auf die Bundestags- und Bundesratsausschüsse bezieht. Denn im Repräsentantenhaus und im Senat kann jeder Ausschuß Untersuchungen durchführen[22]. Demgegenüber kann der Bundestag zwar Untersuchungsausschüsse einsetzen, der Bundesrat hingegen hat selbst diese Befugnis nicht; folgerichtig stehen auch keinem seiner Fachausschüsse die Rechte eines Untersuchungsausschusses zu, während im Bundestag immerhin dem Verteidigungsausschuß diese Rechte zukommen (Art. 45 a Abs. 2 GG).

Immerhin kann an diesem Vorschlag jedenfalls in Hinblick auf die Untersuchungsausschüsse, die im Bundestag eingesetzt werden bzw. sich dort als solche konstituieren, grundsätzlich festgehalten werden. Dies würde — teilweise — einer Regelung gleichkommen, wie sie in Bayern zwischen dem dortigen Obersten Rechnungshof und den Untersuchungsausschüssen des Landtags und den mit bestimmten besonderen Untersuchungsaufgaben betrauten Ausschüssen des Senats besteht[23].

Aber auch in Hinblick auf die übrigen Fachausschüsse des Bundestages (neben dem Verteidigungsausschuß) kann an diesem Vorschlag grundsätzlich festgehalten werden. Denn da die traditionellen ad hoc-Untersuchungsausschüsse ihrer Struktur und ihrem Verfahren nach für die *laufende* Kontrolle von Regierung und Verwaltung unbrauchbar sind, ist vorgeschlagen worden, diese Aufgabe entsprechend ihrem jeweiligen Sachbereich auf die Fachausschüsse zu übertragen und diese hierfür mit den erforderlichen Prüfungs- und Untersuchungsrechten

[21] Vgl. dazu unten S. 145, 148 ff.

[22] Vgl. dazu *E. Fraenkel*, a.a.O. (s. Anm. 2), S. 303.

[23] Siehe dazu oben S. 37, Anm. 136.

auszustatten[24]. In den Kreis dieser Rechte könnte man die hier vorgeschlagene Regelung einfügen.

In einer bestimmten Richtung aber gilt es diesen Vorschlag zu ergänzen. Wenn, wie geschildert, sich im präsidentiellen Regierungssystem das Parlament als ganzes als Kontrolleur der Regierung und Verwaltung empfindet, dann ist es auch nicht erforderlich, schon einer qualifizierten Minderheit in beiden Kongreßhäusern und deren Ausschüssen die für die Regierungs- und Verwaltungskontrolle notwendigen Instrumente in die Hand zu geben. Dasselbe trifft auf den Bundesrat zu, wenn er als ganzer der Gegenspieler der Bundesregierung ist. Wenn aber in einem parlamentarischen Regierungssystem die Kontrolle über Regierung und Verwaltung hauptsächlich bei der Parlamentsopposition aufgehoben ist, dann ist es notwendig, bereits einer qualifizierten Minderheit des Bundestages und seiner Ausschüsse die für die Regierungs- und Verwaltungskontrolle erforderlichen Mittel einzuräumen. Aus diesem Grund muß schon eine qualifizierte Minderheit im Bundestag und in dessen Ausschüssen auch das Recht haben, den Bundesrechnungshof mit Untersuchungen bestimmter Fälle der Verwaltungsführung zu betrauen und dessen Personal für die eigenen Untersuchungen zuzuziehen. Auf diese Weise wiederum erhält die Opposition im Bundestag einen gewichtigen Einfluß auf die Kontrolltätigkeit des Bundesrechnungshofes.

Aber auch in Hinblick auf die Fachausschüsse des Bundesrates muß der hier erörterte Reformvorschlag abgewandelt werden.

An anderer Stelle[25] ist bereits auf zweierlei aufmerksam gemacht worden: Der Bundesrat hat eine Doppelrolle als Bundesorgan und als Ländervertretung auszufüllen. Und zum anderen: Die Rolle des Bundesrates als Ländervertretung ist dadurch unterstrichen worden, daß ihm verschiedene, dem Bundestag eigene Instrumente der Kontrolle über die Bundesregierung und -verwaltung (die verschiedenen Interpellationsmittel des Bundestages, dessen Recht, einen Untersuchungsausschuß einzusetzen, sowie das, den Wehrbeauftragten mit Prüfungsaufgaben zu betrauen) versagt wurden, die er, von den Belangen der Länder her gesehen, gar nicht benötigt und infolgedessen nur in seiner Rolle als Bundesorgan hätte handhaben können. Es hieße also diesen Akzent versetzen und daher die ursprüngliche Gewichtsverteilung zwischen den beiden Rollen des Bundesrates einmal mehr[26] zugunsten der eines Bundesorgans verschieben, wollte man die Fachausschüsse auch des Bundesrates in die laufende Kontrolle von Bundesregierung

---

[24] *H. Ehmke*, Untersuchungsausschüsse, a.a.O. (s. Anm. 17), S. E 33, E 34—36.
[25] Siehe dazu oben S. 21 ff.
[26] Siehe dazu oben S. 22 f.

und -verwaltung einschalten und ihnen die Möglichkeit einräumen, sich hierfür des Bundesrechnungshofes zu bedienen. Denn von den Länderinteressen her gesehen sind sie auf diese Kontrolle ebensowenig angewiesen, wie der Bundesrat jener anderen erwähnten Kontrollmittel bedarf. Für die Fachausschüsse des Bundesrates ist also dieser Vorschlag grundsätzlich fallen zu lassen.

Der Finanzausschuß im Bundesrat jedoch nimmt unter dessen Fachausschüssen eine Sonderstellung ein. Ihm in der Hauptsache fällt die dem Bundesrat obliegende Aufgabe der Finanzkontrolle zu. Sie wiederum ist für die Belange der Länder ohne Bedeutung, so daß sie dem Bereich der Aufgaben zuzurechnen ist, die der Bundesrat in seiner Rolle als Bundesorgan wahrnimmt[27]. Infolgedessen fällt dem Finanzausschuß bereits heute eine Aufgabe zu, die sich auf die Stellung des Bundesrates als Bundesorgan gründet. Demnach würde auch die ursprüngliche Gewichtsverteilung zwischen den Rollen des Bundesrates nicht zugunsten der eines Bundesorgans verändert werden, wenn man den Finanzausschuß in die laufende Kontrolle über Bundesregierung und -verwaltung einfügte und ihm ermöglichte, hierzu die Finanzkontrollbehörde in Anspruch zu nehmen. Für den Finanzausschuß im Bundesrat also kann an diesem Vorschlag festgehalten werden.

2. Die Besetzung der leitenden Positionen im Bundesrechnungshof durch die legislativen Organe

Wenn man den Bundesrechnungshof nahezu ausschließlich in den Dienst der legislativen Körperschaften stellt, dann muß man diesen folgerichtig auch einen bestimmenden Einfluß sowohl auf die Besetzung der leitenden Positionen der Finanzkontrollbehörde als auch bis zu einem gewissen Grad auf die Kontinuität der Amtsführung der Behördenspitze einräumen.

Versucht man nun die entsprechende amerikanische Regelung in unveränderter Form auf die deutschen Verhältnisse zu übertragen, dann ist hier als zweiter Reformvorschlag zur Debatte zu stellen, die Ernennung des Präsidenten und des Vizepräsidenten des Bundesrechnungshofes von der Zustimmung des Bundesrates abhängig zu machen, beide Präsidenten nur auf begrenzte längere Dauer in ihr Amt zu berufen und sie bei Vorliegen bestimmter Entlassungsgründe durch übereinstimmenden Beschluß von Bundestag und Bundesrat ablösen zu können.

a) Soweit sich dieser Vorschlag allerdings dahin richtet, die Besetzung der leitenden Positionen im Bundesrechnungshof der Zustimmung des

[27] Siehe dazu oben S. 51 f.

Bundesrates zu unterwerfen, so ist bereits die entsprechende amerikanische Regelung nicht sachgerecht. Wenn die präsidentielle Ernennung des Comptroller General und seines Stellvertreters der Zustimmung des Senats unterliegt, so ist diese Regelung dem allgemeinen Mitwirkungsrecht des Senats bei der Ausübung der präsidentiellen Personalhoheit angepaßt[28]. Das vermag zwar den Ursprung dieser Regelung zu erklären, sachgerecht erscheint die Lösung jedoch nicht. Denn da die Finanzkontrolle beiden Häusern des Kongresses obliegt, müßte die Besetzung der führenden Stellen in dem Kontrollorgan, auf das sie beide bei der Wahrnehmung dieser Aufgabe angewiesen sind, auch von der Zustimmung sowohl des Senats als auch des Repräsentantenhauses abhängig sein. Entsprechendes gilt für Bundestag und Bundesrat, die ebenfalls beide an der Durchführung der Finanzkontrolle beteiligt sind. Infolgedessen wäre die Besetzung der leitenden Positionen im Bundesrechnungshof sowohl der Zustimmung des Bundesrates als auch der des Bundestages zu unterwerfen. Damit wäre eine Regelung getroffen, die der in Niedersachen, Nordrhein-Westfalen, Schleswig-Holstein und Hamburg ähnelt, wo die Ernennung der Mitglieder der Rechnungshöfe jeweils der Zustimmung der Landesparlamente unterliegt[29].

Aber auch derart modifiziert, vermag dieser Vorschlag unter den Gegebenheiten des deutschen Regierungssystems nicht zu gewährleisten, daß die legislativen Körperschaften einen bestimmenden Einfluß auf die Ernennung des Präsidenten und des Vizepräsidenten des Bundesrechnungshofes ausüben können. Denn der Senat kann seinen entsprechenden Einfluß nicht etwa allein auf das Zustimmungsrecht stützen, das ihm hinsichtlich der Besetzung der führenden Stellen im General Accounting Office zusteht; vielmehr vermag er nur mit Hilfe seines *allgemeinen* Mitwirkungsrechts bei der Ausübung der präsidentiellen Personalhoheit den Präsidenten zu zwingen, daß und vor allem mit wem dieser das Amt des Comptroller General und seines Stellvertreters besetzt: Der Senat braucht nur seine Zustimmung zur Besetzung bestimmter anderer, für den Präsidenten wichtiger Positionen zu verweigern, wenn der Präsident sich seinerseits weigern sollte, das Amt des Comptroller General und seines Stellvertreters mit einem bestimmten Kanditaten zu besetzen[30]. Bundestag und Bundesrat hingegen steht ein dementsprechendes Druckmittel gegenüber der Bundesregierung nicht zu Gebot, weil die Personalhoheit der Bundesregierung durch keine der legislativen Körperschaften mit Hilfe eines dem des Senats

---

28 Siehe dazu oben S. 65 f.

29 Siehe dazu oben S. 37, Anm. 133.

30 Siehe dazu oben S. 66 f.

entsprechenden allgemeinen Mitwirkungsrechts beschränkt wird. Daher kann sich in ihrer Hand das bloße, von einem derartigen allgemeinen Mitwirkungsrecht nicht gestützte Recht der Zustimmung zur Besetzung der leitenden Positionen im Bundesrechnungshof als stumpfe Waffe erweisen. Infolgedessen muß die Besetzung der führenden Stellen im Bundesrechnungshof allein in die Hände von Bundestag und Bundesrat gelegt werden.

Hierfür bietet sich eine Lösung an, die sich dem verfassungsrechtlich bereits geregelten Zusammenwirken von Bundestag und Bundesrat im Gesetzgebungsverfahren anpaßt, und zwar insbesondere dort, wo es sich auf Zustimmungsgesetze bezieht. Denn eine Analogie zu den Vorschriften über das Gesetzgebungsverfahren bei einfachen Gesetzen würde der Tatsache nicht gerecht, daß Bundestag und Bundesrat gleichermaßen an der Finanzkontrolle beteiligt sind und es daher unsachgemäß wäre, dem Bundesrat bei der Besetzung der leitenden Positionen in der Finanzkontrollbehörde lediglich ein Einspruchsrecht einzuräumen. Im einzelnen soll diese Lösung daher folgende Gestalt haben: Auf Vorschlag aus der Mitte des Bundestages oder auf Vorschlag des Bundesrates[31] wählt der Bundestag den Präsidenten und den Vizepräsidenten des Bundesrechnungshofes, deren Wahl sodann der Zustimmung des Bundesrates unterliegt. Bestehen seitens des Bundesrates Bedenken gegenüber den für diese Ämter gewählten Kandidaten, so können der Bundesrat oder der Bundestag[32] den Vermittlungsausschuß anrufen, dem es dann obliegt, in gemeinsamer Beratung entweder jene Bedenken gegenüber den Kandidaten auszuräumen oder aber sich auf für Bundestag und Bundesrat gleichermaßen akzeptable Kandidaten zu einigen. Schlägt der Vermittlungsausschuß einen solchen anderen Kandidaten vor, so hat er sich der erneuten Wahl durch den Bundestag zu stellen[33], die wiederum der Zustimmung des Bundesrates unterliegt.

Aber was den Bundestag betrifft, so ist auch dieser — abgewandelte — Vorschlag gegen einen weiteren Einwand abzuwägen, der bereits in einem anderen Zusammenhang erörtert worden ist: Das parlamentarische Regierungssystem wird gegenüber dem präsidentiellen dadurch gekennzeichnet, daß die Regierungs- und Verwaltungskontrolle im wesentlichen der Opposition obliegt. Infolgedessen könnte man folgern, daß der Opposition auch ein bestimmender Einfluß auf die Wahl der Behördenspitze in der Finanzkontrollbehörde als einem Instrument der Regierungs- und Verwaltungskontrolle eingeräumt werden müßte.

---

31 Vgl. Art. 76 Abs. 1 GG.

32 Vgl. Art. 77 Abs. 2 Satz 4 GG.

33 Vgl. Art. 77 Abs. 2 Satz 5 GG.

Als Lösung böte sich an, für die Wahl des Bundesrechnungshofpräsidenten und seines Stellvertreters durch den Bundestag die Zweidrittelmehrheit seiner Mitglieder zu verlangen, um auf diese Weise die Regierungs- und die Oppositionsfraktion(en) zu einer Verständigung über die Kandidaten für diese Ämter zu nötigen.

Eben diese Lösung ist anläßlich der Debatte über den Wahlmodus für den Wehrbeauftragten heftig umstritten gewesen: In der zweiten und dritten Lesung des Gesetzes über den Wehrbeauftragten des Bundestages[34] wurde von der SPD-Fraktion jeweils ein Änderungsantrag eingebracht, wonach der Wehrbeauftragte nicht, wie in dem zur Beratung vorliegenden Gesetzesentwurf vorgesehen war, nur mit der Mehrheit der Mitglieder des Bundestages (absolute Mehrheit), sondern mit einer Mehrheit von zwei Dritteln seiner Mitglieder gewählt werden sollte. Auch der Bundesrat vertrat diesen Standpunkt und rief seinetwegen den Vermittlungsausschuß an[35]. In der Literatur schließlich wird die endgültige Gesetzesfassung, die sich mit dem ursprünglich vorgesehenen Wahlmodus begnügt, nahezu einhellig kritisiert; es wird befürchtet, der Wehrbeauftragte könnte angesichts dieses Wahlmodus „von vorneherein zu einem Majoritäts-Assistenten degradiert (werden)“[36]. Demgegenüber wandte die am Ende schließlich obsiegende CDU/CSU-Fraktion ein, daß bei einem Quorum von zwei Dritteln der Bundestagsmitglieder die Wahl des Wehrbeauftragten erheblich verzögert werden könnte[37].

Gerade der einigermaßen beschwerliche Weg zur Wahl des ersten Wehrbeauftragten macht deutlich, daß dieser Gesichtspunkt nicht von

---

[34] Siehe dazu oben S. 18, Anm. 43.

[35] Vgl. dazu *H. P. Secher*, Controlling the New German Military Elite: The Political Role of the Parliamentary Defense Commissioner in the Federal Republic, Proceedings of the American Philosophical Society, Bd. 109 (1965), S. 63 ff. (66). Der ursprüngliche Initiativantrag der SPD-Fraktion sah hingegen vor, daß der Wehrbeauftragte mit der einfachen Mehrheit des Bundestages gewählt werden sollte; allerdings sprach er dem Verteidigungsausschuß das alleinige Vorschlagsrecht zu, dessen Vorschlag wiederum die Zweidrittelmehrheit der Ausschußmitglieder finden mußte. Der schließlich im Plenum beratene Gesetzentwurf der Ausschüsse für Verteidigung bzw. für Rechtswesen und Verfassungsrecht war ein Kompromiß zwischen diesem Antrag und dem Entwurf Dr. Jaeger und Genossen, der für die Wahl des Wehrbeauftragten nur eine einfache Mehrheit vorgesehen hatte. Siehe dazu *C. H. Ule*, Der Wehrbeauftragte des Bundestages, JZ 1957, S. 422 ff. (422—23).

[36] Wobei allerdings zugleich auf die Möglichkeit der Abberufung des Wehrbeauftragten durch die Mehrheit der Mitglieder des Bundestages hingewiesen wurde. *Th. Eschenburg*, Die Wahl des Wehrbeauftragten, in: Zur politischen Praxis in der Bundesrepublik (1964), S. 11 ff. (14). Ebenso *W. Gross*, Stellung und Aufgaben des Wehrbeauftragten des Bundestages, DVBl. 1957, S. 342 ff. (342—43); *H. Runte*, Der Wehrbeauftragte des Bundestages und der Wandel von Funktion und Struktur des Parlaments in der modernen Demokratie, jur. Diss. Freiburg i. Br. 1959, S. 84—85; *C. H. Ule*, a.a.O., S. 423; anders nur *H. Maurer*, a.a.O. (s. S. 18, Anm. 42), S. 22, alle m. ges. Nachw.

[37] Vgl. *Th. Eschenburg*, a.a.O.; *H. Runte*, a.a.O.

der Hand zu weisen ist. Obwohl nämlich für den Kandidaten nach der endgültigen Gesetzesfassung nur eine absolute Mehrheit hätte gefunden werden müssen, suchte man nach jemanden, der auch bei der Opposition Vertrauen genoß[38], ganz so also, als ob der Kandidat eine Zweidrittelmehrheit hätte auf sich vereinen müssen. Über dieser Suche verstrichen nahezu zwei Jahre. Denn zunächst waren Kandidaten in der Diskussion, die bei jeweils einer der Parteien auf wenig Gegenliebe stießen[39], bis schließlich von Grolman mit mehr als zwei Dritteln der Abgeordneten gewählt wurde[40].

Dieses Beispiel läßt schon befürchten, daß sich die Wahl des Bundesrechnungshofpräsidenten und seines Stellvertreters auch dann verzögern wird, wenn man für deren Wahl nur die Mehrheit der Bundestagsmitglieder verlangt; wieviel mehr läßt es befürchten, daß man derartige Verzögerungen bei jener Wahl institutionalisieren würde, wollte man für sie sogar die Zweidrittelmehrheit der Mitglieder des Bundestages fordern. Diese Befürchtung kann auch nicht dadurch verringert werden, daß die (woher eigentlich abgeleitete?) "verfassungsrechtliche Pflicht" der Bundestagsfraktionen beschworen wird, „sich auf eine geeignete Persönlichkeit zu einigen"[41], oder daß darauf hingewiesen wird, daß „die Minderheit ... stets ... ein Interesse ... haben (wird)", diese Ämter zu besetzen[42]. Denn sowohl jene angebliche verfassungsrechtliche Pflicht als auch jene vermeintliche Interessenlage vermochten jedenfalls nicht zu erreichen, daß der erste Wehrbeauftragte des Bundestages alsbald, nachdem hierfür die gesetzliche Grundlage geschaffen war, auch gewählt wurde.

---

38 "Strong political personalities identified with any of the major parties could hardly qualify. It was decided, therefore, to restrict the search to someone in the civil service, a *Beamter* who, nominally at least, had no political affiliations." *H. P. Secher,* a.a.O. (s. Anm. 35), S. 69.

39 Der erste Kandidat in der Diskussion war Georg von Fritsch. Obwohl er der CDU nahestehen sollte, genoß er bei der SPD Sympathien, weil er angeblich versprochen hatte, einen ihrer militärischen Experten zu seiner rechten Hand zu machen. Das wiederum aber machte ihn bei der CDU/CSU suspekt. Als ein weiterer Kandidat war Fabian von Schlabrendorf im Gespräch. Ihm gegenüber wurde aus Kreisen der FDP eingewandt, seine Nähe zu den Verschwörern des 20. Juli „würde viele der selbstlosen Veteranen beleidigen, die lukrative Stellungen in der Privatwirtschaft aufgegeben hätten, um ihre Kraft wieder militärischen Karrieren zu widmen". *H. P. Secher,* a.a.O., S. 69—70, S. 70 Anm. 44.

40 Er wurde mit 363 gegen 16 Stimmen bei 32 Enthaltungen gewählt. Er genoß in der CDU/CSU Vertrauen, in der Richard Jaeger über ihn sagte, er sei imstande „zu sehen, zu hören, zu schmecken und zu riechen, was bei den Truppen vor sich gehe". Auch in der SPD aber fand er Sympathien, insbesondere aufgrund seiner Freundschaft zu Heinrich Albertz. *H. P. Secher,* a.a.O., S. 71.

41 *C. H. Ule,* a.a.O. (s. Anm. 35), S. 423.

42 *Th. Eschenburg,* a.a.O. (s. Anm. 36).

Es wäre indessen nicht gerechtfertigt, derartige Verzögerungen und damit längere Vakanzen in den führenden Stellen der Finanzkontrollbehörde um des Einflusses willen in Kauf zu nehmen, der der Opposition auf die Besetzung der leitenden Positionen im Bundesrechnungshof eingeräumt würde, wenn man für die Wahl des Bundesrechnungshofpräsidenten und des Vizepräsidenten durch den Bundestag die Zweidrittelmehrheit seiner Mitglieder verlangte. Denn solche Vakanzen hinzunehmen, stände in Hinblick darauf, daß sie die kontinuierliche Durchführung der dem Bundesrechnungshof übertragenen Aufgaben nicht gerade begünstigten, besonders zu einem Teilbereich dieser Aufgaben in Gegensatz. Auch nach der hier vorgeschlagenen Regelung nämlich führt die Finanzkontrollbehörde nicht nur von Fall zu Fall Untersuchungen für die legislativen Körperschaften durch, sondern ihr obliegt nach wie vor und vor allem die ständige Überwachung der Verwaltungsführung des Bundes: gerade diese Aufgabe aber verlangt eine kontinuierliche Amtsführung. Sich mit solchen Vakanzen abzufinden, stände aber auch zu der Tatsache in Widerspruch, daß die Finanzkontrollbehörde auch nach der hier empfohlenen Umstrukturierung ihres Aufgabenbereichs nicht nur im Interesse der Parlamentsopposition wirksam wird. Denn die Finanzkontrollbehörde führt jene Untersuchungen nicht nur für die Parlamentsopposition, sondern auch für den Bundesrat aus; auf der anderen Seite führt sie die ständige Überwachung der Verwaltungsführung des Bundes nicht nur im Interesse der Parlamentsopposition, sondern auch in dem des Bundesrates und der Bundesregierung aus: diese Tatsache aber gebietet, die Kontinuität der Amtsführung nicht allein um der Parlamentsopposition willen in Frage zu stellen. Daher sollte man sich für die Wahl des Bundesrechnungshofpräsidenten und seines Stellvertreters durch den Bundestag mit der Mehrheit seiner Mitglieder begnügen[43].

b) Soweit der hier erwogene Reformvorschlag des weiteren vorsieht, den Bundesrechnungshofpräsidenten und den Vizepräsidenten nur auf begrenzte längere Dauer in ihr Amt zu berufen und beide bei Vorliegen bestimmter Entlassungsgründe durch übereinstimmenden Beschluß von Bundestag und Bundesrat vorzeitig ablösen zu können, versucht dieser Vorschlag zwischen eben jenem Erfordernis einer einigermaßen kontinuierlichen Amtsführung in den leitenden Positionen des Bundesrechnungshofes und der Notwendigkeit eines gewissen Einflusses der legislativen Körperschaften auf die Kontinuität dieser Amtsführung einen Ausgleich zu schaffen. Auf der einen Seite nämlich sollen

---

[43] Diese Regelung entspricht auch dem jetzt vorgelegten Initiativantrag der SPD-Fraktion zum Entwurf eines Gesetzes zur Änderung des Gesetzes über Errichtung und Aufgaben des Bundesrechnungshofes und der Reichshaushaltsordnung. BT Drucks. V/4215.

Bundestag und Bundesrat nur auf begrenzte Dauer an die jeweiligen Inhaber dieser Position gebunden sein; überdies soll deren vorzeitige Abberufung ermöglicht werden, und zwar, so ist zu ergänzen, auf Antrag derer, die für deren Wahl vorschlagsberechtigt sind; schließlich sollte diese Abberufung auch dadurch erleichtert werden, daß für sie die Mehrheit der Bundestags- und Bundesratsmitglieder ausreicht. Andererseits aber sollen der Bundesrechnungshofpräsident und sein Stellvertreter für eine etwa siebenjährige Amtszeit gewählt werden[44], und beide sollen nur bei Vorliegen bestimmter Entlassungsgründe[45] und dann nur durch übereinstimmenden Beschluß von Bundestag und Bundesrat vorzeitig abberufen werden können.

c) Der Reformvorschlag bedarf indessen noch in einem weiteren Punkt der Ergänzung: Bisher werden der Bundesrechnungshofpräsident und der Vizepräsident durch den Bundespräsidenten ernannt. Nach der hier vorgeschlagenen Umstrukturierung jedoch nimmt die Finanzkontrollbehörde die Funktion eines Hilfsorgans von Bundestag und Bundesrat wahr. Es ist daher nur folgerichtig, jene Ernennungen dem Bundestags- und Bundesratspräsidenten zu übertragen[46].

3. Die Berichterstattung des Bundesrechnungshofes anhand von Einzelfällen oder Fallgruppen

Nach dem dritten Reformvorschlag, der hier zur Debatte gestellt wird, soll die Berichterstattung des Bundesrechnungshofes an die legislativen Körperschaften (und die Regierung) dadurch aktueller als bisher gestaltet werden, daß die Finanzkontrollbehörde Bundestag und Bundesrat (ebenso wie der Bundesregierung) ihre Kontrollergebnisse das ganze Jahr hindurch jeweils in Berichten mitteilt, die sich immer nur mit einem Fall einer nicht gesetzmäßigen oder unökonomischen Verwaltungsführung oder jedenfalls nur mit einer Gruppe derartiger Fälle befassen.

Hiergegen könnte man vorbringen, daß sich eine solche Regelung zwar im Rahmen der Finanzkontrolle durch das General Accounting Office ohne weiteres verwirklichen läßt, daß sie sich aber mit den

---

[44] Dies entspricht ebenfalls dem jetzt vorgelegten Initiativantrag der SPD-Fraktion. Die siebenjährige Amtszeit dürfte ausreichend sein, wenn man wie der SPD-Antrag einmalige Wiederwahl zulässig macht.

[45] Siehe dazu oben S. 72.

[46] Auch der Wehrbeauftragte, ebenfalls ein Hilfsorgan des Parlaments (vgl. dazu oben S. 18, Anm. 43), wird durch den Bundestagspräsidenten ernannt. Die statusrechtliche Stellung des Bundesrechungshofpräsidenten und seines Stellvertreters könnte analog zu der des Wehrbeauftragten geregelt werden: Der Wehrbeauftragte ist nicht Beamter, sondern steht wie der Bundesminister in einem öffentlich-rechtlichen Amtsverhältnis. Vgl. dazu *H. Maurer*, a.a.O. (s. Anm. 36), S. 21, 23, 25—26 m. ges. Nachw.

derzeitigen Anforderungen an die Finanzkontrolle durch den Bundesrechnungshof nicht vereinbaren ließe. Während nämlich zwischen den Berichten des General Accounting Office und dem in der amerikanischen Verfassung (Art. 1 Sect. 9 Abs. 7)[47] geforderten Bericht über die Bundeseinnahmen und Bundesausgaben überhaupt kein Zusammenhang besteht, hat der Bundesrechnungshof seine Kontrollergebnisse anhand der Prüfung der Bundeshaushaltsrechnung (dem Haushalts-Ist) in den sog. Bemerkungen zur Bundeshaushaltsrechnung darzustellen[48]. Daraus, daß sich also die Berichterstattung des Bundesrechnungshofes an die Prüfung der Haushaltsrechnung anzulehnen hat, könnte man folgern, daß er daran gehindert ist, hiervon losgelöst über einzelne Fälle einer nicht gesetzmäßigen oder unwirtschaftlichen Verwaltungsführung oder über eine Gruppe derartiger Fälle zu berichten.

Indessen berichtet der Bundesrechnungshof schon heute in seiner den Bemerkungen angeschlossenen Denkschrift — losgelöst von der Prüfung der Haushaltsrechnung — über Kontrollergebnisse aus jüngster Zeit[49], ohne daß diese Praxis auf rechtliche Bedenken gestoßen wäre[50]. Ebenso unbedenklich wäre es dann aber, wenn der Bundesrechnungshof unabhängig von der Prüfung der Haushaltsrechnung über einzelne Fälle einer nicht gesetzmäßigen oder unökonomischen Verwaltungsführung oder über eine Gruppe derartiger Fälle das ganze Jahr über berichtete und später nach Prüfung der Haushaltsrechnung in den Bemerkungen jene Fälle des betreffenden Rechnungsjahres noch einmal zusammenfaßte und gegebenenfalls um weitere ergänzte[51].

4. Die Verknüpfung von Haushalts- und Finanzkontrolle

Der vierte Reformvorschlag, der hier zur Diskussion gestellt wird, geht dahin, die Finanzkontrolle dadurch mit der Haushaltskontrolle zu verbinden, daß der Haushaltsausschuß im Bundestag und der Finanzausschuß im Bundesrat die Berichte des Bundesrechnungshofes im Rahmen ihrer Haushaltskontrolle behandeln.

---

47 Die Vorschrift lautet: "... and a regular Statement and Account of the Receipts and Expenditures of all public Money shall be published from time to time."

48 Siehe dazu oben S. 33 f.

49 Siehe dazu oben S. 34.

50 Vgl. dazu *F. K. Vialon*, Haushaltsrecht (2. Aufl. 1959), S. 1022.

51 Ein Schritt in diese Richtung war die Erwägung, der Bundesrechnungshof könnte kurzfristig nach Ablauf eines jeden Rechnungsjahres einen Tätigkeitsbericht erstatten, der die Ergebnisse der Prüfungstätigkeit im vorangegangenen Rechnungsjahr behandelt. Später, nach Prüfung der Haushaltsrechnung, sollten dann über den gleichen Zeitraum die Bemerkungen folgen. *H. Reger*, Abschluß und Auswertung der Rechnungsprüfung, DÖH 1958/59, S. 1 ff. (4).

Auf diese Weise könnte immerhin erreicht werden, daß die Funktion der Finanzkontrolle, Hinweise auf die Ausführung des nächsten Haushaltsplans zu geben und die legislativen Körperschaften zu Konsequenzen für dessen gesetzliche Feststellung zu bestimmen, durch die zuständigen Bundestags- und Bundesratsausschüsse besser genutzt wird als bisher. Jedenfalls träte wahrscheinlich der groteske Fall nicht mehr auf, daß den Vertretern der *Regierung* aufgetragen und überlassen wird, die Ergebnisse der Finanzkontrolle bei der Haushaltskontrolle zur Sprache zu bringen. Weiterhin hönnte auf diese Art erreicht werden, daß die vergleichsweise weniger wichtige Funktion der Finanzkontrolle, die Grundlage für die Entlastung der Bundesregierung zu geben, also ein politisches Urteil über die Ausführung des zurückliegenden Haushaltsplanes zu ermöglichen, durch die zuständigen Bundestagsausschüsse mit weniger überflüssigem Zeit- und Arbeitsaufwand gehandhabt wird als bisher[52].

Trotzdem ist es auch bei der hier vorgeschlagenen Verknüpfung von Haushalts- und Finanzkontrolle kaum zu erwarten, daß der Haushaltsausschuß im Bundestag die Verwaltung anhand der Bundesrechnungshofberichte einer ähnlich rigorosen Finanzkontrolle unterziehen wird, wie dies das ihm vergleichbare House Appropriations Committee auf der Grundlage der Berichte des General Accounting Office tut. Dagegen spricht bereits die Fülle der ihm übertragenen Aufgaben, die er mit einem nur sehr kleinen Mitarbeiterstab zu bewältigen hat[53]. Aber das ließe sich ändern. Dagegen sprechen jedoch vor allem zwei Gründe:

Die Entschiedenheit der Finanzkontrolle durch den Bewilligungsausschuß im Repräsentantenhaus ist nicht zuletzt in dessen besonderem Selbstverständnis als „guardian of the public purse" verwurzelt[54]. Auf Grund personeller und funktioneller Strukturunterschiede zwischen dem House Appropriations Committee und dem Haushaltsausschuß aber wird der letztgenannte Ausschuß ein derartiges besonderes Selbstverständnis kaum entwickeln können, so daß der Entschiedenheit seiner Finanzkontrolle von vornherein Schranken gesetzt sind. Denn einmal besitzt „ein aus fraktionsmäßig ungebundenen Parlamentariern zusammengesetzter Parlamentsausschuß" wie der Bewilligungsausschuß im Repräsentantenhaus „... ein politisches Eigengewicht, das einem aus fraktionsmäßig gebundenen Parlamentariern zusammengesetzten Parlamentsausschuß" wie dem Haushaltsausschuß „notwendigerweise fehlt"[55]. Zum anderen konnte das House Appropriations Committee

---

[52] Siehe dazu oben S. 45 ff.

[53] Siehe dazu oben S. 39 f.

[54] Siehe dazu oben S. 79 f.

[55] *E. Fraenkel*, a.a.O. (s. Anm. 2), S. 301.

sein besonderes Selbstverständnis auch deshalb verfestigen, weil es sich grundsätzlich weigern kann, selbst für solche Vorhaben Mittelbewilligungen zu empfehlen, die bereits gesetzlich autorisiert sind, eine Möglichkeit, die dem Haushaltsausschuß verfassungsrechtlich verwehrt ist[56].

Die rigorose Handhabung der Finanzkontrolle durch den Bewilligungsausschuß im Repräsentantenhaus wird aber noch durch einen weiteren Umstand gefördert, auf den der Haushaltsausschuß als Impuls für eine entschiedene Durchführung der Finanzkontrolle nicht wird rechnen können: „Ausschußinvestitigationen ... stellen", wie *Ernst Fraenkel*[57] es ausgedrückt hat, „nicht zuletzt deshalb eine der kennzeichnendsten Erscheinungen des amerikanischen öffentlichen Lebens dar, weil sie gleicherweise die Lust an der Sensation und den unverwüstlichen Glauben an die Verbesserungsfähigkeit der Menschen und ihrer Institutionen widerspiegeln". Im Gegensatz hierzu steht in der Bundesrepublik „das viel zitierte ‚Unbehagen' der Öffentlichkeit gegenüber parlamentarischen Untersuchungen"[58]. Insofern ist es nicht weiter verwunderlich, daß der Kongreß sich der Untersuchungen durch seine Ausschüsse bedienen kann und will, um „durch Dramatisierung politischer Auseinandersetzungen das Interesse (der) Wählerschaft zu erwecken"[59], während es sich Bundestag und Bundesrat trotz der hierin liegenden bedrückenden Mißachtung des Postulats eines transparenten Regierungsprozesses[60] erlauben können, die Sitzungen ihrer Ausschüsse (grundsätzlich) nicht öffentlich abzuhalten[61].

Je gedämpfter indessen die Erwartungen sind, die in eine größere Entschiedenheit der Finanzkontrolle durch den Haushaltsausschuß im Bundestag gesetzt werden dürfen, desto mehr richten sich die Erwartungen auf eine entschiedenere Handhabung der Finanzkontrolle durch den Finanzausschuß im Bundesrat. Diesem Ausschuß fällt die umge-

---

56 Vgl. dazu *E. Fraenkel*, a.a.O., S. 325. Siehe auch *K. M. Hettlage*, Grundfragen einer Neuordnung des deutschen Finanzrechts, sowie *F. Schäfer*, Aufgabe und Arbeitsweise des Haushaltsausschusses des Deutschen Bundestages, beide in: F. Schäfer (Hrsg.), Finanzwissenschaft und Finanzpolitik, S. 77 ff. (91), S. 251 ff. (265). Dies braucht nicht mit der zweifelhaften Ansicht begründet zu werden, beim Haushaltsplan handele es sich um ein formelles Gesetz, durch das, wie man schließen könnte, ein materielles Gesetz nicht abgeändert werden kann. Vgl. dazu *K. Hesse*, a.a.O. (s. S. 12, Anm. 8), S. 187, 189. Das ergibt sich vielmehr unmittelbar aus Art. 110 Abs. 2 GG, wonach der Haushaltsplan für einen begrenzten Zeitraum aufgestellt wird, mit der Folge, daß er nicht über diesen Zeitraum hinaus wirkende Gesetze ändern kann.

57 a.a.O., S. 304—05.

58 *H. Ehmke*, Untersuchungsausschüsse, a.a.O. (s. Anm. 17), S. E 40.

59 *E. Fraenkel*, a.a.O., S. 334.

60 Siehe dazu oben S. 17.

61 §§ 73 Abs. 1 GeschO BT, 37 Abs. 2 GeschO BR.

kehrte Rolle des ihm vergleichbaren Senate Appropriations Committee zu. Der Bewilligungsausschuß im Senat hat als eine hemmende und ausgleichende Kraft einer allzu rigorosen Finanzkontrolle durch das House Appropriations Committee Schranken zu setzen; der Finanzausschuß hingegen hat als eine gleichermaßen hemmende und balancierende Kraft anstelle der zu erwartenden wenig entschiedenen Finanzkontrolle durch den Haushaltsausschuß eine eigene rigorose Finanzkontrolle auszuüben. Zwar könnte der Finanzausschuß angesichts der Zahl der ihm obliegenden Aufgaben, die er ebenfalls mit einem nur sehr kleinen Assistentenstab zu erfüllen hat[62] (aber auch das ließe sich ändern), aus den Berichten des Bundesrechnungshofes nur die besonders gravierenden Fälle einer gesetzwidrigen oder unwirtschaftlichen Verwaltungsführung aufgreifen. Insofern also sind dem Umfang seiner Finanzkontrolle Schranken gesetzt. Andererseits aber weist der Finanzausschuß im Vergleich zum Haushaltsausschuß eine besondere personelle Strukturierung auf: Er setzt sich nicht aus fraktionsgebundenen Parlamentariern, sondern aus den Finanzministern und -senatoren der Länder und in deren Vertretung aus Beamten der Länderbürokratie zusammen[63]. Infolgedessen hat er wenigstens auf Grund seiner personellen Strukturierung ein politisches Eigengewicht, daß es ihm erleichtern wird, ein dem des House Appropriations Committee vergleichbares Selbstverständnis zu entwickeln und die ihm obliegende Finanzkontrolle mit mehr Entschiedenheit zu handhaben als der Haushaltsausschuß. Daß diese Erwartung im übrigen nicht unberechtigt ist, zeigt eine den allgemeinen Gesprächsstil zwischen Mitgliedern der Bundesratsausschüsse und der Bundesregierung kennzeichnende Beobachtung *Karlheinz Neunreithers*[64]: „Die Art und Weise, mit der die Vertreter der Bundesregierung ... mit Fragen in die Enge getrieben werden, ließe den Beobachter etwas von einer praktischen Anwendung einer legislativen Souveränität erfahren, wenn man sich nicht daran erinnern müßte, daß es nicht Vertreter des Parlamentes, sondern Delegierte der Länderexekutive sind, die hier die Ausübung der Regierungsgewalt kontrollieren."

III. Der Einwand der Politisierung des Bundesrechnungshofes

Vorschläge oder in Bundesländern bereits bestehende Regelungen, die in die Richtung der hier empfohlenen Umstrukturierung des Bundesrechnungshofes in ein Hilfsorgan der Legislative gehen, wie etwa

[62] Siehe dazu oben S. 50.
[63] *K. Neunreither*, a.a.O. (s. S. 21, Anm. 48), S. 30—36.
[64] a.a.O., S. 38.

die Besetzung seiner führenden Positionen den legislativen Organen zu übertragen oder Untersuchungsausschüssen dessen Betrauung mit Untersuchungsaufträgen zu ermöglichen, sind in der Literatur verschiedentlich mit dem Bedenken abgelehnt worden, die Finanzkontrollbehörde könne auf diese Weise eine Politisierung erfahren[65].

Zwar erklärt sich das Gewicht, das diesem Bedenken in einem Teil der Literatur beigemessen wird, daraus, daß es von Autoren vorgebracht wird, die den Bundesrechnungshof weder als ein Organ der Legislative noch der Exekutive, sondern vielmehr als eine Einrichtung eigener Art ansehen[66]. Um das annehmen zu können, ist das Verständnis der Finanzkontrollbehörde als einer neutralen Institution unerläßlich. Aber dieses Bedenken wird auch dort aufgegriffen werden, wo der Einordnung des Bundesrechnungshofes in das Gewaltenteilungsschema keine Bedeutung beigemessen wird. Denn es kommt dem bereits erwähnten Unbehagen der Öffentlichkeit gegenüber parlamentarischen Untersuchungen entgegen. Dessen Wurzel wird nicht zu Unrecht darin vermutet, daß parlamentarische Untersuchungen notwendigerweise *politischen* Charakter tragen[67]. So antwortete etwa der jetzige Bundestagspräsident von Hassel auf die Frage, ob er es nicht für ratsam halte, das Quorum für die Einberufung eines Untersuchungsausschusses auf Fraktionsstärke herabzusetzen: „Ich persönlich würde dies für falsch halten ... es (würde) das Instrument Untersuchungsausschuß sehr stark *politisieren.*" Und auf die Gegenfrage, ob er denn hierin einen Fehler erblicke, antwortete er: „Ja, das wäre doch ein Fehler. Bedenken Sie mal, was bei den bisherigen Untersuchungsausschüssen schon an Publizität entstanden und draußen begierig aufgenommen worden ist, eine allgemeine Kritik am Parlamentarismus, am Staat, an denen da oben[68]."

Nun läßt in der Tat das Beispiel der legislativen Finanzkontrolle in den Vereinigten Staaten keinen anderen Schluß als den zu, daß die Umstrukturierung des Bundesrechnungshofes in ein Hilfsorgan der Legislative zu einer (weiteren) Politisierung der Finanzkontrollbehörde führen wird: Stellt man die Finanzkontrollbehörde überwiegend in den Dienst der legislativen Körperschaften, dann ist zu erwarten, daß sich der Bundesrechnungshof bei der auch ihm möglichen Auswahl der einzelnen Kontrollbereiche[69] dem Interesse der Bundestags- und Bun-

---

[65] *B. Bank*, Die Stellung und Aufgabe der Rechnungshöfe im neuen deutschen Staatswesen, ZStWiss. Bd. 111 (1955), S. 512 ff. (516); *F. Haaser*, a.a.O. (s. S. 27, Anm. 78), S. 120. Vgl. auch *G. v. Koppenfels*, a.a.O. (s. S. 38, Anm. 137), S. 82.

[66] Siehe dazu oben S. 26 f.

[67] *H. Ehmke*, Untersuchungsausschüsse, a.a.O. (s. Anm. 17), S. E 40.

[68] Die Öffentlichkeit hat einen unguten Eindruck, DER SPIEGEL, Heft Nr. 23 (1969), S. 71 ff. (79). Hervorhebung von mir.

[69] Siehe dazu oben S. 34, Anm. 113.

desratsausschüsse an bestimmten Untersuchungen anpaßt, daß er sich umgekehrt dem Widerstand einzelner Ausschüsse gegenüber bestimmten Untersuchungen jedenfalls solange fügt, bis ein anderer Ausschuß an eben jenen Untersuchungen Interesse zeigt, und daß er hierbei auch mittelbar durch die Einwirkungen von Interessentengruppen oder Parteien beeinflußt wird, die wiederum innerhalb der Ausschüsse selbst wirksam werden[70]. Ermöglicht man weiterhin Bundestag, Bundesrat und deren Ausschüssen, den Bundesrechnungshof mit besonderen Untersuchungen einzelner Fälle der Verwaltungsführung zu beauftragen und dessen Personal für ihre eigenen Untersuchungen zuzuziehen, dann ist nicht auszuschließen, daß die Finanzkontrollbehörde in die politischen Auseinandersetzungen zwischen Regierung(sfraktion) und Opposition gerät. Legt man schließlich die Besetzung der führenden Stellen im Bundesrechnungshof allein in die Hände der legislativen Organe, dann wird sie nicht in letzter Linie auch durch parteipolitische Motive bestimmt werden[71].

Es ist indessen schon verfehlt, den Bundesrechnungshof in seiner jetzigen Struktur als eine unpolitische Institution darstellen zu wollen, die „Autorität nur durch ... unpolitische ... Arbeit ... erlangen (kann)“[72]. Denn, ohne daß hierbei seiner Rolle als legislatives Hilfsorgan Bedeutung zukam, machte das Beispiel des General Accounting Office deutlich[73], daß es auch einer Finanzkontrollbehörde, die sich erklärtermaßen darum bemüht, nicht gelingt, „unpolitische Arbeit“ zu leisten. Da nämlich eine Finanzkontrollbehörde das Verwaltungsgebaren unter dem Gesichtspunkt einer möglichst wirtschaftlichen Verwaltungsführung zu kontrollieren hat, wird sie nicht vermeiden können, hierbei auf bestimmte, diesem Verwaltungsgebaren zugrundeliegende politische Wertsetzungen der Bundesverwaltung, der Länderverwaltungen und möglicherweise auch der legislativen Organe zu stoßen, die sich mit dem Gesichtspunkt einer möglichst ökonomischen Verwaltungsführung nicht vereinbaren lassen und die sie infolgedessen in Frage stellen muß. In dem Augenblick jedoch, in dem sie jene politischen Wertsetzungen in Zweifel zieht, steht sie in einer politischen Auseinandersetzung mit der betreffenden Verwaltungskörperschaft oder auch dem legislativen Organ.

Es ist jedoch ebenso verfehlt, den Bundesrechnungshof deswegen nicht in der hier vorgeschlagenen Form umgestalten zu wollen, weil er sich dann zu einer verstärkt politischen Institution entwickelte. Es

[70] Siehe dazu oben S. 89 ff.

[71] Siehe dazu oben S. 70 f.

[72] *B. Bank*, Über die Eigenständigkeit des Bundesrechnungshofes zwischen Parlament und Regierung, DÖV 1962, S. 526 ff. (528).

[73] Siehe dazu oben S. 101 ff.

ist nämlich gar nicht ausgemacht, daß er Autorität nur durch unpolitische Arbeit erlangen kann. Vielmehr ist es gerade um der Autorität des Bundesrechnungshofes willen wünschenswert, daß er politische Arbeit leistet.

Legislative Finanzkontrolle ist ihrem Wesen nach wie jede Regierungs- und Verwaltungskontrolle in erster Linie politische Kontrolle: sie bietet ein Verfahren an, in dem politische Verantwortung gefordert und politische Verantwortlichkeit verwirklicht werden können. Von daher gesehen, ist es unerläßlich, daß die an der Finanzkontrolle beteiligten Organe wie auch der Bundesrechnungshof sich um die Klärung politischer Verantwortlichkeit bemühen und auf diese Weise nichts anderes als politische Arbeit leisten.

Ist legislative Finanzkontrolle ihrem Wesen nach eine politische Aufgabe, dann kann sie eine gewisse Wirkungskraft auch nur dann entfalten, wenn sie von politischen Körperschaften gehandhabt wird; denn noch am ehesten wird durch politischen Druck Licht in fragwürdige Vorgänge der Verwaltungsführung gebracht werden können[74]. Wenn daher hieran der Bundesrechnungshof als Hilfsorgan jener politischen Körperschaften mitwirkte, indem er sich bei seiner Kontrolltätigkeit auch um die Klärung politischer Verantwortlichkeiten bemühte, dann würde zufolge dieser seiner politischen Arbeit die Finanzkontrolle an Wirkungskraft und damit er selbst als Finanzkontrollbehörde an Autorität gewinnen.

Zwischen dem Zuwachs der Autorität der Finanzkontrollbehörde und der Steigerung der Wirkungskraft der Finanzkontrolle besteht weiterhin eine Wechselwirkung: Gewinnt die Finanzkontrollbehörde an Autorität, dann gewinnt auch die Finanzkontrolle an Wirkungskraft und umgekehrt. Wird beides aber durch die Hinwendung des Bundesrechnungshofes zu politischer Arbeit stimuliert, dann ist es gerade die Politisierung der Finanzkontrollbehörde, die der Forderung des Haushaltsausschusses Rechnung tragen würde, der in seinem ersten Bericht über die Feststellungen des Bundesrechnungshofes postulierte, daß die Finanzkontrolle „als eine der vornehmsten Aufgaben der Legislative kein lästiges Anhängsel des Parlaments werden (darf)"[75].

---

[74] Vgl. dazu *H. Ehmke*, Untersuchungsaussüsse, a.a.O. (s. Anm. 17), S. E 40.

[75] BT Drucks. II/689, S. 3.

Literaturverzeichnis*

Agnoli, J.: Die Transformation der Demokratie, in: J. Agnoli und P. Brückner, Die Transformation der Demokratie (1968)

Apel, H.: Der deutsche Parlamentarismus (1968)

Bäumlin, R.: Die Kontrolle des Parlaments über Regierung und Verwaltung, Zs. f. Schweiz. Recht, N. F. Bd. 85 II (1966), S. 165 ff.

Bank, B.: Die Stellung und Aufgabe der Rechnungshöfe im neuen deutschen Staatswesen, ZStWiss. Bd. 111 (1955), S. 512 ff.

— Über die Eigenständigkeit des Rechnungshofes zwischen Parlament und Regierung, DÖV 1962, S. 526 ff.

Beckensträter, F. W.: Die Stellung der Rechnungshöfe im System der Dreiteilung der Staatsgewalt, jur. Diss. Frankfurt a. M. 1961

Berman, D. M.: In Congress Assembled (1964)

Blank, H. J. und J. *Hirsch:* Zum Verhältnis von Parlament und Verwaltung im Gesetzgebungsprozeß, in: G. Schäfer und C. Nedelmann (Hrsg.), Der CDU-Staat (1967)

Bracher, K. D.: Gegenwart und Zukunft der Parlamentsdemokratie in Europa, in: K. Kluxen (Hrsg.), Parlamentarismus (1967)

Bullock, C. J.: The Finances of the United States from 1775 to 1789 (1895)

Burkhead, J.: Government Budgeting (1956)

Corwin, E. S.: The President (4. Aufl. 1962)

Dahlgrün, H. G.: Die staatliche Finanzkontrolle, in: Hochschule für Verwaltungswissenschaften Speyer (Hrsg.), Staats- und verwaltungswissenschaftliche Beiträge (1957)

Dreßler, K.: Stellung und Aufgabe des Bundesrechnungshofes, in: Bundesrechnungshof (Hrsg.), 250 Jahre Rechnungsprüfung (1964)

Ehmke, H.: Empfiehlt es sich, Funktion, Struktur und Verfahren der parlamentarischen Untersuchungsausschüsse grundlegend zu ändern?, in: Verhandlungen des 45. DJT, Bd. II/E (1965)

Ellwein, Th.: Das Regierungssystem der Bundesrepublik Deutschland (2. Aufl., 1965)

— Entmachtung des Parlaments — Verantwortung des Parlaments, Die Mitarbeit 1966, S. 193 ff.

Eschenburg, Th.: Die Wahl des Wehrbeauftragten, in: Zur politischen Praxis in der Bundesrepublik (1964), S. 11 ff.

* Es sind nur die Titel aufgenommen worden, die mehr als einmal zitiert wurden. Die Reports des Comptroller General und der jeweiligen Kongreßausschüsse sowie deren Hearings werden ebenfalls nur in den Anmerkungen zitiert.

Fenno, R. F.: The Power of the Purse (1966)

Fraenkel, E.: Das amerikanische Regierungsystem (2. Aufl. 1962)

Fuchs, A.: Wesen und Wirken der Kontrolle (1966)

Galloway, G. B.: The Legislative Process in Congress (1953)

Griffith, E. S.: Congress, its Contemporary Role (4. Aufl. 1967)

Haase, H.: Die Errichtung und die erste Instruktion der Preußischen Ober-Rechnungs-Kammer, FinArch Bd. 39 (1922), S. 1 ff.

Haaser, F.: Die Rechnungshöfe und ihre Beziehungen zu Exekutive und Legislative, DÖH 1954, S. 115 ff.

Harris, J. P.: The Advice and Consent of the Senate (1953)

— Congressional Control of Administration (Anchor Ed. 1965)

Hasskarl, H.: 16 Jahre Bundesrechtsetzung und ihre Schwerpunkte im Spiegel der Zahlen, DÖV 1968, S. 558 ff.

Hertel, o. V.: Die Preußische Ober-Rechnungs-Kammer (Rechnungshof des Deutschen Reichs), ihre Geschichte, Einrichtung und Befugnisse (1884)

Herzog, R.: Gesetzgeber und Verwaltung, VVDStRL, Heft 24 (1966)

Hesse, K.: Grundzüge des Verfassungsrechts der Bundesrepublik Deutschland (3. Aufl. 1969)

Hirsch, J.: Parlament und Verwaltung, Haushaltsplanung und Haushaltskontrolle in der Bundesrepublik Deutschland (Politik, Regierung, Verwaltung, Bd. 2, 2. Teil, 1968)

Kewenig, W.: Staatsrechtliche Probleme parlamentarischer Mitregierung am Beispiel der Arbeit der Bundestagsausschüsse (1970)

Klein, F.: Grundgesetz und Haushaltskontrolle, DÖV 1961, S. 805 ff.

Koppenfels, G. v.: Finanz- und Wirtschaftlichkeitskontrolle in der Bundesrepublik Deutschland und die Stellung des Bundesrechnungshofs zu Exekutive und Legislative, jur. Diss. Freiburg i. Br. 1969

Mansfield, H. C.: The Comptroller General (1939)

— The Congress and Economic Policy, in: D. B. Truman (Hrsg.), The Congress and America's Future (1965)

Maurer, H.: Wehrbeauftragter und Parlament (Recht und Staat, Heft 317/318, 1965)

Mauntz, Th. und G.. *Dürig:* Grundgesetz Kommentar 1968

Morstein Marx, F.: The Bureau of the Budget: Its Evolution and Present Role, Am. Pol. Sci. Rev., Bd. 39 (1945), S. 653 ff.

Neunreither, K.: Der Bundesrat zwischen Politik und Verwaltung (1959)

Partsch, K. J.: Parlament und Regierung im modernen Staat, VVDStRL, Heft 16 (1958)

Peucker, H.: Grundfragen neuzeitlicher Finanzkontrolle (1952)

Pfennig, G.: Die Beziehungen zwischen Parlament und Rechnungshof, DVBl. 1968, S. 197 ff.

Pfuhlstein, F. v.: Der Weg von der Preußischen Generalrechenkammer zum Bundesrechnungshof, in: Bundesrechnungshof (Hrsg.), 250 Jahre Rechnungsprüfung (1964)

Powell, F. W.: Control of Federal Expenditures: A Documentary History, 1775—1894 (1939)

Runte, H.: Der Wehrbeauftragte des Bundestages und der Wandel von Funktion und Struktur des Parlaments in der modernen Demokratie, jur. Diss. Freiburg i. Br. 1959

Schäfer, F.: Der Bundestag (1967)

Scheuner, U.: Verantwortung und Kontrolle in der demokratischen Verfassungsordnung, in: T. Ritterspach und W. Geiger (Hrsg.), Festschr. f. Gebhard Müller (1970), S. 379 ff.

Secher, H. P.: Controlling the New German Military Elite: The Political Role of the Parliamentary Defense Commissioner in the Federal Republic, Proceedings of the American Philosophical Society, Bd. 109 (1965), S. 63 ff.

Short, L. M.: The Development of National Administrative Organization in the United States (1923)

Truman, H. S.: Years of Trial and Hope, Memoirs (1956)

Ule, C. H.: Der Wehrbeauftragte des Bundestages, JZ 1957, S. 422 ff.

Vialon, F. K.: Streitfragen der öffentlichen Finanzkontrolle, Fin. Arch. Bd. 22 (1962—63), S. 1 ff.

Weichmann, H.: Die Stellung der Rechnungshöfe im organisatorischen Aufbau der Staatsgewalt, DVBl. 1953, S. 745 ff. und DÖH 1954, S. 22 ff.

Wildavsky, A.: The Politics of the Budgetary Process (1964)

FSC
www.fsc.org
MIX
Papier | Fördert gute Waldnutzung
FSC® C083411

Kolibri 360 GmbH
Ferdinand-Jühlke-Straße 7
99095 Erfurt, Deutschland
produktsicherheit@kolibri360.de

Druck:
CPI Druckdienstleistungen GmbH
im Auftrag der
Kolibri 360 GmbH
Ferdinand-Jühlke-Str. 7
99095 Erfurt